はじめて学ぶ 健康・スポーツ科学シリーズ 6

スポーツ・健康栄養学

坂元 美子 編

赤田みゆき
賀屋 光晴
武田ひとみ 著

化学同人

シリーズ刊行にあたって

「はじめて学ぶ　健康・スポーツ科学シリーズ」は，健康・スポーツ科学，体育系の大学や専門学校で学ぶ1，2年生が，その後に続く専門課程（コース）に進むために身につけておくべき知識をわかりやすくまとめた「教科書シリーズ」である．

スポーツが好きで大学や専門学校に入学しても，高等学校までの知識が不足していると入学後の講義が難しく感じられ，「夢」を諦めてしまう学生も少なくない．大学や専門学校での専門的な講義は，高校で学んだ保健体育の知識だけでなく，生物や物理といった人間の生命活動に関わる，幅広い基礎的知識が必要とされる．本シリーズでは，健康・スポーツ科学，体育系の大学や専門学校に入学した学生が「夢」を諦めることなく，意欲的に勉学に打ち込めるように，広範な基礎的知識を学びやすく構成し，基礎づくりのための教科書をそろえることをめざした．

わが国は世界でもまれな「長寿国」として知られている．健康で生き生きした生活をサポートする専門家としては，科学的な事実に基づく知識や経験を有することが必要条件である．健康・スポーツ科学，体育系で学ぶ学生の皆さんは，将来その分野の専門家として，国民の健康の維持・増進に大いに貢献していくことが期待される．

また，オリンピック・パラリンピック競技大会やワールドカップにおける選手の活躍は，私たちに夢と希望，感動を与えてくれる．世界で活躍する選手を指導するコーチは，競技力向上のために，健康・スポーツ科学の最新の知識に触れておくことが求められる．科学・技術の進歩によって，これまで知られていない驚くべき事実が明らかにされ，指導法やトレーニング法が一変されることも少なくないからである．

健康・スポーツ科学，体育系の専門課程は，人文社会科学，自然科学におけるさまざまな学問分野を複合的に学ぶ履修体系であるが，このシリーズは自然科学分野に絞って構成した．各巻の編集は，本シリーズの刊行に賛同いただき，それぞれの専門分野で中心的役割を担う先生方にお願いし，実際にその分野で活躍中の先生方に執筆していただくことができた．また学ぶ楽しさが味わえる写真や図表を豊富に取り入れ，各章ごとに学ぶポイントや役立つ知識，復習問題を掲載した．巻末には専門用語の解説や推薦図書を紹介しているので，ぜひ役立ててほしい．

この「教科書シリーズ」は，中学校や高等学校の保健体育教員，健康運動指導士，トレーニング指導士，アスレティック・トレーナー，障害者スポーツ指導者等の資格取得を目指す学生や一般の方々においても幅広く活用してもらえると信じる．本シリーズで学んだ知識を礎に，質の高い「専門家」として健康・スポーツ，体育系分野のさまざまな立場で活躍してくれることを期待している．

「はじめて学ぶ　健康・スポーツ科学シリーズ」
シリーズ編集委員一同

シリーズ編集委員

中谷　敏昭	天理大学体育学部教授	博士（医学）
鵤木　秀夫	兵庫県立大学国際商経学部教授	博士（学術）
宮西　智久	仙台大学体育学部教授	博士（体育科学）

執筆者

赤田みゆき	びわこ学院大学　非常勤講師 管理栄養士	11章, 12章, 15章
賀屋　光晴	兵庫医療大学共通教育センター　講師 博士（医学）	10章, 11章
◎坂元　美子	神戸女子大学健康福祉学部　准教授 心身健康科学修士 管理栄養士	2章, 4章, 5章, 6章, 7章, 8章, 9章, 13章, 14章
武田ひとみ	大阪電気通信大学医療福祉工学部　教授 博士（学術），（医学）	1章, 3章

（五十音順．◎印は編者）

はじめに

　栄養とは，ヒトが生きていくために，また健康を保持・増進し，生活を営むうえで不可欠なもので，必ず摂取しなければならないものです．そして一般的には，その必要なものを食品から補給しています．食品には，第一次機能として，エネルギー，たんぱく質，脂質，糖質，ビタミン，ミネラルなどの必要な栄養素を補給して生命を維持する機能，第二次機能として，色，味，香り，歯ごたえ，舌触りなど食べたときにおいしさを感じさせる機能，第三次機能として，生体防御，体調リズムの調節，老化制御，疾患の防止，疾病の回復調節など生体を調節する機能があります．言い換えれば，食事は健康を保持・増進し生活を営むだけのものではなく，食べたときにおいしいと感じ，満足するようなものでなくてはなりません．

　これは，健康の基本概念に通じるものだといえます．健康とは，「病気でないとか，弱っていないということではなく，肉体的にも，精神的にも，そして社会的にも，すべてが満たされた状態にあること」とWHO保健憲章前文で定義されているように，ただ身体が病気でないというだけではなく，こころもからだも社会的にも満たされたものでなくてはなりません．食事は，運動と休養とともに健康の概念を考えるうえではなくてはならないものになっています．

　また，近年，わが国ではスポーツ選手の国内外での活躍が数多く見られ，スポーツ現場での栄養の重要性が問われるようになってきました．食事の内容が，スポーツ選手のコンディショニングに大きく関与し，ひいては競技能力の向上につながると考えられるようになってきたのです．その反面，競技レベルが高くなり，その年齢が徐々に低年齢化していく現状があり，科学的根拠に基づいた本格的な栄養サポートが急務となっています．

　本書を手に取られた皆さんは，スポーツをしている子どものためにできることはないか，指導をしている選手に食事の面でアドバイスできることはないか，健康を維持するために，または生活習慣病を改善するためにはどのような食事をしたらよいのか，などさまざまな立場から栄養について悩まれていることだと思います．本書がスポーツ選手の競技力向上だけではなく，健康のため，ひいては身体の成り立ちを理解するための学習の一助となることを願っています．

　最後に，本書を出版するに当たり，お力添えをいただいたシリーズ編集委員の先生方，化学同人編集部に心より感謝いたします．

2013年2月　早春

編者　坂元　美子

目次

1章 スポーツ栄養・健康栄養の歴史と位置づけ　*1*

- スポーツ栄養学とは何か……… *2*
- 運動時の栄養の役割と関係する栄養素……… *4*
- 栄養学の歴史そしてスポーツ栄養学はいつから発展してきたのか…… *4*
  - (1) 栄養学の歴史　*4*
  - (2) スポーツ栄養学の歴史　*12*
- 復習トレーニング …………………… *14*

2章 スポーツ・健康と栄養素　*15*

- 栄養とは……………………… *16*
  - (1) 栄養の定義　*16*
  - (2) 栄養素の種類　*16*
  - (3) 栄養成分　*17*
- 炭水化物………………………… *17*
  - (1) 単糖類　*17*
  - (2) 二糖類　*18*
  - (3) 少糖類（オリゴ糖）　*18*
  - (4) 多糖類　*19*
  - (5) 食物繊維　*20*
- 脂　質………………………… *21*
- たんぱく質…………………… *22*
- ビタミン……………………… *23*
- ミネラル（無機質）………… *27*
- 復習トレーニング …………………… *26*

3章 エネルギー代謝　*29*

- エネルギー代謝………………… *30*
  - (1) さまざまな仕事の一つ，筋収縮のしくみ　*30*
  - (2) 筋収縮のために必要なエネルギーとは　*31*
- エネルギー供給機構…………… *31*
  - (1) 何のためにエネルギーがいるのか　*35*
  - (2) 推定エネルギー必要量　*36*
- 基礎代謝量とは何か…………… *38*
  - (1) 基礎代謝に影響する因子　*38*
- 安静時代謝量とは……………… *40*
- 睡眠時代謝量…………………… *41*
- 食事誘発性熱産生……………… *42*
- 復習トレーニング …………………… *43*

vii

目次

4章 栄養素の摂取方法　45

1. 炭水化物の摂取方法 …………… 46
2. 脂質の摂取方法 ………………… 47
3. たんぱく質の摂取方法 ………… 48
4. ビタミンの摂取方法 …………… 49
5. ミネラル（無機質）の摂取方法 … 53

復習トレーニング …………………………… 57

5章 スポーツ選手の食事摂取基準と栄養ケア　59

1. スポーツの種目特性 …………… 60
   (1) 瞬発系種目　60
   (2) 筋持久系種目　60
   (3) 持久系種目　61
2. スポーツ選手のエネルギー消費量 …………… 62
   (1) エネルギー消費量　62
   (2) スポーツ選手のエネルギー消費量の推定　62
3. スポーツ選手の栄養素摂取量（食事摂取基準） ………………… 64
4. スポーツ選手の栄養ケア・マネジメント …………………… 65
   (1) スポーツ選手の栄養ケア・マネジメント　65
   (2) 食事調査　67
   (3) 栄養教育　68

復習トレーニング …………………………… 71

6章 スポーツ選手の食事：シーズン別　73

1. 試合期（オンシーズン）の食事 … 74
   (1) 試合前日までの食事　74
   (2) 試合当日の食事　75
   (3) 試合後の食事　77
   (4) 遠征先の食事　78
2. 休養期（オフシーズン）の食事 … 79
3. 体づくり期（トレーニング期）… 80
   (1) 筋肉の増強　80
   (2) 骨の増強　81
   (3) 持久力の増強　82

復習トレーニング …………………………… 83

7章 スポーツ選手の食事：ライフスタイル別　85

1. 学童期のスポーツ選手の食事 …… 86
   (1) 学童期の特性　86
   (2) 学童期の栄養ケア　86
2. 思春期のスポーツ選手の栄養 …… 90
   (1) 思春期の特性　90
   (2) 思春期の栄養ケア　90
3. 成人期のスポーツ選手の栄養 …… 92
   (1) 成人期の特性　92
   (2) 成人期の栄養ケア　94

復習トレーニング …………………………… 94

8章 スポーツ選手の体づくり　　　　　　　　　　　　　　95

- 体重の増量……………………… 96
  - (1) 栄養素のエネルギー比率　96
  - (2) たんぱく質必要量の摂取　97
  - (3) 筋肉の超回復　97
  - (4) 骨格の成長　99
- (5) 合宿中の食事　99
- 体重の減量……………………… 101
  - (1) 栄養素のエネルギー比率　101
  - (2) 減量の方法　101
- 復習トレーニング……………………104

9章 障害予防と栄養　　　　　　　　　　　　　　　　　　　105

- 鉄欠乏性貧血…………………… 106
  - (1) 原因　106
  - (2) 症状　106
  - (3) 対策　107
- 炎　症…………………………… 108
  - (1) 原因　108
  - (2) 症状　109
  - (3) 対策　109
- 骨　折…………………………… 110
  - (1) 原因　110
  - (2) 症状　111
  - (3) 対策　112
- 摂食障害………………………… 112
  - (1) 原因　112
  - (2) 症状　113
  - (3) 対策　113
- 月経障害…………………………115
  - (1) 原因　115
  - (2) 症状　116
  - (3) 対策　116
- 復習トレーニング……………………117

10章 熱中症予防と水分補給　　　　　　　　　　　　　　　119

- 体温調節のしくみ……………… 120
- 熱中症とその分類……………… 121
- 熱中症になりやすい環境……… 121
- 熱中症にかかりやすい人……… 123
- 熱中症の予防…………………… 124
- 水分補給………………………… 126
- 熱中症の応急処置………………127
- 復習トレーニング……………………127

11章 健康の維持・増進のための運動と栄養―エクササイズガイド・食事バランスガイド　*129*

- ❶ 健康と運動 …………………… *130*
  - (1) 運動のポジティブ効果　*130*
  - (2) 運動のネガティブ効果　*131*
- ❷ 身体活動・運動ガイド ………… *131*
  - (1) 運動の種類　*132*
  - (2) 運動の強度　*132*
- ❸ 運動を行うにあたって ………… *136*
- ❹ 食事バランスガイド …………… *137*
  - (1) 食事バランスガイドの特徴　*138*
  - (2) 実際の五つの料理グループと数え方　*139*
  - (3) 1日に必要なエネルギーと食事の量　*141*
  - (4) 食事バランスガイドを活用した料理グループの数え方　*141*
  - (5) 食事バランスガイドを活用した食事指導の実践　*141*
- 復習トレーニング …………………… *142*

12章 生活習慣病予防のための運動と栄養　*143*

- ❶ 生活習慣病の概要と発症原因 …… *144*
- ❷ 生活習慣病のおもな病気 ……… *146*
  - (1) 糖尿病　*146*
  - (2) 脂質異常症　*147*
  - (3) 肥満　*148*
  - (4) 高血圧　*149*
  - (5) 脳卒中　*150*
  - (6) その他　*150*
- ❸ 生活習慣病を予防する食事 …… *151*
  - (1) 糖尿病予防の食事　*151*
  - (2) 脂質異常症予防の食事　*152*
  - (3) 高血圧予防の食事　*154*
- ❹ 生活習慣病を予防する運動 …… *155*
- 復習トレーニング …………………… *158*

13章 スポーツ・健康とサプリメント　*159*

- ❶ サプリメントとは ……………… *160*
  - (1) 食品と医薬品　*160*
  - (2) 保健機能食品　*161*
- ❷ スポーツとサプリメント ……… *162*
  - (1) スポーツ選手が利用するサプリメント　*162*
  - (2) サプリメントとドーピング　*164*
  - (3) スポーツ選手がサプリメントを利用するときの注意点　*165*
- ❸ 健康とサプリメント …………… *166*
  - (1) 注目のサプリメント　*166*
  - (2) サプリメントを利用するときの注意点　*168*
- 復習トレーニング …………………… *170*

14章 スポーツ選手の献立作成　　171

- 食事摂取基準と食品構成………… 172
  - (1) 体づくり期　173
  - (2) 試合期（グリコーゲンローディング）　173
  - (3) 重量級　173
  - (4) 減量時　174
- 体づくり期の献立………………… 175
- 試合期の献立（グリコーゲンローディング）………………… 178
- 重量級の献立……………………… 181
- 減量時の献立……………………… 184

復習トレーニング ……………………187

15章 生活習慣病予防の献立　　189

- 高血圧食の献立…………………… 190
- 糖尿病食の献立…………………… 194
- 脂質異常症食の献立……………… 198
- 肥満症食の献立…………………… 202

復習トレーニング ……………………206

参考文献・参考情報……………………………………………………………… 207

推薦図書………………………………………………………………………… 211

巻末資料………………………………………………………………………… 213

用語解説………………………………………………………………………… 217

索　引…………………………………………………………………………… 221

復習トレーニングの解答は，小社ホームページに掲載されています．
→　http://www.kagakudojin.co.jp/

1章

スポーツ栄養・健康栄養の歴史と位置づけ

1章のPOINT

- ◆ わが国の健康管理のための栄養学はどのように発展してきたか，学ぼう．
- ◆ スポーツ栄養とはどういうことをいうのか，理解しよう．
- ◆ 健康の維持増進と栄養，運動のかかわりについて理解しよう．

1 スポーツ栄養学とは何か

スポーツ栄養学というとなにか限られた分野の学問のような、特別な食事方法を学ぶ科目と思う人がいるかもしれないが、とくに特別なことを学ぶ科目ではない。運動をする一般人あるいはスポーツ選手が健康を維持し、そしてパフォーマンスを十分発揮するためのコンディションを整えるのに役立つ栄養素や栄養のとり方について学んだり、あるいは故障を予防したり、けがからの回復に役立つ栄養面からの科学的な知識を得るための科目である。その内容は、皆さんが学んできた生物、化学、また生化学、解剖生理学を基礎とした栄養学と運動生理学の知識を利用し、応用的な内容を加えたものというだけである。

2003（平成15）年に発表された**国際オリンピック委員会**（International Olimpic Committe：**IOC**）のスポーツ栄養に関する合意声明に「食べ物の量・組成、そしてタイミングは運動能に大きな影響を及ぼす」「普通に入手できる多くの種類の食品から適切なエネルギーを摂取していれば、トレーニングや競技に必要な炭水化物、たんぱく質、脂質、そして微量栄養素の必要量をとることができる」とあるように、スポーツ選手でも摂取するべき栄養素の構成の基本は、一般人の食事と同じである。

健康栄養に至っては、栄養学の知識を健康管理に生かしていく方法や、健康指導における栄養について学び、栄養学と人間の健康や病気とのかかわり合いと食物、栄養、食事の面から検討していく知識を身につけようとするものである。これから学ぶ内容の最も基礎となる知識である五大栄養素のおもな働きについては、図1.1に示す通りである。

運動、栄養、休養が健康管理における3本柱であることはすでに皆さ

> **五大栄養素**
> 炭水化物、たんぱく質、脂質、ビタミン、ミネラルのことをいう。2章も参照。

んも中学や高校の家庭科や保健体育の授業などで聞いたことがあるかと思うが，生活習慣病のほとんどが不適切な栄養摂取と運動不足が関係している．**「健康づくりのための運動基準 2006」**では，**運動**とは身体活動の 1 つであり，とくに**体力**（競技に関連する体力と健康に関連する体力を含む）を維持・増進させるために行う計画的，組織的で継続性のあるものであると定義されていた．したがって，運動とは日常の身体活動の 1 つであり，日々の継続的な活動であるともいえることから，スポーツ栄養がスポーツ選手に限定して活用されるものではなく，一般の人たちの健康維持・増進のためのスポーツや運動による身体活動の変化に応じた栄養摂取をも範疇に含んでいるといえる．

運動は健康の維持増進に欠かせない 1 つの柱であるが，身体機能の向上を促す一方で，体内では安静時とは代謝の状態が異なり，必要な栄養素もその量も変化する．たとえば，栄養の過不足は運動の効果を低減させるだけでなく，疲労や障害の原因にもなりかねないので，運動をする人にとっては運動時にとくに注意の必要な栄養について理解しておく必要がある．

また，疾病からの回復時に行うリハビリテーションにおいても運動療法が取り入れられることがあるが，その際にも適切な栄養指導がその効果を高めることはいうまでもない．適切な栄養，休養そしてトレーニングの結果，競技力向上につながる体調維持および体格の形成が可能となる．

スポーツをしている中学生や高校生が，一流スポーツ選手の摂取しているサプリメントや，競技成績や体格の向上に効果があったという食べ物の噂を聞くとまねることもあるが，これさえ食べれば強くなるという食べ物や栄養素はない．健康管理のための食事も同じことで，1 つの栄

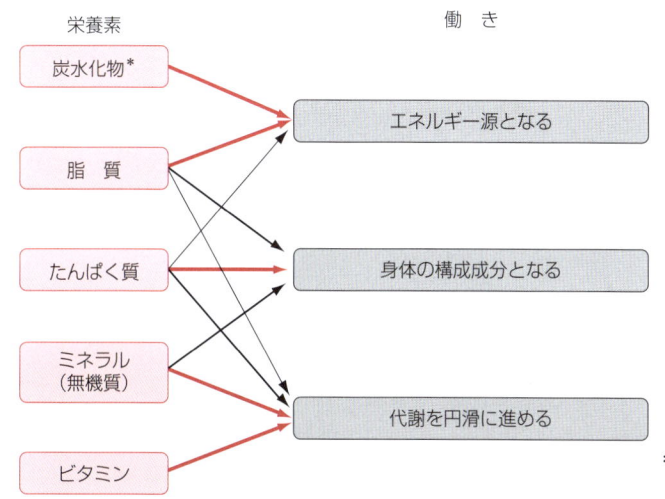

図1.1　五大栄養素の働き

＊アルコールを含む糖質と，食物繊維を合わせて炭水化物という

養素だけで健康が維持できることはないし，適した栄養摂取量やその内容は1人1人異なるもので摂取する目的も違っている．

2　運動時の栄養の役割と関係する栄養素

運動でエネルギーを消費すれば，安静時よりもそれだけ多くのエネルギーを摂取しなければならない．また，エネルギー消費量の増加に伴い，エネルギー産生に関与するビタミンの必要量も増加する．

そして，運動で消耗する体たんぱくを修復し，筋肉を増大させるにはたんぱく質の十分な摂取が必要となる．ほかに体づくりや生体機能の調節のために必要なミネラル，ビタミンも要求量が増加する．また，運動時には体温調節のために発汗量が増加することから，水分とミネラルの補給も考慮しなければならない（図1.2．詳しくは図2.8を参照．表1.1）．

このようなことに注意しながら運動をする一般の人やスポーツ選手が健康を維持し，肥満などの生活習慣病などを予防しながら，実施する運動に適した体づくりやスタミナ維持，さらにはパフォーマンスの向上を目指して考えていく栄養管理がスポーツ栄養学の実態である．

> エネルギー産生
> 3章も参照．

3　栄養学の歴史そしてスポーツ栄養学はいつから発展してきたのか

（1）栄養学の歴史

① はじめは足りなくて困った

わが国の栄養学の研究は栄養不足をいかに解消し，国民の体格や健康

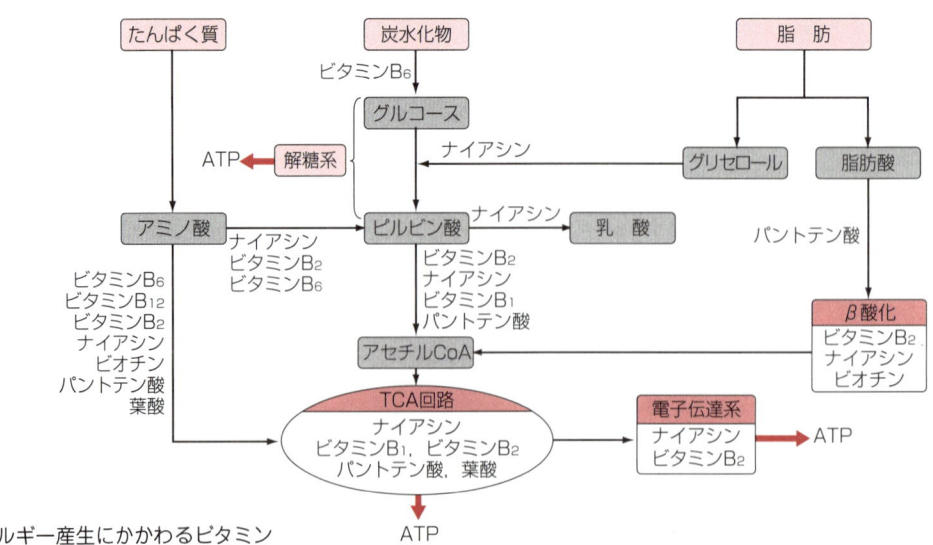

図1.2　エネルギー産生にかかわるビタミン

状態の向上を目指すためにはどうすればよいかというところから始まった．

栄養不足や偏りによる弊害に関して，古くは平安時代の『日本後記』などにすでに**脚気**の病名が見られ，江戸時代には地方から江戸にでてきて白米を食べる生活になってその症状がでることが多かったため，江戸わずらいとよばれて大流行し，その後，明治に入っても解決できなかった．実際には白米が原因ではなく，精白することによって取り除かれる胚芽部分に含まれる**ビタミンB_1**がとれなくなり，玄米を食べていたときに比べて主食からとれるビタミンB_1の摂取が減るために脚気にかかっていた．副食が豊富でない場合，白米を中心に食べる食生活ではビタミンB_1の欠乏症である脚気が起こっていたのだが，当時はまだ原因がわかっていなかった．

有効な対策がなかなか見いだせなかったなかで，海軍の軍医だった**高木兼寛**が炭水化物が多く，たんぱく質の不足した食事が脚気の原因であるとし，海軍の食事に動物性たんぱく質の豊富な食事を取り入れて食生活を改善した．その後，脚気研究に参加していた鈴木梅太郎が糠から**オリザニン（ビタミンB_1）**を発見した．

このように脚気対策が出発点となって国民の健康維持にかかわる栄養学の研究が進められ，栄養教育が始まった．

② **感染症対策としての健康栄養学（1920〜1940年代）**

その後，繊維産業に携わる女子工員の劣悪な環境による結核の発生など，栄養状態の悪さや過労など，健康管理の悪さが感染症の増加に関連していると考えられるようになった．1935（昭和10）年には国民の死亡原因の1位となった**結核**の原因として低栄養があげられ，その改善のための栄養指導や研究が進んだ．当時，感染症対策と栄養失調の改善が

脚気（かっけ）
ビタミンB_1欠乏症．膝蓋腱反射の喪失，下肢の浮腫，だるさ，などの症状を伴う．炭水化物の過剰摂取によって代謝に必要なビタミンB_1が相対的に欠乏しても生じる．

高木兼寛（たかぎかねひろ）
1849〜1920．海軍軍医総監．東京慈恵医科大学の創設者．

鈴木梅太郎（すずきうめたろう）
1874〜1943．農芸化学者．

表1.1 運動と飲水量の目安

運動の種類	運動内容		飲推量の目安	
	運動強度	持続時間	競技前	競技中
トラック競技 バスケットボール サッカーなど	75〜100%$\dot{V}O_2$max*	1時間以内	250〜500 mL	500〜1000 mL
マラソン 野球など	50〜90%$\dot{V}O_2$max*	1〜3時間	250〜500 mL	500〜1000 mL/時間
ウルトラマラソン トライアスロンなど	50〜70%$\dot{V}O_2$max*	3時間以上	250〜500 mL	500〜1000 mL/時間 必ず塩分を補給

* %$\dot{V}O_2$max：運動強度の表現の1つ．最大強度の何％に相当するかを表す（相対強度）．
川原 貴ほか，『スポーツ活動中の熱中症予防ガイドブック』，日本体育協会（2006），p.16より一部改変．

健康増進において最も重要な問題であった．

二つの世界大戦を経てますます食事事情は悪くなり，栄養失調の改善を目指していかに栄養を充足させるかを目的とした研究や指導が中心に進められた．

③「食べなさい」が「あまり食べてはいけません」に（1950～1960年代）

食生活が安定し，国民の栄養状態が改善されるに従って食品の生産や流通分野の発展が著しく，調理用電化製品の普及，インスタント食品やスーパーマーケットの出現，女性の社会進出など，人びとの生活も大きく変化してきた．食生活の変化のみならず，家事労働に使う時間もエネルギーも電化製品によって減少し，一般的に人びとの身体活動量が減少することともなった．

学校給食に慣れた子どもたちの食習慣が家庭に影響を及ぼし，日本伝統の食生活が減少し「食生活の欧米化」が進んだ．それにより肥満などの生活習慣病対策を踏まえた健康栄養学が重要となってきた．

1964（昭和39）年に開催された東京オリンピックでは，生きるために食べるだけでなくより強くなるため，勝つために食べるということを人びとが意識し始めた．これは日本におけるスポーツ栄養学発展のきっかけとして，非常に意義深いものであった．しかし，スポーツ栄養学という概念が登場するのはまだまだ先である．

④ 生活習慣病予防対策へ（1970年代）

1970（昭和45）年大阪で万国博覧会が開催され，世界の食事が日本の食生活に紹介されるきっかけとなり，一方で過剰栄養が問題となってきた．肥満の問題も増加してきた．

生活習慣病予防のため，過剰栄養摂取を見直し，エネルギーや栄養素

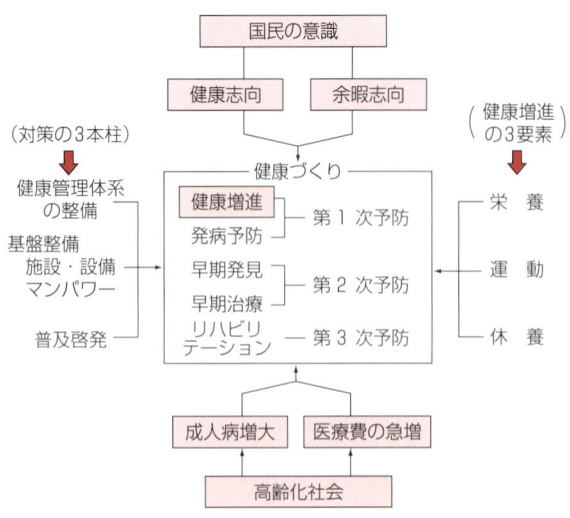

図1.3 「アクティブ80ヘルスプラン」
（第二次国民健康づくり対策）の背景と意義
厚生白書（昭和63年版）より．

の摂取制限が重要といわれるようになった．しかし，これまで「栄養をとりましょう，野菜を食べましょう」など摂取を促すことが主体であった栄養教育で「あまりとりすぎないように」はなかなか受け入れられず，栄養摂取状態の改善は難航した．

　減塩運動も盛んになり，これはしょう油やみそ，塩，漬け物，干物などを利用する日本型食生活を遠ざけることとなった．このような動きのなかで1978（昭和53）年には**第一次国民健康づくり運動**が発足（旧厚生省）し，国，都道府県，市町村，民間団体によって健康管理のための運動が展開されるようになった．

⑤ **日本型食生活の重要性復活**（1980〜1990年代）

　栄養摂取の過剰はさらに問題になる一方，従来のわが国独自の食生活が見直され始めた．1980（昭和55）年には栄養的観点から，また食料の自給率を上げるためにも農政審議会は**日本型食生活のすすめ**を打ち出し，1982（昭和57）年には「健康で豊かな食生活を保証するという視点から日本型食生活の定着をはかること」とする報告書がだされた．栄養調査からは過食でありながら栄養失調という状況も見いだされ，日本型食生活が再び注目されるようになった．**栄養指導**は，これまでの栄養不足を改善するために行われていた動物性たんぱく質や野菜の油炒めの積極的な摂取のすすめとは異なり，脂肪摂取の過剰やエネルギー摂取の過剰に注意を促すものとなった．

　　ⅰ）エネルギーを過剰に摂取する者が増加している
　　ⅱ）脂肪摂取量が増加傾向で適正摂取量の上限に近づいている
　　ⅲ）食事内容の変化により栄養バランスに偏りのある者が増加している
　　ⅳ）子どもの孤食が増えた

生活のなかに運動を	運動を生かす健康づくり
● 歩くことからはじめよう ● 1日30分を目標に ● 息がはずむ程度のスピードで	● 栄養・休養とのバランスを ● 禁煙と節酒も忘れずに ● 家族のふれあい，友達づくり
明るく楽しく安全に	
● 体調に合わせマイペース ● 工夫して，楽しく運動長続き ● ときには楽しいスポーツも	

図1.4　健康づくりのための運動指針
厚生省〔1993（平成5）年．4月〕．

表1.2 健康づくりのための食生活指針

- 食事を楽しみましょう．
  - 心とからだにおいしい食事を，味わって食べましょう．
  - 毎日の食事で，健康寿命をのばしましょう．
  - 家族の団らんや人との交流を大切に，また，食事づくりに参加しましょう．
- 1日の食事のリズムから，健やかな生活リズムを．
  - 朝食で，いきいきした1日を始めましょう．
  - 夜食や間食はとりすぎないようにしましょう．
  - 飲酒はほどほどにしましょう．
- 主食，主菜，副菜を基本に，食事のバランスを．
  - 多様な食品を組み合わせましょう．
  - 調理方法が偏らないようにしましょう．
  - 手作りと外食や加工食品・調理食品を上手に組み合わせましょう．
- ごはんなどの穀類をしっかりと．
  - 穀類を毎食とって，糖質からのエネルギー摂取を適正に保ちましょう．
  - 日本の気候・風土に適している米などの穀類を利用しましょう．
- 野菜・果物，牛乳・乳製品，豆類，魚なども組み合わせて．
  - たっぷり野菜と毎日の果物で，ビタミン，ミネラル，食物繊維をとりましょう．
  - 牛乳，乳製品，緑黄色野菜，豆類，小魚などで，カルシウムを十分にとりましょう．
- 食塩や脂肪は控えめに．
  - 塩辛い食品を控えめに，食塩は1日10g未満にしましょう
  - 脂肪のとりすぎをやめ，動物，植物，魚由来の脂肪をバランスよくとりましょう．
  - 栄養成分表示を見て，食品や外食を選ぶ週間を身につけましょう．
- 適正体重を知り，日々の活動に見合った食事量を．
  - 太ってきたかなと感じたら，体重を量りましょう．
  - 普段から意識して身体を動かすようにしましょう．
  - 美しさは健康から．無理な減量はやめましょう．
  - しっかりかんで，ゆっくり食べましょう．
- 食文化や地域の産物を活かし，ときには新しい料理も．
  - 地域の産物や旬の素材を使うとともに，行事食を取り入れながら，自然の恵みや四季の変化を楽しみましょう．
  - 食文化を大切にして，日々の食生活に活かしましょう．
  - 食材に関する知識や料理技術を身につけましょう．
  - ときには新しい料理をつくってみましょう．
- 調理や保存を上手にして無駄や廃棄を少なく．
  - 買いすぎ，つくりすぎに注意して，食べ残しのない適量を心がけましょう．
  - 賞味期限や消費期限を考えて利用しましょう．
  - 定期的に冷蔵庫の中身や家庭内の食材を点検し，献立を工夫して食べましょう．
- 自分の食生活を見直してみましょう．
  - 自分の健康目標をつくり，食生活を点検する習慣をもちましょう．
  - 家族や仲間と，食生活を考えたり，話し合ったりしてみましょう．
  - 学校や家庭で食生活の正しい理解や望ましい習慣を身につけましょう．
  - 子どものころから，食生活を大切にしましょう．

（小項目は食生活指針の実践のためのもの）

文部省・厚生省，農林水産省（平成12年）

ということを踏まえて 1985（昭和 60）年に旧厚生省から**「健康づくりのための食生活指針」**が示された．さらに 1988（昭和 63）年には第二次国民健康づくり対策として 10 年計画の**「アクティブ 80 ヘルスプラン」**が提唱された．それまでの疾病発生予防（一次予防）よりもさらに積極的に，前向きに健康増進に取り組むことに力点をおいたものである．高齢化社会に対応して，80 歳になっても元気にいきいきとした生活を送れるように，各自が健康管理に取り組んでいこうという働きかけでもあった（表1.2，表1.3，図1.3，図1.4）．

⑥ **食べることに加えて運動にも関心がでてきた（1990 ～ 2000 年代）**

積極的な健康の維持増進に関心が向けられると，個人の状況に応じた食生活改善のための指針が必要となり，1990（平成 2）年には**「健康づくりのための食生活指針（対象特性別）」**が策定された．

日本人の生活活動量が全般に低下しているにもかかわらず，摂取エネルギー量は増加し続けた．国民の死亡原因の 4 分の 1 はエネルギー摂取量の過剰が関連する疾患であることから，運動の必要性がクローズアップされた．そこで 1993（平成 5）年に策定されたのが**「健康づくりのための運動指針」**である．さらに健康増進のためには運動，栄養だけでなく適切な休養も大切ということで，1994（平成 6）年には**「健康づくりのための休養指針」**が策定された．これで私たちも知っている，健康づくりの 3 本柱である栄養・運動・休養についての一般人にもわかりやすい目安がすべて示されたということになる．5 年ごとに日本人の栄養所要量，後には日本人の食事摂取基準となり，厚生労働省から発表されている．

健康維持・増進のための栄養学については，このような変遷を経て必

日本人の栄養所要量

健康人を対象として，国民の健康の保持・増進，生活習慣病の予防のために標準となるエネルギーおよび各栄要素の摂取量を示すもの．5 年ごとに改訂され，最終は第六次改訂（1999 年）．栄養欠乏症の予防を主眼として策定され，健康増進施策，栄養改善施策などの基本となるものとして広く栄養指導や給食計画の基準として使われていた〔2004（平成 16）年度まで〕．

表 1.3　健康づくりのための休養指針

1. 生活にリズムを
   - 早めに気づこう，自分のストレスに
   - 睡眠は気持ちよい目覚めがバロメーター
   - 入浴で，からだもこころもリフレッシュ
   - 旅に出かけて，こころもリフレッシュ
   - 休養と仕事のバランスで能率アップと過労防止
2. ゆとりの時間でみのりある休養を
   - 1 日 30 分，自分の時間を見つけよう
   - 活かそう休暇を，真の休養に
   - ゆとりのなかに，楽しみや生きがいを
3. 生活のなかにオアシスを
   - 身近ななかにもいこいの大切さ
   - 食事空間にもバラエティを
   - 自然とのふれあいで感じよう，健康の息ぶきを
4. 出会いときずなで豊かな人生を
   - 見いだそう，楽しく無理のない社会参加
   - きずなのなかではぐくむ，クリエイティブ・ライフ

厚生省（平成 6 年）

要な研究が進められ，教育方法や指導方法も改善されていった．2000（平成12）年に，厚生労働省は第三次国民健康づくり運動の「**健康日本21**」を定めた．これは健康寿命の延伸を推進していくことを基本理念とし，生活習慣病の発症・進行に関与する生活習慣の改善などに関する具体的な目標を提示している．基本方針は，① 一次予防の重視，② 健康づくり支援のための環境整備，③ 目標などの設定と評価，④ 多様な実施主体による連携のとれた効果的な運動の推進，となっており，運動の推進がここでも強化されている．この「健康日本21」は2012年度まで実施され，その評価を2013年度以降の運動推進に反映させることになった．

「健康日本21」で身体活動量増加を目指していたにもかかわらず，最終評価によると1997（平成9）年と2009（平成21）年の比較において15歳以上の国民の1日の歩数の平均値は男女ともに約1000歩減少しており，生活習慣病などの発症リスクを低減させ健康維持増進を進めるためには身体活動や運動の重要性について，さらに普及啓発を推進する必要があると考えられた．そこで，厚生労働省は2012（平成24）年7月，第四次国民健康づくり運動として「21世紀における第二次国民健康づくり運動〔健康日本21（第二次）〕」を告示した．

目標に向けて実行推進しやすいように「健康づくりのための運動基準2006」および「健康づくりのための運動指針＜エクササイズガイド2006＞」は新たな科学的知見に基づいて改定され，「健康づくりのための身体活動基準2013」および「健康づくりのための身体活動指針（アクティブガイド）」として取りまとめられた（巻末資料参照）．

これらにおいては，運動のみならず生活内のすべての身体活動に今まで以上に着目して活動量を増やす狙いから，運動基準から身体活動基準

日本人の食事摂取基準
2005（平成17）年から施行．5年ごとに改訂され2025年4月からは2025年度版が使用される．健康な個人または集団を対象として，国民の健康の維持・増進，生活習慣病の予防を目的とし，エネルギーおよび各栄養素の摂取量の基準を示したもの．栄養素の摂取不足によるエネルギーや栄養素欠乏症の予防にとどまらず，過剰摂取による健康障害の予防，生活習慣病の一次予防も目的としている．一つの指標ではなく，エネルギーでは，推定エネルギー必要量，その他の栄養素では推定平均必要量，推奨量，目安量，目標量，耐容上限量の五つの指標を用い，望ましい摂取量を範囲として確率論で示している．2025年度版でのおもな変更点としては，これまでの生活習慣病に加えて骨粗鬆症とエネルギー，栄養素との関連が整理されたことや，食物繊維の目標量の見直し，鉄の耐用上限量の設定削除など各栄養素の指標の見直しなどがある．

（例）推定平均必要量：ある母集団における平均必要量の推定値．ある母集団に属する50%の人が必要量を満たすと推定される1日の摂取量．

表1.4 身体活動，運動，体力に着目した健康づくりのための身体活動基準2013

血糖・血圧・脂質 に関する状況		身体活動（＝生活活動＋運動）		運動		体力 （うち全身持久力）
健診結果が基準範囲内	65歳以上	強度を問わず，身体活動を毎日40分（＝10メッツ・時/週）	今より少しでも増やす （たとえば10分多く歩く）	世代共通の 方向性 —	30分以上の運動を週2日以上	世代共通の 方向性 —
	18～64歳	3メッツ以上の強度の身体活動 （歩行またはそれと同等以上） を毎日60分（＝23メッツ・時/週）		3メッツ以上の強度の運動を毎週60分（息が弾み汗をかく程度）（＝4メッツ・時/週）		性・年代別に示した強度での運動を約3分継続可
	18歳未満	【参考】幼児期運動指針：「毎日60分以上，楽しく体を動かすことが望ましい」		—		—
血糖・血圧・脂質のいずれかが保健指導レベルの者		医療機関にかかっておらず，「身体活動のリスクに関するスクリーニングシート」でリスクがないことを確認できれば，対象者が運動開始前・実施中に自ら体調確認ができるよう支援したうえで，保健指導の一環としての運動指導を積極的に行う．				
リスク重複者 または受診勧奨者		生活習慣病患者が積極的に運動をする際には，安全面での配慮がとくに重要になるので，かかりつけの医師に相談する．				

厚生労働省健康局がん対策・健康増進課，運動基準・運動指針の改訂に関する検討会報告書（平成25年3月）．

に名称も変更され，子どもから高齢者まですべてを対象として年齢別の基準が設定されていた（表1.4）．

また，国民1人1人の運動習慣や食習慣の改善などの行動変容を促すためには，関連知識の提供も重要であるため，身体活動量を増加させることによってリスクを低減できる疾患として，それまでの糖尿病や循環系疾患に加えてがん，認知症，ロコモティブシンドローム（運動器症候群）が含まれることも示している．

さらに，誰もが気軽に身体活動を増やすには，運動をしやすい環境も重要になってくるため，身体活動を推進するための社会環境整備の必要性も考慮して保健事業の活用例の紹介なども盛り込まれている．この「健康日本21（第二次）」は2013年から2023年までの間取り組むことになっていた．

そして2024年から2033年の予定で「健康日本21（第三次）」が実施されている．第三次では超高齢社会の進展によりいっそう健康寿命の延伸と生活の質の向上が求められている．とくにフレイル予防，デジタル技術を用いた健康増進，メンタルヘルス対策の強化，持続族可能な社会実現に向けた健康づくりなどをめざした内容となっている．

身体活動に関しては「健康づくりのための身体活動・運動ガイド2023」が2019年に作成され，運動不足による健康リスクをより強調するものとなった．とくに日常生活における座りすぎ対策を強化し，こまめにからだを動かすことの重要性が強調されている（図1.5）．

また，栄養分野に科学的知見のある栄養学（evidence-based nutrition：**EBN**）が導入され，従来の栄養所要量から食事摂取基準に変更された．さて，次にスポーツ栄養についての歴史をみてみよう．

図1.5 身体活動・運動の推奨事項
「健康づくりのための身体活動・運動ガイド2023」より作成．

全体の方向性	個人差を踏まえ，強度や量を調整し，可能なものから取り組む 今よりも少しでも多く身体を動かす			
対象者※1	身体活動※2（＝生活活動※3＋運動※4）			座位行動※6
高齢者	歩行又はそれと同等以上の（3メッツ以上の強度の）身体活動を **1日40分以上**（1日約**6,000歩以上**）（＝週15メッツ・時以上）	運動	有酸素運動・筋力トレーニング・バランス運動・柔軟運動など多要素な運動を週3日以上【**筋力トレーニング**※5を週2～3日】	座りっぱなしの時間が長くなりすぎないように注意する（立位困難な人も，じっとしている時間が長くなりすぎないように少しでも身体を動かす）
成人	歩行又はそれと同等以上の（3メッツ以上の強度の）身体活動を **1日60分以上**（1日約**8,000歩以上**）（＝週23メッツ・時以上）	運動	息が弾み汗をかく程度以上の（3メッツ以上の強度の）運動を**週60分以上**（＝週4メッツ・時以上）【**筋力トレーニング**を週2～3日】	
こども（※身体を動かす時間が少ないこどもが対象）	（参考）・中強度以上（3メッツ以上）の身体活動（主に有酸素性身体活動）を1日60分以上行う ・高強度の有酸素性身体活動や筋肉・骨を強化する身体活動を週3日以上行う ・身体を動かす時間の長短にかかわらず，座りっぱなしの時間を減らす．特に余暇のスクリーンタイム※7を減らす．			

※1 生活習慣，生活様式，環境要因等の影響により，身体の状況等の個人差が大きいことから，「高齢者」「成人」「こども」について特定の年齢で区切ることは適当でなく，個人の状況に応じて取組を行うことが重要であると考えられる．
※2 安静にしている状態よりも多くのエネルギーを消費する骨格筋の収縮を伴う全ての活動．
※3 身体活動の一部で，日常生活における家事・労働・通勤・通学などに伴う活動．
※4 身体活動の一部で，スポーツやフィットネスなどの健康・体力の維持・増進を目的として，計画的・定期的に実施する活動．
※5 負荷をかけて筋力を向上させるための運動．筋トレマシンやダンベルなどを使用するウエイトトレーニングだけでなく，自重で行う腕立て伏せやスクワットなどの運動も含まれる．
※6 座位や臥位の状態で行われる，エネルギー消費が1.5メッツ以下の全ての覚醒中の行動で，例えば，デスクワークをすることや，座ったり寝ころんだ状態でテレビやスマートフォンを見ること．
※7 テレビやDVDを観ることや，テレビゲーム，スマートフォンの利用など，スクリーンの前で過ごす時間のこと．

（2）スポーツ栄養学の歴史

　スポーツ選手に適切な栄養摂取量についてはごく最近まで科学的根拠をもった数値が明らかにされておらず，ほとんどは一般健康人の必要量から推定された数値で食事が考えられるか，あるいはまったく個人の好みや信条にまかされたまま放任状態にされていたのが現状であった．競技力を高める栄養という意味での研究としては1939（昭和14）年にクリステンとハンセンによる糖質食が持久力を高めるという報告に始まった．その後1960年代の筋バイオプシー（筋生検）の進歩によって，持久力の向上が糖質食による筋グリコーゲン量の増加の結果であるというメカニズムが解明された1980年代にはトレーニングにおける疲労回復に対する糖質食の有効性などが研究され，競技前に体内のグリコーゲン量を増加させておき，スタミナ向上に役立てる**「グリコーゲンローディング」**に関する研究が進んだ．このような経過ののち，競技力に食事が関与するということが一般のスポーツ選手にも浸透して認識されるようになった．

　わが国でのスポーツ栄養の研究は前述した1964（昭和39）年の東京オリンピック大会を契機とするもので，長距離選手に多く見られた貧血をたんぱく質の摂取量によって予防できることを示した研究が始まりであった．その後日本体育協会が日本選手の食事を大幅に改善する必要性を認め，当時の専門家により「スポーツ選手の食事ガイド」が作成され，これがその後のわが国のスポーツ栄養学の発展につながった．それまでトレーニングに真剣に取り組んでも食事に関しては無頓着であったり，縁起をかついだ食品を選んだり，選手個人の信条によって選択されてい

> **グリコーゲンローディング**
> 疲労の開始を遅らせる目的で肝臓と筋肉の両方のグリコーゲン量を顕著に増加させるように計画された食事テクニック．

た食事摂取について，スポーツ現場の関係者が重要性を認めるようになり始めたということである．

その後，栄養管理の考え方の変化（前述）で，一般人の健康の維持増進に運動が重視され，それに伴い栄養摂取にも注意が向けられるようになった．2006（平成18）年に策定された「健康づくりのための運動指針2006（エクササイズガイド2006）」を用いて消費エネルギー量を算出し，摂取エネルギー量とのバランスを考えた個々の運動，栄養管理が進められるなど，スポーツ選手に限らず運動時の栄養摂取に関する知識の必要性が重視されている（図3.13を参照）．

さらに，2019年の「健康づくりのための身体活動・運動ガイド2023」では身体活動・運動に関する参考情報の中に，「身体活動とエネルギー・栄養素について」という項目があり，身体活動量に応じてエネルギー収支を適切に保ち必要な栄養素を過不足なく摂取することやタンパク質過剰摂取への注意，体重や活動状況に応じた適切なタンパク質量の目安などが示され，運動と適切な栄養摂取の重要性を意識させるものとなっている．

スポーツ栄養の歴史はまだ浅く，言葉そのものが使われ始めたのは1990（平成2）年頃といわれている．特別な栄養学というわけではないことはすでに述べた．当初スポーツ栄養というと，たんぱく質のみに偏重した食事である，強くなるためになにか特殊な食品を摂取することである，サプリメントについて学ぶことのみである，などの誤解もあり，それは今でも一部の人たちに間違って理解されていることがある．スポーツ栄養の分野はまだまだ確立しているとはいいがたく，身体活動や健康維持そしてパフォーマンス向上に適した栄養摂取を追求するため

エクササイズガイド2006
3章も参照．

健康づくりのための身体活動・運動ガイド2023，「身体活動とエネルギー・栄養素について」も参照．

メッツ
巻末資料も参照．

に，今後さらに研究や実践が重ねられ，人びとのニーズに応じて変化，発展していくものと考えられる．

復習トレーニング

次の問いに答えなさい．

❶ スポーツ栄養学を理解するために必要な知識を得るために学んでおくべき科目を6つあげよ．
❷ 炭水化物の過剰摂取で脚気が生じることがあるのはなぜか．
❸ 「アクティブ80ヘルスプラン」と「健康日本21」についてそれぞれ提唱された年とその特徴を述べよ．

2章 スポーツ・健康と栄養素

2章のPOINT

- ◆ 炭水化物（糖質）・脂質・たんぱく質・ビタミン・ミネラルは五大栄養素とよばれ，ヒトにとって必要なもので，必ず外界から，一般的には食事としてとり入れなければならないことを理解しよう．
- ◆ 五大栄養素にはそれぞれ体のなかでの役割があり，スポーツをするうえでも重要な役割を果たしていることを理解しよう．
- ◆ 健康を保持・増進するためにはもちろんのこと，スポーツ選手も一般の人と同じように五大栄養素をバランスよくとる必要があることを理解しよう．

1 栄養とは

(1) 栄養の定義

あらゆる生物は，外界から摂取した物質（食物）を代謝し，その結果，体内に発生した不要物の排泄を行うという過程によって，生命を維持するためのエネルギーを得ている．この一連の流れを**栄養**という．言い換えれば栄養は，ヒトが生きていくために，また健康を保持・増進し，生活を営むうえで不可欠なもので，必ず摂取しなければならないものである．その食物に含まれているさまざまな摂取すべき成分を**栄養素**という．

(2) 栄養素の種類

栄養素には，炭水化物・脂質・たんぱく質・ビタミン・ミネラル（無機質）の5種類があり，**五大栄養素**とよばれる．五大栄養素は，それぞれ体内で重要な働きを担っている．炭水化物，脂質，たんぱく質はエネルギー源となり，**三大栄養素**，**熱量素**ともよばれる．たんぱく質は熱量素であるが，体をつくる構成素としての役割が重要である．ビタミンとミネラルは，おもに体調を整える調節素としての役割があり，ミネラルは同時に体をつくる構成素にもなる（1章図1.1を参照）．

水と酸素は，ヒトが生きていくうえで必要なものであるが，栄養素には含まれない．また，**炭水化物は**，糖質と食物繊維を合わせたものをいう．食物繊維は大腸の善玉菌により発酵されるものもあり，1gあたり約2kcalのエネルギーとなる．

> **代謝**
> 生体は，生命を維持するために呼吸，循環，排泄，運動，生殖などの生理現象を，体内の化学反応によって行う．この生理現象を行うために必要なものを，外界から取り入れることを栄養という．摂取した栄養素を，体成分に合成することを同化といい，分解して排泄することを異化という．この栄養素が変化していく過程である，同化と異化を合わせて代謝という．

表2.1　おもな単糖類

名 称	分 布
グルコース	生物界に広く分布．血糖となりヒトのエネルギー源として重要
フルクトース	果物に多く含まれる．糖類のなかで最も甘い．
ガラクトース	乳糖，寒天の成分．糖脂質として脳細胞や神経細胞の構成成分
リボース	核酸の構成成分としてDNA，RNA，ATPなどに存在
キシロース	木材，わら，竹などに含まれる．甘味料の成分
マンノース	コンニャクや多糖類の構成成分

（3）栄養成分

各食品に含まれている栄養素の種類と量を，**栄養成分**という．栄養成分が体内で利用される度合いを**栄養価**といい，エネルギー値やアミノ酸スコアなどがある．一般に栄養価は，**体内での利用効率**によって変わる．

2　炭水化物

運動強度が高くなればなるほど，炭水化物がより多く利用される．また，脳のエネルギー源には，血液中の糖（**血糖**）が利用される．集中力を維持するためには，血糖値を維持することが必要である．

炭水化物は単糖類，二糖類，少糖類（オリゴ糖），多糖類に分類できる．それぞれについて，以下に述べる．

（1）単糖類

これ以上分解されない最小単位の糖類で，体内で単糖類にまで消化され，吸収される．おもな単糖類は，ヒトのエネルギーの源で血糖になる**グルコース**（ブドウ糖），果物に多く含まれ天然の糖のなかでは最も甘味が強い**フルクトース**（果糖），寒天や乳糖に存在し，乳児の成長に必要な**ガラクトース**（ラクトースの成分），遺伝情報を司る DNA, RNA や，エネルギー源となる ATP などの構成成分となる**リボース**や**デオキシリボース**などがある（表2.1，図2.1）．

知っておくと役に立つ！

体内での利用効率
消化吸収の度合や体内での利用度．たんぱく質のアミノ酸スコアなどによって変わる．

ラクトース（乳糖）
牛乳には4〜5％，人乳には5〜7％含まれている．乳児は乳糖を分解する酵素（ラクターゼ）を必ずもっている．成長すると分泌量が減り，乳糖を分解できずに消化不良を起こす人がいる（乳糖不耐症）．とくに，乳製品の摂取が少ない東洋人に多いといわれている．

DNA, RNA
DNA は，生命活動を営むための遺伝情報をもつものである．リボースやデオキシリボースといった単糖類にアデニン，グアニン，シトシン，ウラシル，チミンなどの塩基とリン酸が結合したヌクレオチドが多数結合したもの（ポリヌクレオチド）が二本，らせん状に絡みついた構造をしている．RNA は，DNA のもつ情報を転写，複製する働きをもち，tRNA や mRNA がある．

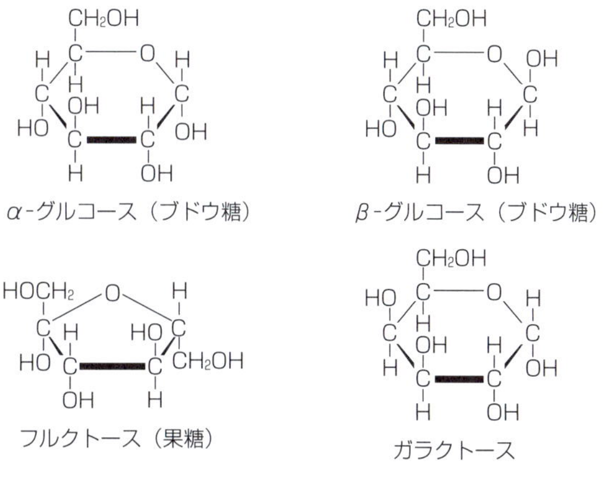

α-グルコース（ブドウ糖）　　β-グルコース（ブドウ糖）

フルクトース（果糖）　　ガラクトース

図2.1　単糖類の構造

（2）二糖類

単糖類が2個結合したものである．グルコースとフルクトースが1つずつ結合している**スクロース**は**ショ糖**とよばれ，砂糖のおもな成分である．グルコースとガラクトースが1つずつ結合している**ラクトース**は**乳糖**とよばれ，乳に多く含まれる糖である．グルコースが2つ結合している**マルトース**は**麦芽糖**とよばれ，水あめのおもな成分である（表2.2，図2.2）．

はちみつは，スクロースである花の蜜を，蜂が唾液で分解しているため，グルコースとフルクトースが混在している．

（3）少糖類（オリゴ糖）

少糖類は単糖類が2〜10個程度結合したもので，**オリゴ糖**ともよば

表2.2 おもなオリゴ糖

	名　称	構造糖	特　徴
二糖類	スクロース（ショ糖）	グルコース + フルクトース	砂糖，消化される
	ラクトース（乳糖）	グルコース + ガラクトース	乳汁にのみ含まれる，乳児に必須
	マルトース（麦芽糖）	グルコース2分子	水あめ，こうじの成分，消化される
オリゴ糖	フラクトオリゴ糖	スクロースのフルクトース部位に1〜4個のフルクトースが結合	低う蝕性，乳酸菌増殖作用
	グルコオリゴ糖	スクロースのグルコース部分に数個のグルコースが結合	低う蝕性，消化される

> **知っておくと役に立つ！**
>
> **糖アルコール**
> 糖の一部が変化してできる糖で，エリスリトール，マルチトール，マンニトール，ソルビトール，キシリトールなどがある．甘味があるが小腸からの吸収が悪くエネルギーとして利用しにくいため，低カロリー甘味料として利用される．また，血糖値を上げにくく，糖尿病の人のための甘味料として用いられたり，口内細菌によって分解されにくいため，虫歯になりにくい甘味料として利用されたりしている．

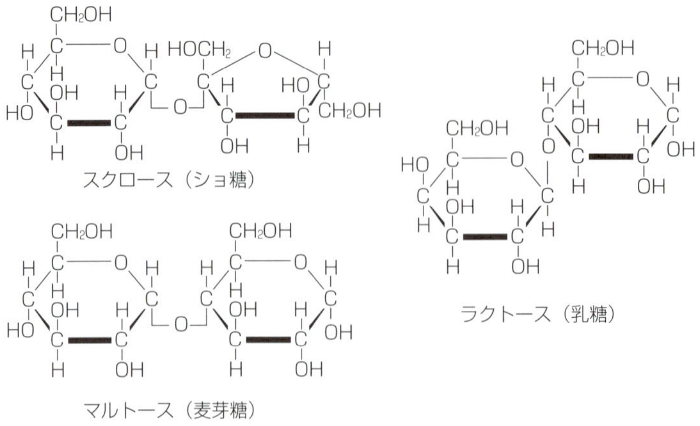

図2.2 代表的な二糖類の構造

れる．天然に存在するオリゴ糖はスクロース，マルトース，ラクトースのほか，トレハロースやセロビオースなどがあり，人工的につくられるオリゴ糖にはフラクトオリゴ糖，ガラクトオリゴ糖，パラチノースなどがある．ヒトの消化酵素で分解される結合をしているものは，吸収されてエネルギー源として利用され，分解されないものは，腸内で善玉菌の栄養になり，おなかの調子を整える働きがある．また，甘さを感じるが，虫歯になりにくいものもある（表2.2参照）．

（4）多糖類

単糖類が多数結合したもので，植物の貯蔵糖である**でんぷん**，動物の貯蔵糖である**グリコーゲン**，植物の繊維素である**セルロース**などがある．オリゴ糖と同様，ヒトの消化酵素で分解されるものは吸収されエネルギー源となるが，分解されないものは腸内で善玉菌の栄養になるほか，さまざまな作用がある．

でんぷんは，米や小麦などの穀類やいも類などに多く含まれ，200〜1000個ほどのグルコースが α-1, 4 結合しているアミロース（図2.3）と，それ以上の数のグルコースが結合しているアミロペクチンがある．アミロペクチンは，α-1, 4 結合のほかに α-1, 6 結合もある（図2.3）．

グリコーゲンは，動物の貯蔵糖でおもに肝臓と筋肉に蓄えられている．グルコースが α-1, 4 結合と α-1, 6 結合していて，アミロペクチンよりも α-1, 6 結合の数が多く，グルコースの数が多くなる．

セルロースは，グルコースが β-1, 4 結合したもので（図2.4），ヒトは，セルロースを分解する酵素をもっていないため，小腸で吸収しエネルギーとして利用することができない．

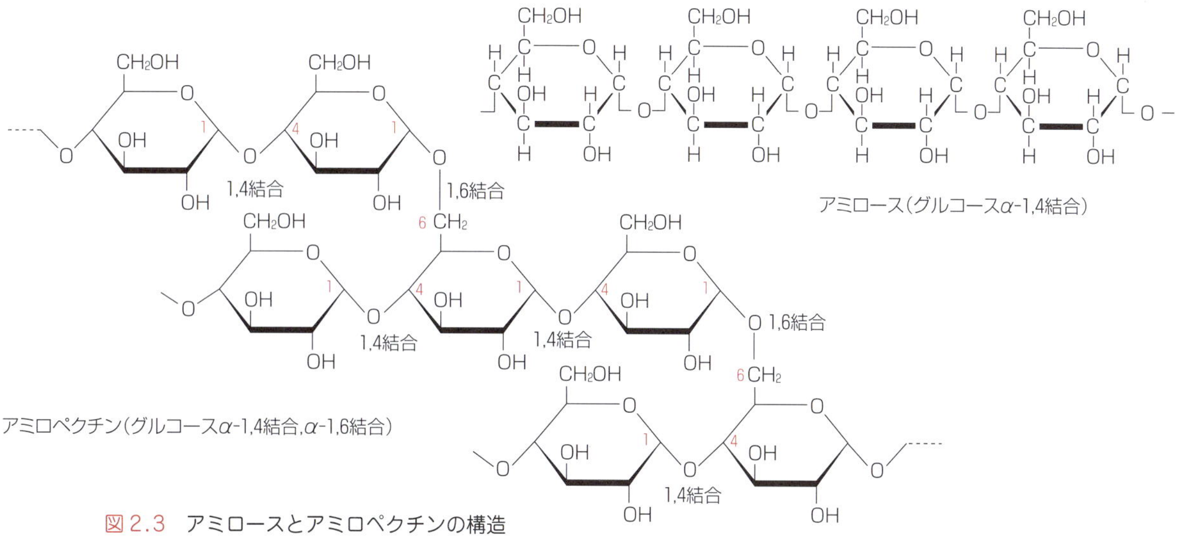

善玉菌
ヒトにとって好影響をもたらす腸内細菌．代表的なものに乳酸菌があり，ビフィズス菌は乳酸菌の一種．ラクトース，グルコースなどを分解して乳酸をつくる．腸運動を促進し，腸内の腐敗を抑制する働きがある．

図2.3 アミロースとアミロペクチンの構造

でんぷんやグリコーゲン，セルロースなど，1種類の単糖類が多数結合しているものを単一多糖類（**ホモ多糖類**）という．2種類以上の単糖類が多数結合しているものを複合多糖類（**ヘテロ多糖類**）といい，ペクチン酸，ヒアルロン酸などがある（表2.3）．

（5）食物繊維

ヒトの消化酵素で消化されないオリゴ糖や糖アルコール，難消化性多糖を難消化性糖質といい，そのうちの多糖類を**食物繊維**とよぶ．食物繊維には，比較的発酵されやすいもの（おもに**水溶性食物繊維**）と，発酵されにくいもの（おもに**不溶性食物繊維**）がある．

水溶性食物繊維は，小腸で吸収されず腸内細菌の発酵により，短鎖脂肪酸などに変えられエネルギーとして利用されるが，不溶性食物繊維は吸収されずに便の容量を増やす役割がある．その他，オリゴ糖や食物繊

> **知っておくと役に立つ！**
>
> **食物繊維のさまざまな作用**
> 糖質の吸収を遅らせ血糖値が急激に上昇するのを防ぐ．食品中のコレステロールの吸収や体内のコレステロールの再吸収を防ぎ血中のコレステロールの上昇を抑える．便の量を増やし便を体外に排出し便秘の予防や改善に働く．発がん物質などの有害物質を吸着し便と一緒に体外に排泄するなどの働きがある．

表2.3　おもな多糖類

	名　称	性質および分布
ホモ多糖類	でんぷん	いも類，穀類の植物貯蔵多糖，αグルコースの重合体
	グリコーゲン	動物の貯蔵多糖，αグルコースの重合体
	セルロース	植物の細胞壁多糖，野菜・果物に多く分布，βグルコースの重合体
	イヌリン	きくいも，ごぼうの貯蔵多糖，フルクトースの重合体
	ペクチン酸	果実の果皮，多肉部，細胞壁の構成成分，ガラクツロン酸の重合体
ヘテロ多糖類	グルコマンナン	グルコースとマンノースの重合体，コンニャクを形成する
	アガロース	てんぐさなどの構成多糖で寒天の成分
	ムコ多糖	動物の粘液，ヒアルロン酸，コンドロイチン，ヘパリンなどがある

日本栄養食糧学会 編，『栄養・食糧学データハンドブック』，同文書院（2006），p.9の表1-4より改変．

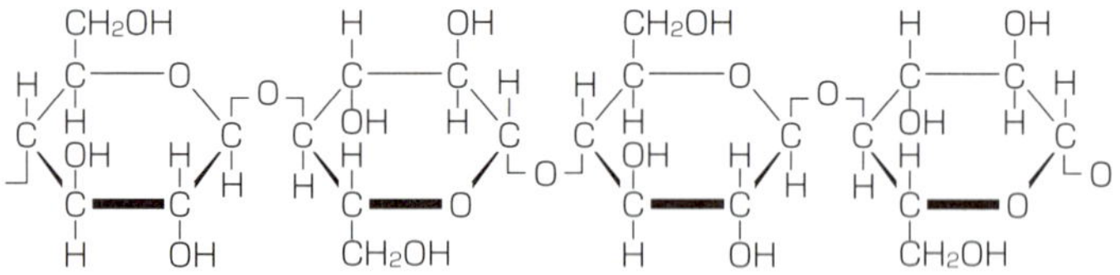

図2.4　セルロースの構造

維は，腸内細菌の働きを活発にしておなかの調子を整え，下痢や便秘を予防する．また，血糖値の急激な上昇や，血漿コレステロールの上昇を抑える働きがある．発がん物質などの有害物質を体外に排泄し，大腸がん予防が期待でき，食品からの積極的な摂取が求められる．

3　脂　質

有酸素運動で消費されるエネルギー源で，おもに脂肪細胞に蓄えられる．

① **中性脂肪**

食品中に含まれるほとんどの脂質が**中性脂肪（トリアシルグリセロール，トリグリセリド**：TG）で，体内に体脂肪として貯蔵されている．グリセロールに3つの脂肪酸が結合した構造である（図2.5）．

② **脂肪酸**

天然に多くの種類の脂肪酸が存在するが，二重結合の数により，飽和脂肪酸と**一価不飽和脂肪酸，多価不飽和脂肪酸**に分類される（表2.4）．多価不飽和脂肪酸には，リノール酸とα-リノレン酸の**必須脂肪酸**が含まれる．

③ **必須脂肪酸**

ヒトが生命を維持し成長するうえで不可欠で，体内で必要量合成されないため，摂取しなければならない脂肪酸のことで，n-6系のリノール酸とn-3系のα-リノレン酸の2種類がある．必須脂肪酸から体内の調節作用がある**エイコサノイド**がつくられ，n-6系の脂肪酸とn-3系の脂肪酸からつくられるエイコサノイドは作用が異なり，同系の脂肪酸からしか体内でつくることができない（図2.6，表2.5）．

短鎖脂肪酸
炭素の結合の数が少ない脂肪酸で，酢酸，プロピオン酸，乳酸，コハク酸，酪酸などが腸内細菌によって大腸でつくられる．酪酸以外の短鎖脂肪酸は，大腸粘膜から吸収され肝臓や筋肉内で利用される．酪酸は大腸粘膜上皮細胞のエネルギー源として利用され，体内のエネルギーとしてはほとんど利用されない．食物繊維から体内に吸収されて利用できるエネルギー量は，糖質の半分以下（約1～2 kcal/g）といわれている．

エイコサノイド
生体内の生理活性物質には，ホルモンや酵素などがあるが，ホルモンに似た作用をもつものとしてエイコサノイドや活性型のビタミンDなどがある．エイコサノイドにはプロスタグランジン（PG），プロスタサイクリン（PGI），トロンボキサン（TX），ロイコトリエン（LT）などがあり，多数の同族体がある．それぞれに異なった働きがある．

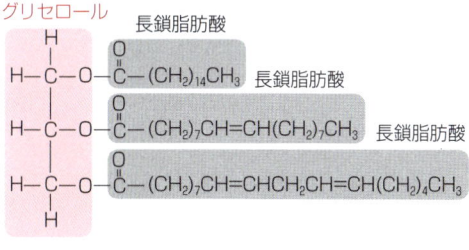

図2.5　中性脂肪の構造

表2.4　脂肪酸の種類

名　称	二重結合	代表的な脂肪酸と含まれる食品
飽和脂肪酸	もたない	パルミチン酸（動植物油脂一般），ステアリン酸
一価不飽和脂肪酸	1つもつ	オレイン酸（オリーブオイル・植物油）
多価不飽和脂肪酸	2つ以上もつ	リノール酸（グレープシードオイル・植物油），アラキドン酸（肝油），αリノレン酸（エゴマ油・植物油），IPA，DHA（魚油）

④ コレステロール

細胞膜や，脂質の吸収に必要な胆汁酸，ステロイドホルモンなどの材料になる．おもに肝臓でアセチルCoAから合成され，食事で摂取するよりも多くの量がつくられている．

⑤ 血漿リポたんぱく質

脂質は水に溶けないため，水に溶けやすいたんぱく質などと結合して血液中を流れる（図2.7）．核に含まれる脂質の組成により，キロミクロン，VLDL，LDL，HDLの4種類に分類される（表2.6）．**LDL**は，血液中のコレステロールを増やし動脈硬化を促進するため，悪玉コレステロール，**HDL**は，不必要なコレステロールを肝臓に送り返す働きがあるため，善玉コレステロールとよばれる．

4　たんぱく質

エネルギー源となるが，身体の構成成分（筋肉，内臓，骨，皮膚，毛髪，爪など）や体内でつくられる物質（ホルモン，抗体，酵素，乳汁など）の成分という重要な役割がある．

① アミノ酸

天然に存在するたんぱく質を構成しているのは，約20種類の**α-アミノ酸**（表2.7）で，これらのアミノ酸以外にもタウリン，テアニン，**γ（ガンマ）-アミノ酪酸**（**GABA**）など，約80種類以上のアミノ酸が存在する．たんぱく質を消化するとアミノ酸に分解されて吸収され，体内で再度アミノ酸を合成して体たんぱくがつくられる．

アミノ酸が2個以上結合したものを**ペプチド**という．

VLDL
very-low-density lipoproteinの略称．超低密度リポたんぱく質．

LDL
low-density lipoproteinの略称．低密度リポたんぱく質．

HDL
high-density lipoproteinの略称．高密度リポたんぱく質．

ペプチド，ペプチドホルモン
アミノ酸が結合したものをペプチドという．アミノ酸が2個結合したものをジペプチド，3個結合したものをトリペプチド，10個くらいまで結合したものをオリゴペプチド，多数結合したものをポリペプチドという．
ペプチドの形で，ホルモン受容体と結合してホルモンの働きをするものをペプチドホルモンといい，インスリン，グルカゴン，成長ホルモンなどがある．

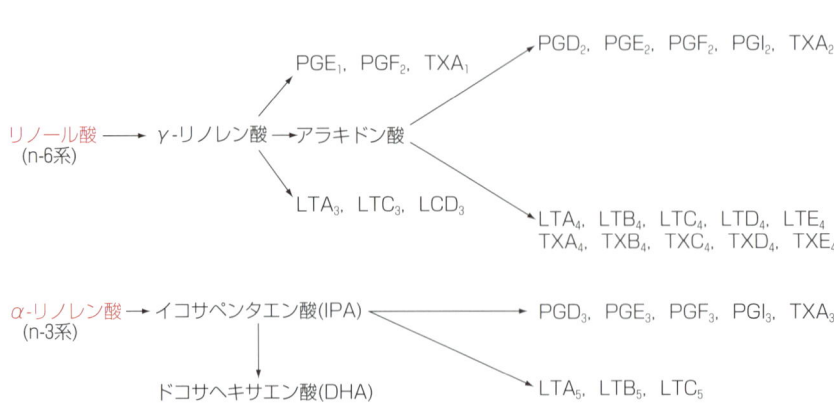

図2.6　必須脂肪酸からつくられるエイコサノイド

② 必須アミノ酸

ヒトが生命を維持し成長するために不可欠で，体内で必要な量をつくることができないため，必ず摂取しなければならないアミノ酸を**必須アミノ酸**という．メチオニン，トレオニン，ロイシン，バリン，ヒスチジン，トリプトファン，フェニルアラニン，リシン（リジン），イソロイシンの9種類があり，このうち，ロイシン，イソロイシン，バリンの3種類は**分岐鎖アミノ酸（BCAA）**とよばれ，おもに筋肉内のエネルギー源として利用され，肝臓では利用されない．

③ コラーゲン

真皮，靱帯，腱，骨，軟骨，毛細血管などを構成するたんぱく質で，体内に存在しているたんぱく質の多くを占めている．

食品では，ゼラチンでつくったゼリー，牛すじ，軟骨，骨を煮込んだスープ，肉や魚などの皮，ふかひれなどに多く含まれるが，構成するアミノ酸は非必須アミノ酸が多い．体内でアミノ酸から合成するために必要なビタミンCの不足には注意する．

④ そのほかのたんぱく質

筋肉を構成するアクチン，ミオシンや，毛髪，爪，上皮を構成するケラチン，成長ホルモン，インスリンなどのペプチドホルモンなどがある．

> BCAA
> branched chain amino acid の略．13 章も参照．

> 副腎皮質ホルモン
> 糖質コルチコイドやアルドステロンがあり，副腎皮質でコレステロールからつくられる．糖質コルチコイドは体たんぱくや脂肪の分解，糖新生を促進して血糖上昇作用，抗炎症作用や免疫機能を抑制する作用がある．ストレスを感じると分泌が高まり，ストレスへの適応反応が起こると考えられている．アルドステロンは，腎臓でのナトリウムの再吸収とカリウムの排泄を促進して，体液量を調節する．

5 ビタミン

ビタミンは，代謝や生理機能を維持する働きがあり，必要量は微量であるが，体内で合成されないか，合成量が必要な量に満たないため必ず摂取しなければならない栄養素である．水溶性のビタミンと脂溶性のビ

表 2.5 エイコサノイドの働き

エイコサノイド	生理作用
TXA_2, TXA_3	血小板凝集，血管収縮，気管支収縮
PGI_2, PGI_3	血小板凝集抑制，血管拡張，気管支弛緩
PGE_2	胃粘膜保護，免疫抑制，血管拡張，骨吸収
PGE_1	血小板凝集抑制，血管拡張，抗炎症
$PGF_{2\alpha}$	子宮筋収縮，消化管平滑筋収縮
PGD_2	催眠，気管支収縮
LTB_4, LTB_5	白血球誘引
LTC_4, LTC_5	アナフィラキシー誘発
LTD_4, LTD_5	気管支収縮，血管透過性亢進
LTE_4, LTE_5	黄体形成ホルモン分泌促進

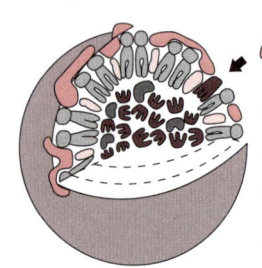

図2.7 血漿リポたんぱく質の構造（模式図）

表2.6 血漿リポたんぱく質の種類と組成

種類	比重	大きさ(mm)	構成成分（%）				機能
			タンパク質	トリアシルグリセロール	コレステロール	リン脂質	
キロミクロン	< 0.95	100～1000	2	84～95	7	7～8	食事性脂質運搬
VLDL	0.95～1.006	30～75	4～11	44～60	16～23	18～23	肝臓からの脂質運搬
LDL	1.006～1.063	20～25	23～28	8～11	42～56	25～27	コレステロール運搬
HDL	1.063～1.21	5～13	21～48	4～9	10～48	22～28	肝臓へのコレステロール運搬

表2.7 たんぱく質を構成するα-アミノ酸

親水性アミノ酸	塩基性	リシン(Lys) * アルギニン(Arg) ヒスチジン(His) *
	酸性	アスパラギン酸(Asp) グルタミン酸(Glu)
	中性	セリン(Ser) トレオニン(Thr) * アスパラギン(Asn) グルタミン(Gln)
疎水性アミノ酸	脂肪族	アラニン(Ala) / グリシン(Gly)
	分岐鎖	バリン(Val) * イソロイシン(Ile) * ロイシン(Leu) *
	芳香族	フェニルアラニン(Phe) * チロシン(Tyr) トリプトファン(Trp) *
	含硫	メチオニン(Met) * / システイン(Cys)
特殊アミノ酸	イミノ酸	プロリン(Pro)

＊必須アミノ酸．

表2.8 ビタミンの働き

分類	ビタミンの名称（化学名）	働き
脂溶性ビタミン	ビタミンA（レチノール）	皮膚や粘膜，眼の健康を維持するために必要．細菌に対する抵抗力をつける．明暗を見分ける網膜感光色素であるロドプシンの生成に必要． ビタミンAは，体内でビタミンAに変換されるβ-カロテンの形でとるほうが安心．
	ビタミンD（カルシフェロール）	カルシウムやリンの吸収を助け，骨や歯の発育を促進する．血液中のカルシウムの量を一定に保つ働きがある．日光に当たると，紫外線により体内でビタミンDが合成される．
	ビタミンE（トコフェロール）	脂肪が酸化してできる過酸化脂質を抑える（抗酸化作用）．細胞の酸化や皮膚の老化を防ぐ．
	ビタミンK（フィロキノン，メナキノン）	血液の凝固作用を調整する．カルシウムが骨に沈着するのを助ける．
水溶性ビタミン	ビタミンB_1（チアミン）	補酵素として糖質の代謝に働く．中枢神経・末梢神経の機能保持に関与している．スポーツ活動時には，とくに糖質の代謝が高まるため，スポーツ選手は必要量が増える．
	ビタミンB_2（リボフラビン）	補酵素（FMN，FAD）として糖質，脂質，アミノ酸の代謝，電子伝達系において必要．
	ナイアシン（ニコチン酸，ニコチンアミド）	補酵素（NAD，NADP）として解糖系，クエン酸回路などの代謝経路において必要．
	ビタミンB_6（ピリドキシン）	補酵素としてたんぱく質，アミノ酸の代謝に必要．ヘモグロビンの合成にも必要．
	ビタミンB_{12}（コバラミン）	補酵素としてアミノ酸，核酸の代謝．赤血球産生，末梢神経の修復に関与している．
	葉酸（プテロイルグルタミン酸）	赤血球の合成に不可欠．補酵素としてたんぱく質，核酸の合成．妊婦には400 μgが必要とされ，食事のみでは不足がちなのでサプリメントによる摂取が勧められている．
	ビタミンC（アスコルビン酸）	コラーゲンの生成．鉄の吸収を助ける．抗酸化，抗ストレス（副腎皮質ホルモンの生成）作用．薬物代謝，脂質代謝，発がん物質の生成抑制などの作用がある．
	ビオチン（ビタミンH）	補酵素として脂肪やたんぱく質の代謝に関与し，甲状腺や生殖器，神経，皮膚組織を症状に保つ働きがある．腸内細菌が合成するので欠乏することはあまりない．
	パントテン酸	CoA（コエンザイムA，補酵素A）の材料として，脂肪酸，糖質，たんぱく質などの代謝に関係．副腎皮質ホルモンの合成に関与．

表2.9 ミネラルの働き

	ミネラル名	おもな生理作用
多量ミネラル	カルシウム (Ca)	体内に存在するカルシウムの約99％が骨や歯の材料，残りの1％は血液や筋肉に存在して血液凝固や，心臓や筋肉の収縮・神経伝達に働く
	リン (P)	体内に存在する80％はカルシウム，マグネシウムとともに骨や歯の成分になっている．残りはDNA，RNA，ATPや細胞膜などの成分として，体内の至るところに存在している
	マグネシウム (Mg)	体内に存在するマグネシウムの約60％が骨，歯の材料，約20％が筋肉に存在して，筋肉の収縮，神経の興奮を抑えるなど，カルシウムの働きを助ける．血圧の維持や，多数の酵素を活性化する働きもある
	ナトリウム (Na)	おもに細胞外液に存在し，pHや浸透圧のバランスを整える．神経・筋肉の刺激伝達を促す．過剰にとるとむくみを起こし，過剰摂取が長く続くと高血圧の原因になるといわれている
	カリウム (K)	おもに細胞内液に存在し，pHや浸透圧のバランスを整える．心臓機能・筋肉機能を調節．ナトリウムを体外に排出して，血圧低下作用もある
微量ミネラル	鉄 (Fe)	赤血球のヘモグロビン，筋肉のミオグロビン，肝臓のフェリチンなどの材料になる．ヘモグロビンは全身に酸素を運び，ミオグロビンは筋肉内にエネルギーをつくるときに必要な酸素を取り込む．フェリチンは貯蔵鉄となる．また，シトクロム，カタラーゼなどの酵素の材料になり，エネルギー産生，活性酸素分解といった働きがある
	亜鉛 (Zn)	核酸やたんぱく質の合成に関与，インスリンホルモンその他のホルモンの構成成分または活性化．DNAの転写調節に働き，細胞がつくられるときに必要である．とくに味覚を感じる味細胞には必須で，不足すると味覚障害が起こる
	銅 (Cu)	ヘモグロビンをつくるときに鉄を必要な場所に運ぶ．ヘモグロビンの生成に関与，活性酸素分解酵素（SOD）の構成成分
	マンガン (Mn)	ムコ多糖体の合成に関与し正常な骨格を形成，各種酵素の構成成分および酵素活性化
	モリブデン (Mo)	尿酸の代謝に関係する酵素の構成成分，炭水化物や脂肪の代謝補助
	クロム (Cr)	インスリンの働きを活性化して糖代謝を円滑化，エネルギーの産生を高める．血糖値を安定化させる
	セレン (Se)	活性酸素分解酵素（グルタチオンペルオキシダーゼ）の構成成分．
	ヨウ素 (I)	甲状腺ホルモン（チロキシン）の構成成分として代謝を促進

全国栄養士養成施設協会，日本栄養士会 監，上原万里子ほか，『基礎栄養学』〈サクセス管理栄養士講座〉，第一出版（2012），p.95 の表10-1 より作成．

タミンに大別され，水溶性のビタミン中のビタミンC以外はビタミンB群とよばれている（表2.8）.

6 ミネラル（無機質）

生体にとって欠くことのできない元素のうち炭素，水素，窒素，酸素以外をミネラル（無機質）といい，体内でつくることができないため，一般的には食物でとり入れる必要がある（表2.9）．摂取量が100 mg以上のものを多量ミネラル（マクロミネラル）といい，100 mg未満のものを微量ミネラル（ミクロミネラル）という．

復習トレーニング

次の文章のカッコの部分に適切な言葉を入れなさい．

❶ あらゆる生物は外界から摂取した物質を（　　　）し，体内に発生した不要物を排泄し，生命を維持するための（　　　）を得ている．この一連の流れを（　　　）といい，摂取する食物に含まれるさまざまな成分を（　　　）という．

❷ 栄養素には，（　　），（　　），（　　），（　　），（　　）の五種類があり，（　　），（　　），（　　）は熱量素，（　　），（　　），（　　）は構成素，（　　），（　　），（　　）は調節素の働きがある．

❸ 二糖類には，（　　）と（　　）が結合したスクロース，（　　）と（　　）が結合したラクトース，（　　）が2つ結合したマルトースがあり，多糖類にはグルコースが多数α-結合した（　　）や

（　　　），β-結合した（　　　）などがある．

❹ 脂肪酸には，二重結合をもたない（　　　）と二重結合を1つもつ（　　　）と二重結合を2つ以上もつ（　　　）があり，必須脂肪酸には（　　　）と（　　　）があり，必ず摂取しなければならない．

❺ たんぱく質を構成しているアミノ酸を（　　　）といい，そのうちの9種類のアミノ酸は（　　　）といい，必ず摂取しなければならない．

ビタミンとミネラルの働きについて正しい組合せを線で結びなさい．

❻
- ビタミンB_1
- ビタミンB_{12}
- ビタミンC
- ビタミンD
- ビタミンE
- カルシウム
- マグネシウム
- カリウム
- 鉄
- ヨウ素

- 体内の酸化を防ぐ
- コラーゲンの生成，鉄の吸収
- たんぱく質，赤血球の合成
- 糖質の代謝
- カルシウムの吸収
- 骨や歯の材料
- 細胞内に存在し，浸透圧・pH調節
- 筋肉の収縮，血圧の維持
- 代謝を高めて発育や発達を促す
- 酸素の運搬，エネルギー代謝酵素

3章 エネルギー代謝

3章の POINT

- ◆ エネルギー供給機構について学ぼう．
- ◆ 有酸素性，無酸素性の代謝について学び，運動の種類による運動時の エネルギー供給の違いについて理解しよう．
- ◆ 活動時の消費エネルギーの簡易的な計算法を知ろう．

1 エネルギー代謝

　私たちが生きていくために，人体を構成する最小単位である細胞は常に一部分を更新し，成長や増殖のためにたんぱく質などをつくり続けている．そのため，細胞内に物質を取り入れ，新たな物質を合成している．これを**同化**という．これとは逆に物質を分解して処理したり，また分解してエネルギーを取りだしたりといった作業も行われており，これを**異化**という．このように同化や異化で物質をつくりだしたり，壊したりすることを**物質代謝**あるいは単に**代謝**という．一般に物質をつくる（同化）ためにはエネルギーが消費され，分解する（異化）とエネルギーが得られることが多い．物質代謝をエネルギーの面から見たものを**エネルギー代謝**という．

　炭水化物，脂質，たんぱく質の**三大栄養素**が分解されるときには1 g当たり炭水化物では約4 kcal，脂質では約9 kcal，たんぱく質では約4 kcalのエネルギーを放出する．放出されたエネルギーは体温の維持に使われたりするが，高エネルギーリン酸化合物である**アデノシン三リン酸**（adenosine triphosphate：**ATP**）に蓄えられてから各細胞で利用される．体内で行われるさまざまな仕事は，ATPがアデノシン二リン酸（adenosine diphosphate：ADP）とリン酸に分解される際に発生するエネルギー（7.3 kcal/mol）を利用している（図3.1）．

（1）さまざまな仕事の一つ，筋収縮のしくみ

　私たちは筋肉が収縮する（筋収縮）ことによって骨格を動かし，身体の一部あるいは全体を動かすことができる．この場合の筋肉とは骨格に

知っておくと役に立つ！

筋組織
骨格筋，心筋，平滑筋の3種類に分けられる．骨格筋と心筋は，横紋構造をもつので，構造的には横紋筋とよばれる．平滑筋は内臓壁や血管壁を構成する筋である．
骨格筋への命令伝達は運動神経によって行われ，意識的に動かすことができるので随意筋である．心筋と平滑筋は自律神経によって命令が伝えられるので，意識的に動かすことはできず，不随意筋である．

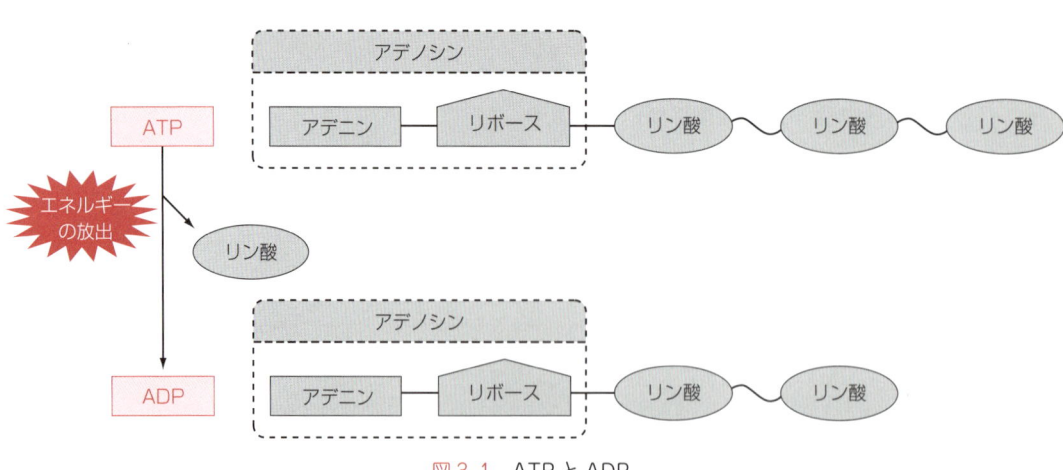

図3.1　ATPとADP

つく筋，すなわち**骨格筋**のことを指している．

（2）筋収縮のために必要なエネルギーとは

筋収縮は筋原線維において，アクチンフィラメントがミオシンフィラメントに滑り込むことによって起こる．そのときのエネルギーは ATP によって供給される（図 3.2，図 3.3）．

ATP は体内で起こるいろいろな反応でも使われる，体内の通貨のようなものである．筋中にある ATP は少量なため，常に ATP をつくり続けなければ私たちは筋を収縮させる（体を動かす）こともできず，体内のいろいろな反応にも支障がでる．ATP をつくるために私たちは，その燃料となる三大栄養素を摂取しているのである（図 3.4〜図 3.7）．

2　エネルギー供給機構

ATP を産生する方法を**エネルギー供給機構**というが，大きく分けると酸素を必要としない方法（**無酸素性のエネルギー供給機構**）と酸素を必要とする方法（**有酸素性のエネルギー供給機構**）に分けられる．筋の場合は酸素を必要としない方法には 2 つあり，そのうち最も早くつくれる方法が，筋中に少量あるクレアチンリン酸（CP あるいは CrP）と，ATP を使ったあとにできた ADP（アデノシン二リン酸）からつくる方法である．これは ATP-CP 系とよばれる．クレアチンリン酸をクレアチンとリン酸に分解し，そのときに生じるエネルギーで ADP を ATP にもどすという方法である（図 3.8）．

ATP とはアデノシンに 3 つのリン酸が結合（高リン酸結合）したも

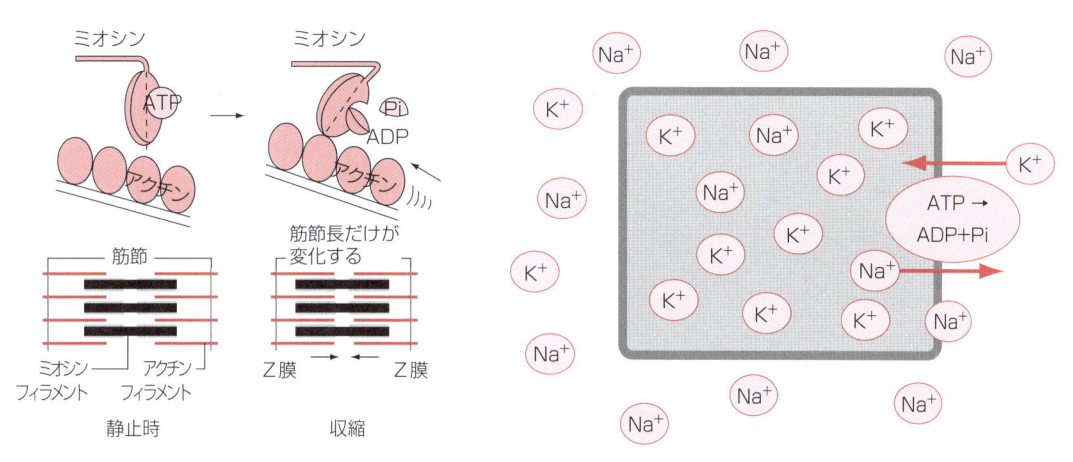

図 3.2　筋収縮と ATP

図 3.3　能動輸送と ATP

3章　エネルギー代謝

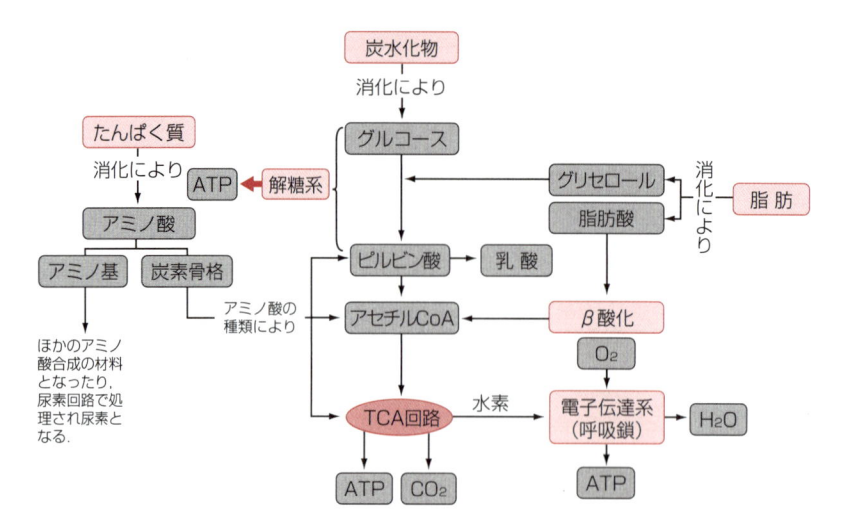

図3.4　エネルギー源としての三大栄養素の代謝

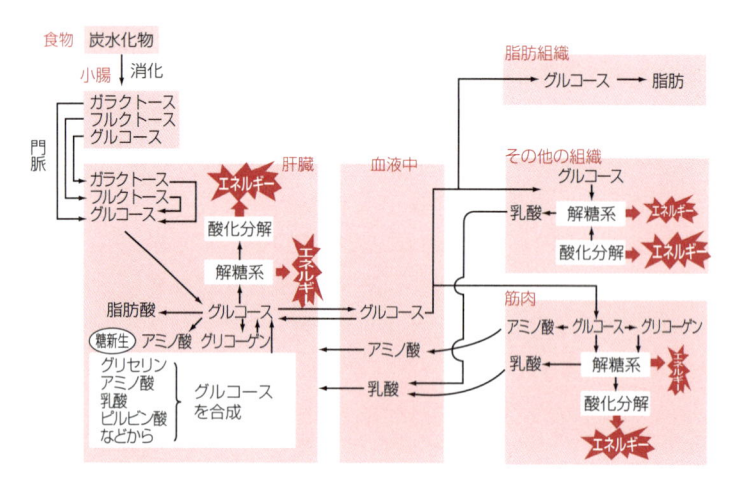

図3.5　吸収後の糖質

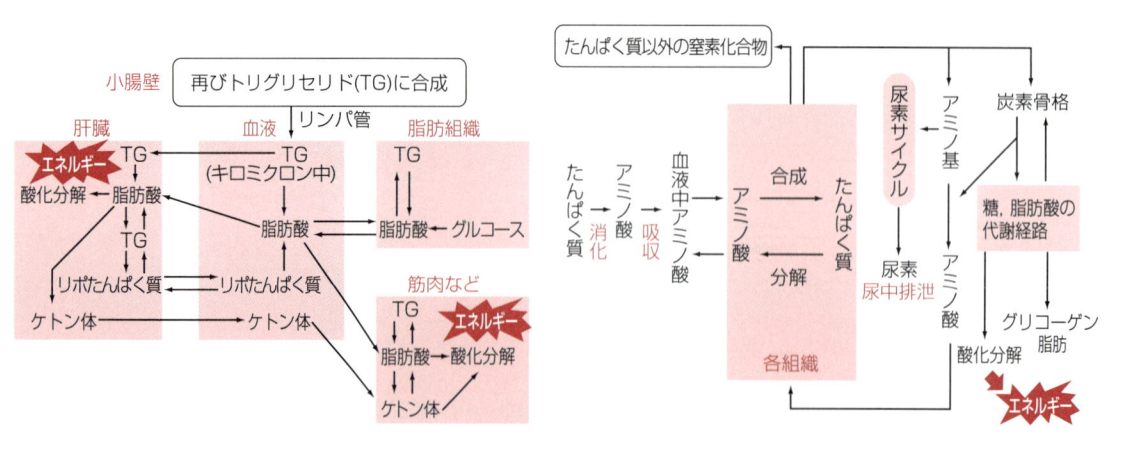

図3.6　吸収後の中性脂肪

図3.7　吸収後のタンパク質

のであり，そのリン酸の1つが離れるときにエネルギーを生じ，クレアチンリン酸からリン酸が離れるときも同様にエネルギーが放出される．このエネルギーをADPに与えてATPにもどすわけである．この方法は素早くATPをつくれる点はよいが，クレアチンリン酸の筋肉内貯蔵量は少ないため，材料が少なく，すぐ尽きてしまう．そこで，次の方法として，グルコースを代謝していく過程でATPを取りだす方法があり，そのうち酸素を必要としない過程を**解糖系**という．これは酸素があってもなくても関係なく行われる方法であり，酸素が十分足りていればその次の段階へ進み，有酸素性のエネルギー供給機構でATPをどんどんつくれるということになる．

1分子のグルコースが解糖系で代謝されたときにできるATPは，2分子である．そして解糖系でグルコースが変化してできる最終物質であるピルビン酸は，無酸素状態では次に**乳酸**になる．テレビ番組やコマーシャルなどで肩凝りや筋肉痛の原因として乳酸がよくあげられているが，乳酸は再び糖新生によってグルコースにもどされたり，酸素が足りているときはピルビン酸として有酸素性に代謝されていく経路にもどったりするため，乳酸は生じること自体が悪いわけではなく，処理が追いつかずに過剰に蓄積していくと問題が起こるのである．乳酸は水素イオンを生じるので筋のpHを低下させ，それがいろいろな酵素の働きを阻害したり，乳酸がエネルギー産生に関係する酵素の働きを阻害したりするため，ATP産生がうまくいかず，エネルギー不足により筋が動かしにくくなるのである．

無酸素性のエネルギー供給機構のうち，解糖系は乳酸を生じるので乳酸性エネルギー供給機構（乳酸系），ATP-CP系は乳酸を生じないので

> **知っておくと役に立つ！**
> **酸素がある，酸素がない**
> 酸素があるとかないとかいうのは息を止めているとか，体内に酸素がゼロであるとかいう意味ではなく，（もちろん息を止めているときは酸素が不足しているが）体内で要求している酸素が取り込めていなくて不足しているのか，足りているのかという意味である．

ATP-CP系（非乳酸性エネルギー供給機構）
① クレアチンリン酸を分解してできたエネルギーとADPからつくる．

解糖系（乳酸性エネルギー供給機構）
② グリコーゲンやグルコースを分解する無酸素性過程で産生する．

TCA回路，電子伝達系（有酸素性エネルギー供給機構）
③ ②に引き続いて有酸素条件で進む過程で産生する．

①と②は無酸素性のエネルギー供給機構で，③は有酸素性のエネルギー供給機構である．

ATP：アデノシン三リン酸
ADP：アデノシン二リン酸
CP：クレアチンリン酸
TCA回路：クエン酸回路

図3.8　エネルギー供給機構

TCA回路
クエン酸回路, クレブス回路, トリカルボン酸回路ともよばれる.

非乳酸性エネルギー供給機構（非乳酸系）とよばれることもある．酸素が足りている，あるいは急いで大量のATPが必要になるような状況ではないという状態では解糖系のあと，**TCA回路**, 電子伝達系へと反応が進み，完全にグルコースが酸化されると二酸化炭素と水になり，つくられるATPの数は36または38分子（骨格筋の場合36分子）にものぼる（図3.9）．

ちなみに，運動生理学で運動の種類を有酸素性の運動，無酸素性の運動に分けるときの根拠は，ATPの供給をおもにどちらの方法に頼っているかによるものである．すなわち，**有酸素性の運動**とは運動強度や時間がおもに有酸素性のエネルギー供給機構によってATPを供給できるような状態の運動のことであり，実感的にはあまり苦しくなく，そのまましばらく続けなさいといわれても動き続けられるような運動のことである．たとえば歩く，ゆっくり泳ぐ，エアロビクスダンスをするなどが該当する．

一方，**無酸素性の運動**とは酸素を十分体内に行き渡らせることができないような短時間の運動や，その人にとって強度が高すぎて，循環器系や呼吸器系の機能が追いつかなくて酸素を十分に取り込めないような運動ということになる．たとえば全速力で走る，重い物をもち上げるなどである．ATPのつくり方が変わると，代謝産物も異なる．無酸素性の運動では乳酸を生じてしまい，それが蓄積するような状況ではアシドーシスに傾く危険がある．その代償作用として肺からの酸の排泄すなわち二酸化炭素の排泄を促進させるので，呼吸は苦しくなり，pHの低下によって酵素の働きは悪くなる．その結果ATP産生も滞るので，やがて運動継続は不可能になる．したがって，無酸素性の運動は短時間しか続

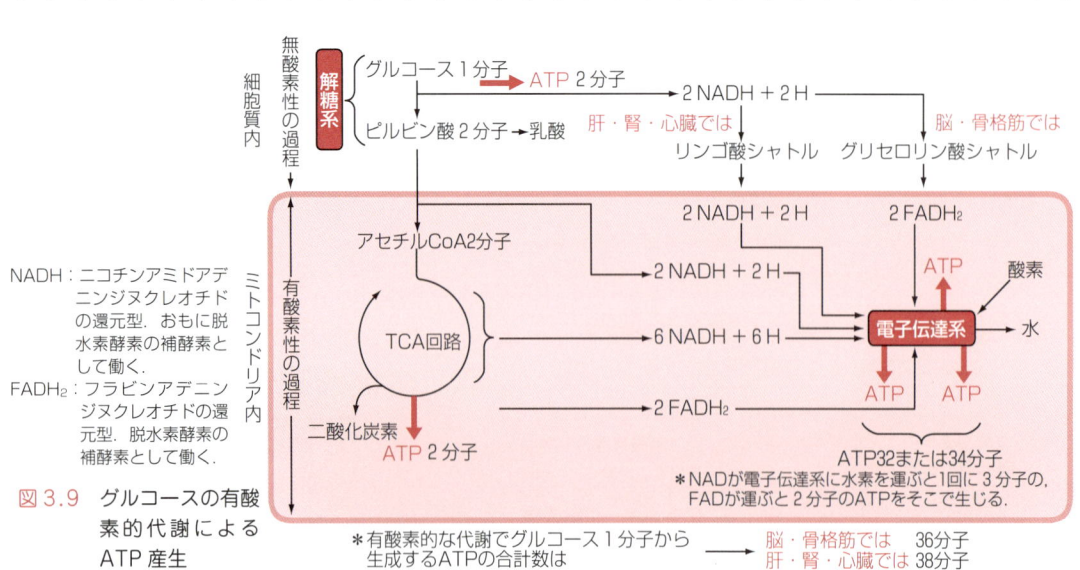

アシドーシス
体液pHが正常範囲よりも酸性側に傾いた状態のことをいう．正常範囲は7.35〜7.45なので，実際には酸性ではない範囲（7〜7.35）も含まれていることに注意．逆に正常範囲よりアルカリ性側に傾いた状態はアルカローシスという．

NADH：ニコチンアミドアデニンジヌクレオチドの還元型．おもに脱水素酵素の補酵素として働く．
FADH$_2$：フラビンアデニンジヌクレオチドの還元型．脱水素酵素の補酵素として働く．

図3.9 グルコースの有酸素的代謝によるATP産生

けられない．有酸素状態では乳酸の蓄積は起こらず，上記のような問題は起こりにくいこととATPは無酸素性の18倍もつくられるため運動を続けることができるのである．

　さらに大切なことは，使われる原料も違うということである．脂肪は脂肪酸となって代謝経路に合流してくるが，そこは解糖系の後，有酸素状態で進んでいくところの物質であるアセチルCoAとなって合流してくるので，酸素が不足している状態では脂肪酸を燃料として使うことはできない．そのためかなり激しい運動をして息も絶え絶えで汗もびっしょりかいたから，さぞかし体脂肪が燃えただろうと思っても実際に使われたのはほとんど血液中のグルコースや，筋肉および肝臓中のグリコーゲンだったということが往々にしてあるわけである．体脂肪を減らしたくて運動をした人にとっては残念な話である．

（1）何のためにエネルギーがいるのか

　生体が必要とするエネルギーは，① 生体機能を維持するのに必要な量（基礎代謝），② 身体活動に必要なエネルギー，③ 食事摂取に伴う産熱，④ 発育，体重増加に必要なエネルギーで構成される．私たちが毎日の細胞の活動や生命維持に必要なエネルギーを過不足なく摂取するためには，どのくらいのエネルギーが消費されているのかを知る必要がある．1日に必要なエネルギー量（推定エネルギー必要量）や1日に消費されるエネルギー量（総エネルギー消費量）を知るためには自分の活動状態を把握する必要がある（図3.10）．

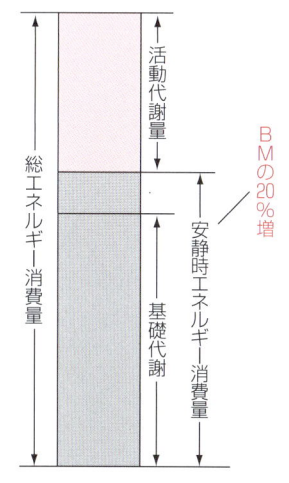

図3.10　エネルギー消費量の内訳
エネルギー必要量を構成する（基礎代謝，安静時代謝，活動時代謝を示す）．

（2）推定エネルギー必要量

「日本人の食事摂取基準（2010年度版）」から**推定エネルギー必要量**（estimated energy requirement：**EER**）という概念が導入され，EERとは当該年齢，性別，身長，体重および健康な状態を損なわない身体活動量を有する人にとって，エネルギー出納が0となる確率が最も高くなると推定される，習慣的なエネルギー摂取量の1日当たりの平均値と定義されている（図3.11）．

確率的に十分である可能性が高いという考え方であり，EERは個人に必要な真のエネルギー需要を示しているとはいいきれず，不足や過剰のリスクを含んでいる．しかし，このエネルギー付近の量を摂取すれば現在の体重を維持できる確率が最も高いことになる．自分の年齢，性別に該当する基礎代謝基準値に体重を乗じて1日の基礎代謝量を求め，生活時間調査（タイムスタディー）などから**身体活動レベル**（physical activity level：**PAL**）を求めて，基礎代謝量×身体活動レベルで推定エネルギー必要量を求めることができる．

生活時間調査（タイムスタディー）法とは24時間の行動を分単位で記録し，活動内容別に要した時間（分）をカウントしておき，行動別の動作強度（Af）に行動時間を乗じてその総和を求め，1440（24時間を分で表した数字）で割って1日の平均活動強度（PAL）を算出し，それに基礎代謝量（kcal/日）を掛けることで1日の消費エネルギーを概算する方法である．

身体活動レベルの区分（Ⅰ）から（Ⅲ）によって代表的なPALの値（表3.1）が算出されており，生活内容から区分を判断してその数値を用い

PALとAf
身体活動レベル（PAL：physical activity level）とは1日のエネルギー消費量を基礎代謝量で除した指数．動作強度（Af：activitiy factor）も基礎代謝に対する倍率を表した指数だが，Afは1つ1つの活動に対する指数で，PALは1日単位での指数となっている．

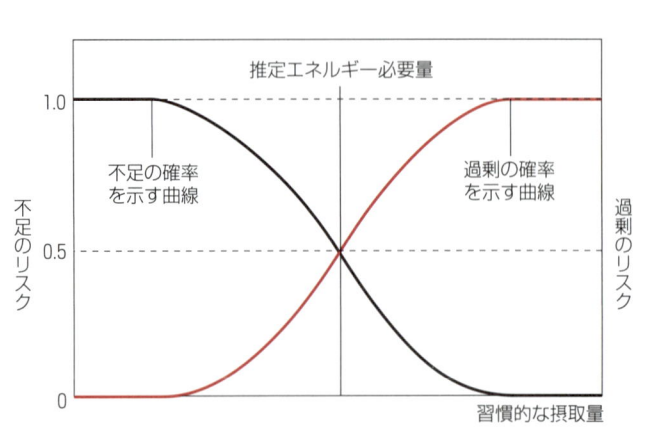

図3.11 推定エネルギー必要量の考え方
厚生労働省2009（平成21）年5月発表資料，「日本人の食事摂取基準（2010年版）」の概要より．

縦軸は，個人の場合は不足または過剰が生じる確率を，集団の場合は不足または過剰の者の割合を示す．

ることもできる．

　身体活動レベル，（Ⅰ）低いでは，1.5（1.40〜1.60），（Ⅱ）ふつうでは，1.75（1.60〜1.90），（Ⅲ）高いでは，2.0（1.90〜2.20）である．

〈計算例〉

　ある女性 20 歳，体重 50 kg，身長 150 cm 身体活動レベル区分（Ⅱ）の場合の推定エネルギー必要量は？

基礎代謝基準値（巻末資料参照）は 22.1（kcal/kg/ 日）

体重 50 kg（体重は基準体重でも標準体重でもよい．BMI が正常範囲（18.5〜25 未満）ならば実際の体重を用いてもよい）

$$BMI = 体重 ÷ 身長（m）× 身長（m）$$

50 / 1.5 × 1.5 ＝ 22.22.. なので実際の体重を計算に使用．

表 3.1 より活動レベル（Ⅱ）の PAL は 1.75 なので

基礎代謝量（kcal/ 日）は

$$22.1 × 50 ＝ 1105 \text{ kcal/ 日}$$

推定エネルギー必要量は

$$1105 × 1.75 ＝ 1933.75 \text{ kcal/ 日}$$

となる．

　行動別の動作強度（Af）は基礎代謝の何倍かを表す数値であり，「第六次日本人の栄養所要量」では消費エネルギー計算に使われていたが，「日本人の食事摂取基準 2005 年度版」からは，安静時代謝の何倍かを示すメッツを指標として利用することになったので，メッツで示された各

表 3.1　身体活動レベル別に見た活動内容と活動時間の代表例（15〜69 歳）[*1]

身体活動レベル[*2]	低い（Ⅰ） 1.50 （1.40〜1.60）	ふつう（Ⅱ） 1.75 （1.60〜1.90）	高い（Ⅲ） 2.00 （1.90〜2.20）
日常生活の内容[*3]	生活の大部分が座位で，静的な活動が中心の場合	座位中心の仕事だが，職場内での移動や立位での作業・接客など，あるいは通勤・買物・家事，軽いスポーツなどのいずれかを含む場合	移動や立位の多い仕事への従事者．あるいは，スポーツなど余暇における活発な運動習慣をもっている場合
個々の活動の分類（時間／日）　睡眠（0.9）[*4]	7〜8	7〜8	7
座位または立位の静的な活動（1.5：1.0〜1.9）[*4]	12〜13	11〜12	10
ゆっくりした歩行や家事など低強度の活動（2.5：2.0〜2.9）[*4]	3〜4	4	4〜5
長時間持続可能な運動・労働など中強度の活動（普通歩行を含む）（4.5：3.0〜5.9）[*4]	0〜1	1	1〜2
頻繁に休みが必要な運動・労働など高強度の活動（7.0：6.0以上）[*4]	0	0	0〜1

[*1] 表中の値は，東京近郊在住の成人を対象とした，3 日間の活動記録の結果から得られた各活動時間の標準値．二重標識水法および基礎代謝量の実測値から得られた身体活動レベルにより 3 群に分け，各群の標準値を求めた．
[*2] 代表値．（　）内はおよその範囲．
[*3] 活動記録の内容に加え，Black らを参考に，身体活動レベル（PAL）に及ぼす職業の影響が大きいことを考慮して作成．
[*4]（　）内はメッツ値（代表値：下限〜上限）．
厚生労働省報告より．

行動の強度をこの消費エネルギーの計算に利用する場合は 1.1 を乗じる必要がある（絶食座位安静時代謝は基礎代謝の約 10％増になるため）．

3　基礎代謝量とは何か

基礎代謝量とは，覚醒状態で暑くも寒くもなく，精神的，肉体的に安静状態で必要なエネルギー量のことで，生命を維持するのに必要な最低限のエネルギー量を意味する．覚醒直後の早朝空腹時室温 23 ～ 24 ℃の環境で，安静仰臥位で測定する．基礎代謝量は「身体的，精神的に安静な状態で代謝される最小のエネルギーであって，生きていくために必要な最小のエネルギー代謝量である」と定義されているが，この定義はあくまで原理的なものであり，実際には日常生活で最も低い水準である睡眠中に見られる．1 日の基礎代謝値を算出するには，各年齢，性別に応じた**基礎代謝基準値**（kcal/ 体重 / 日）に基準体重を乗じて求めることができる（巻末資料参照）．基礎代謝とは体を維持するために必要な代謝のため，体格や年齢，環境因子など，さまざまな影響を受ける．

（1）基礎代謝に影響する因子

体格：体表面積は熱の放散に影響するので，体表面積は基礎代謝量に影響する．

身体組成：骨格筋量に比例してエネルギー消費量は大きくなり，基礎代謝量も大きくなる．まちがったダイエットなどによって除脂肪体重を減少させてしまうと，必要エネルギー量が減少してしまうため，その後，同じエネルギー摂取量でも摂取エネルギー量が余りやすくなる．またダ

除脂肪体重
体重から脂肪をのぞいた組織の重量のこと．除脂肪体重の約 50％は筋肉量であるため，除脂肪体重は筋肉量のよい指標となる．

イエット後に体重が増加してしまう，**リバウンド**が起こりやすい理由の1つにもなる．

　性別：身体組成や代謝の違いにより，男性のほうが女性よりも基礎代謝量は多い．

　年齢：成長期には身体活動に必要なエネルギーに加え組織合成に必要なエネルギーと組織増加分のエネルギーを余分に摂取する必要がある．体重当たりで示された基礎代謝量は1～2歳が最大となる．

　気温：体温の維持のために，外気温が低くなれば代謝を亢進させて熱産生量を増やす必要がある．気温の低い冬のほうが夏よりも基礎代謝量は多くなる．

　代謝に影響するホルモンの分泌：甲状腺ホルモン，アドレナリンなど代謝を亢進させるホルモンの分泌が増加するとエネルギー消費量は増加する．甲状腺ホルモンの分泌が過剰になる**甲状腺機能亢進症**では，基礎代謝が50～70％増加することもある．逆に**クレチン病**など甲状腺機能が低下する疾患では，基礎代謝量は減少する．

　月経周期：月経周期を形成するホルモンの1つである**プロゲステロン（黄体ホルモン）**は代謝を亢進させる作用があるため，プロゲステロンの分泌が増加している黄体期の体温は上昇する．女性の基礎体温が2相性を形成していることからわかるように，基礎代謝量も黄体期に多くなり月経の2～3日前に最大となることが知られている（図3.12）．

LH（luteinizing hormone）
黄体形成ホルモンのこと．女性では成熟卵胞に作用し，排卵を誘発する．排卵後は黄体の形成を促進し，黄体ホルモン（プロゲステロン）の分泌を増加させる．男性では精巣の間質細胞（ライディッヒ細胞）に作用しテストステロンの産生と分泌を促す．

FSH（follicle-stimulating hormone）
卵胞刺激ホルモンのこと．女性では卵巣における卵胞の成熟を促す．LHと協調して卵胞ホルモン（エストロゲン）の生成と分泌を促進する．男性では精巣の精細管の発育を促し精子形成を促進する．FSHとLHは性腺を刺激し，活動を促進するので性腺刺激ホルモン（ゴナドトロピン）ともよばれる．

4　安静時代謝量とは

安静時代謝量とは，座って安静にしているときのエネルギー代謝量のことである．安静時には動き回っていないとはいえ，座位で体を支えるための筋肉の仕事などが含まれ，また基礎代謝測定時のように厳しく条件を固定しないので，食事からの経過時間など，状況により多少異なるが基礎代謝の約10から20％増しといわれている．「日本人の食事摂取基準（2005年度版）」では活動に伴うエネルギー消費量を計算するときの指標として基礎代謝に対する倍率（動作強度, Af）を使っていたが，「日本人の食事摂取基準（2010年度版）」より座位安静時の代謝量を基準としてその何倍かを示す**メッツ**（metabolic equivalents：**METs**）に変更された．

厚生労働省が2006（平成18）年に策定した「**健康づくりのための運動基準2006—身体活動・運動・体力—**」でも運動基準として，身体活動の強さをメッツを用いて示している．座って安静にしている状態が1メットに相当し，活発な身体活動として3メッツ以上の運動や生活活動をカウントしている．

2013年度版の「健康づくりのための身体活動基準」においてもメッツを用いた指標が活用され，メッツ・時/週が指標となり，これは現在の2023年度版「健康づくりのための身体活動・運動ガイド2023」でも同様である（図3.13, 巻末資料参照）．

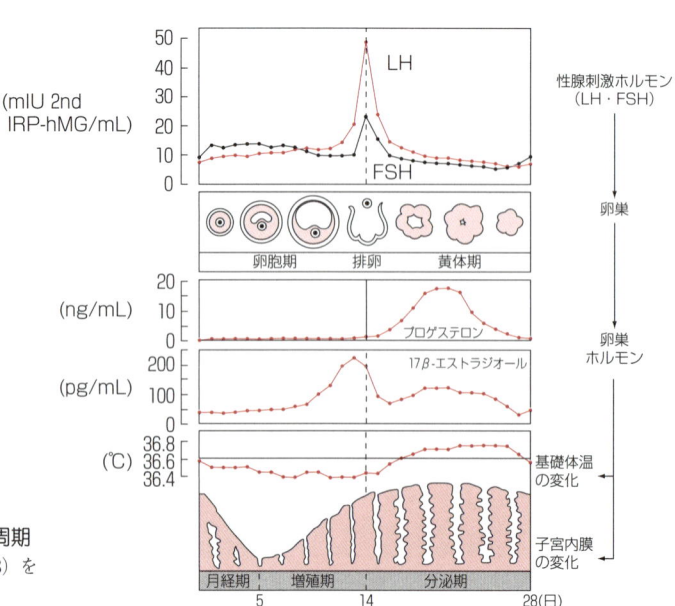

例　3メッツの運動を1時間実施した場合
　　3×1＝3メッツ・時

図3.12　ホルモン分泌と月経周期
『シンプル生理学』，Midgley（1973）を改変．

3 メッツの運動を 30 分実施した場合

3 × 0.5 = 1.5 メッツ・時

メッツ・時を用いて消費エネルギーを概算するには

その活動のメッツ × その活動の実施時間（時間）× 体重 × 1.05

で求めることができる．

1.05 は 1 メッツ・時（1 メットを 1 時間すなわち安静 1 時間）の体重 1 kg 当たりの消費エネルギー量であり，これは安静時（1 メット）の酸素摂取量が体重 1 kg 当たり，1 分当たり 3.5 mL であり，酸素消費量 1 L で約 5 kcal のエネルギー消費することをもとに計算された値である（3.5 mL / 1000 mL × 5 × 60 = 1.05）．

〈計算例〉

3 メッツの運動を体重 50 kg の人が 90 分した場合の消費エネルギーは

3 × 1.5 = 4.5 メッツ・時
4.5 × 50 × 1.05 = 236.25 kcal

となる．

5　睡眠時代謝量

かつて睡眠時の代謝量は基礎代謝より 10% 低いとされていたが，「第六次改訂日本人の栄養所要量」以降，**睡眠時代謝量**と基礎代謝量は同じと扱われており，「日本人の食事摂取基準（2010 年度版）」からは睡眠時のメッツ（安静時の何倍のエネルギーを必要とする活動かという尺度

知っておくと役に立つ！

メッツを使って消費エネルギーの概算をするには

メッツ・時に体重を掛け 1.05 を乗じるとその運動時消費したおよそのエネルギーを算出できる．
例　体重 50 kg の人が 4 メッツの運動を 30 分間した場合
4 × 1/2 × 50 × 1.05 = 105 kcal
体を動かすゲームなどで消費エネルギーが示されるものがあるがこの算出方法を用いている場合が多い．

健康づくりのための身体活動・運動ガイド 2023

社会環境の変化や最新の科学的知見を踏まえて 2013 年度版から約 10 年ぶりに改訂され，厚生労働省によって 2024 年 1 月に策定された．健康運動指導士，保健師，管理栄養士，医師などの健康づくりに関わる専門家，政策立案者，その他の身体活動を支援する関係者を対象としている．2013 年度版と比較すると，よりライフステージ別に適切な身体活動や運動量が明確に示されていること，より具体的に推奨する運動量が示され，筋力トレーニングも推奨していること，そして座位時間を減らし 30 分に 1 回でも動くことなど活動量や運動時間の具体的な推奨量を示し，積極的に活動量を増や

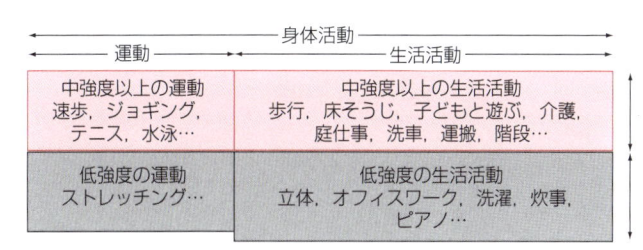

図 3.13　身体活動の区分

	身体活動	
運動	生活活動	
中強度以上の運動 速歩，ジョギング，テニス，水泳…	中強度以上の生活活動 歩行，床そうじ，子どもと遊ぶ，介護，庭仕事，洗車，運搬，階段…	中強度以上（3 メッツ以上）
低強度の運動 ストレッチング…	低強度の生活活動 立体，オフィスワーク，洗濯，炊事，ピアノ…	低強度

すためのガイドとなっている．また，メンタルヘルスへの身体活動の好影響ついても強調されている．

「健康づくりのための身体活動基準 2013」については，1 章を参照．

で表した運動強度の指標）は 0.9 としている．

6 食事誘発性熱産生

　食事をすると体が温まるが，それはこの**食事誘発性熱産生**（diet induced thermogenesis：**DIT**）によるところが大きい．摂取エネルギーのうちの一部は熱エネルギーとして放出されるということである．その原因としては，① 摂取した食物を消化，吸収し，代謝するために身体機能が亢進し，エネルギー消費量が増えること，② 食事の香りや味覚，摂食行動などで神経刺激が増加し，代謝が亢進することが考えられている．DIT は食事の摂取エネルギーの約 10% 程度が平均的であるが，その食事内容によっても変わる．エネルギー源となる三大栄養素はそれぞれ DIT の大きさが異なり，摂取したエネルギーに対して糖質では約 5%，脂質で約 4%，たんぱく質で約 30%，日本人の基本的な食事内容として平均すると約 8 〜 10% と考えられている．たんぱく質を多く含む食事のほうが脂肪を多く含む食事よりも体温が上昇するということになる．

　栄養内容以外に DIT を高める食べ方としては

- 暖かい食事をとる
- 淡々と機械的に食べるよりは食事を楽しくおいしく，関心をもって食べる
- 香辛料やカフェインを含むものを食べる

などがある．冷たい食べ物を黙って機械的に，無関心に急いで食べる行動は精神的にも生理的にも肥満防止にもよくないということである．

復習トレーニング

次の問いに答えなさい．

❶ 有酸素性の運動，無酸素性の運動とは何を根拠に分けているのか．

❷ 体重 50 kg の人が 2 メッツの運動を 90 分間した場合の消費エネルギーを概算せよ．

❸ 解糖系の後，有酸素状態の場合，進む代謝過程を 2 つ答えよ．

❹ 同化と異化を簡単に説明せよ．

4章 栄養素の摂取方法

4章のPOINT

◆ それぞれの栄養素について，多く含む食品と，不足するとどのような影響があるのかについて理解しよう．

◆ それぞれの栄養素について，効果的な摂取方法や体内での利用効率が悪くなる摂取方法について学ぼう．

1 炭水化物の摂取方法

多く含む食品はご飯，パン，麺類（うどん，そば，パスタなど），いも類（じゃがいも，さつまいも，やまいもなど），砂糖，はちみつなどで，1g当たり4 kcalのエネルギーがある（表4.1）．

2章で詳しく述べたが，糖質にはグルコース（ブドウ糖），フルクトース（果糖），でんぷんなどがある．ここでは，それぞれについて摂取方法を説明する．

グルコースは最も早く血糖になりやすく，スポーツ時の急速なエネルギー補給に適しているが，運動前に多くとりすぎると血糖値が急激に上がり，インスリンの作用によって血糖値が低下し，運動中の血糖値を維持することが難しくなる．また，グルコースを多く利用するほど乳酸が蓄積しやすくなり，持続してパワーをだすことが難しくなる．

フルクトースは，血液中の脂肪酸をエネルギーとして利用しやすくするため，体内の糖を温存することができる．瞬発系スポーツの急速なエネルギー補給にはグルコースが，持久系スポーツのエネルギー補給にはフルクトースが適しているといえる．フルクトースは，吸収される機構がグルコースと違い，一度に多量にとると吸収不良を起こしやすいという難点もある（図4.1）．

血糖値を維持するためには，でんぷんなどの多糖類を運動数時間前に摂取する．ご飯やパン，麺類に多く含まれるでんぷんは，単糖類や少糖類に比べて量が多く摂取できるため，スポーツ選手のエネルギー源として重要である．運動中や運動直前直後の糖質の急速補給には**グリセミック・インデックス（GI）**の高い糖質をとり，1日3回の食事ではスポー

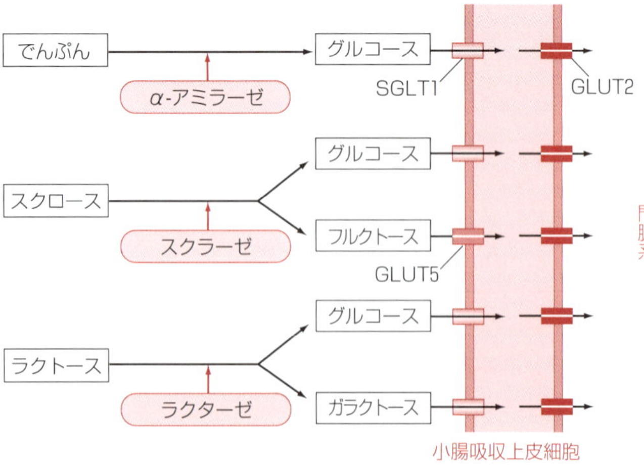

インスリン
膵臓のランゲルハンス島B細胞でつくられるペプチドホルモンである．血液中の糖を筋肉内に取り込み，グリコーゲンを合成する．同時に血糖を脂肪組織に取り込み，トリアシルグリセロールを合成し，ホルモン感受性リパーゼを抑制して脂肪の分解を阻害することで，脂肪の蓄積を促進する．筋肉内にアミノ酸を取り込み，体たんぱくの合成も促進する．

グリセミック・インデックス（GI）
8章も参照．

図4.1 糖質の吸収
全日本栄養士養成施設協会，日本栄養士会 監，上原万里子ほか 著，『基礎栄養学（第2版）』，第一出版（2010），p.33の図5-10より改変．
SGLT1：ナトリウム依存性糖輸送担体，
GLUT5：フルクトース輸送担体，
GLUT2：糖輸送担体，
α-アミラーゼ，スクラーゼ，ラクターゼは小腸粘膜微絨毛膜に存在する．

ツ選手のためのエネルギー補給のためにグリセミック・インデックスの低い食品をとることが効果的である．

糖質の代謝には，ビタミンB_1が必要である．糖質の利用が多くなるほど，ビタミンB_1の必要量も増える．スポーツ選手はエネルギー源として糖質の利用が増えるため，ビタミンB_1も不足しやすくなる．

糖質が不足すると，エネルギーが不足することになり，疲れやすくなる．たんぱく質がエネルギー源として利用されるため，成長障害が起こり，やせや摂食障害につながる．また，過剰に摂取すると，中性脂肪に変換され体脂肪として貯蔵されるため，肥満につながる．

2 脂質の摂取方法

多く含む食品は植物油，肉や魚の脂身，バター，マーガリン，ラード，マヨネーズなどで，1g当たり9kcalのエネルギーがある（表4.2）．

運動前に脂質を多く含む食品をとると，消化に時間がかかるという難点がある．運動前のエネルギー補給は，消化のよい糖質中心の食事にする．

多くのスポーツ選手は，たんぱく質の摂取に気をとられ，肉類からの脂質の摂取が多くなりがちであるが，必須脂肪酸である，リノール酸やα-リノレン酸を多く含む，くるみやごまなどの種実類，大豆などの豆類，胚芽米や全粒粉のパスタやパンなどの胚芽を含む食品を心がけてとるようにしたい．

不飽和脂肪酸は酸化されやすく，過酸化脂質となると動脈硬化や細胞の老化などの原因となる．脂質の酸化を防ぐ働きのある，ビタミンEを多く含む食品が不足しないようにとるようにする．脂質の代謝に必要

知っておくと役に立つ！

乳酸

グルコースが解糖系で分解されてできたピルビン酸が，乳酸脱水素酵素とNADHによって還元されて生成される．酸素の供給が十分な場合は，ピルビン酸はクエン酸回路（TCA回路）に入り，二酸化炭素と水にまで分解されるため，乳酸は生成されにくく，解糖系のエネルギーをより多く利用すると乳酸の蓄積が起こる．筋肉内でつくられた乳酸は，血液を介して肝臓に運ばれ，糖新生によってグルコースになる．この回路をコリ回路という．

脂質　　糖質　　たんぱく質
（脂肪酸）（グルコース）（アミノ酸）

コリ回路 → ピルビン酸
乳酸
アセチルCoA
クエン酸回路

→ エネルギー代謝
→ コリ回路

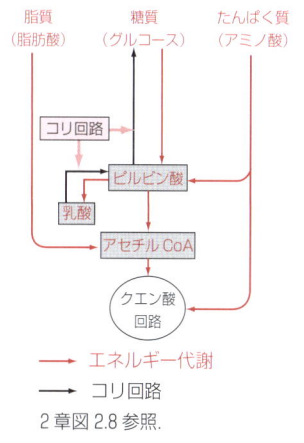

2章図2.8参照．

表4.1　糖質を多く含む食品と欠乏症，過剰症

多く含む食品	1g当たりのエネルギー量	欠乏症	過剰症
ご飯，パン，麺類，いも類	4 kcal	やせ，成長障害 摂食障害，うつ傾向	肥満，糖尿病，高TG血症 各種生活習慣病
砂糖，はちみつ，水あめ			

表4.2　脂質を多く含む食品と欠乏症，過剰症

多く含む食品	1g当たりのエネルギー量	欠乏症	過剰症
植物性油，脂身 マーガリン，バター ラード，マヨネーズ	9 kcal	やせ，成長障害 脂溶性ビタミンの欠乏	肥満，高血圧 脂質異常症 各種生活習慣病

なビタミンB群，とくにビタミンB_2，ナイアシンも心がけてとるようにしたい．

不足するとエネルギー不足となり，やせや成長障害が起こりやすくなる．また，脂溶性ビタミンの吸収には脂質が必要となるため，脂溶性のビタミンの不足にもつながる．過剰に摂取すると中性脂肪として蓄積されるため肥満につながり，内臓脂肪は，各種生活習慣病の原因になると考えられている．

3 たんぱく質の摂取方法

多く含む食品は肉，魚，卵，大豆，大豆製品（納豆，豆腐など），牛乳，乳製品（ヨーグルト，チーズなど）で，1g当たり4kcalのエネルギーがある（表4.3）．

1度に多量に摂取しても，尿中に排泄されるか，体脂肪として貯蔵される．また，糖質や脂質の代謝よりも，肝臓と腎臓に負担をかける．1日の必要量を，3食と補食にうまく配分してとるようにしたい．

エネルギー源にもなるため，運動をするためのエネルギー源としての糖質の摂取が少なければ，たんぱく質はエネルギー源として消費され身体の材料として利用することができない．通常，運動時のたんぱく質のエネルギー源としての利用は，約10％と考えられている．

たんぱく質，アミノ酸の代謝，合成に必要なビタミンB_6，B_{12}，葉酸を不足しないようにとるようにしよう．

不足すると，成長障害や貧血，骨折しやすくなる，免疫力が落ち風邪などの感染症にかかりやすくなるなど，重大な支障を生じる．たんぱく

知っておくと役に立つ！

脂質の摂取と競技力の関連
最近，n-3系多価不飽和脂肪酸が，運動機能を促進する可能性があるとの報告や，中鎖脂肪酸が持久性能力向上の可能性があるとの報告もあり，脂質の摂取と競技力との関連も注目されている．

中鎖脂肪酸
一般的な油に含まれている脂肪酸の炭素数は18個程度で，長鎖脂肪酸とよばれているのに対し，炭素数が8～10個の脂肪酸を中鎖脂肪酸という．吸収された後，すぐに肝臓に運ばれ燃焼されやすく，蓄積されているほかの脂肪も一緒に燃焼させる効果があるとされている．中鎖脂肪酸を多く含む食品は，牛乳やチーズなどであるが，これらには中鎖脂肪酸以外の脂肪酸も多く含まれており，その効果があまり知られていなかった．

表4.3 たんぱく質を多く含む食品と欠乏症，過剰症

多く含む食品	1g当たりのエネルギー量	欠乏症	過剰症
肉，魚，卵，牛乳 チーズ，ヨーグルト 大豆，大豆製品	4 kcal	浮腫，貧血，骨折 皮膚炎，易感染性 発育障害，低体温	肥満，潜在性腎機能障害 肝機能障害 各種生活習慣病

質はスポーツ選手にとってコンディションを整えるために重要な働きをする．一方，過剰に摂取すると，中性脂肪に変換され体内に貯蔵されるため肥満につながり，代謝のために肝臓や腎臓に負担をかけるため，肝機能障害や腎機能障害が起こる危険性が高くなる．

4 ビタミンの摂取方法

水溶性のビタミンは水に溶出するため，調理の際には長く水に浸けすぎないようにし，熱に強いビタミン（ナイアシンやビタミンB_{12}など）は煮汁も一緒に食べられる料理（カレー，シチュー，みそ汁，スープなど）で摂取する．多量に摂取してもおもに尿に排出されるので，過剰症の心配は少ないが，毎回の食事で不足しないように摂取する必要がある．

脂溶性のビタミンは食品中の脂質成分に存在し，油脂と一緒に調理することによって吸収しやすくなる．サプリメントやビタミン剤などで，過剰に摂取するとおもに肝臓に蓄積され，過剰症となる心配がある．

ビタミンB_2・B_6・B_{12}，葉酸，ビオチン，パントテン酸，ビタミンKなどは腸内細菌がある程度合成する．そのため，下痢や便秘などおなかの調子が悪い人や，抗生物質を服用すると，腸内細菌叢の良好な環境が乱れ，ビタミンの欠乏が起こりやすくなる（表4.4，表4.5）．

① ビタミンA

レバー，うなぎ，バター，チーズ，卵などには**ビタミンA**が，緑黄色野菜（モロヘイヤ，かぼちゃ，にんじん，ほうれん草など）には**β-カロテン**が多く含まれる．

過剰症は，下痢や頭痛，吐き気，疲労感，肝機能障害などが起こる．

たんぱく質摂取とコンディション
6章も参照．

腸内細菌叢（腸内フローラ）
ヒトの腸内には約100種類，100兆個の腸内細菌が生息し，体調にさまざまな影響を与えている．体調によい影響を与える，ビフィズス菌や乳酸菌などの有用菌と，悪影響を与える腐敗菌や病原菌などの有害菌と，普段はどちらの影響も与えないが，体調不良の場合に悪影響を与える日和見菌がある．それぞれの菌の体内の占有率は，生活環境，性，年齢，身体状況などによって変動し，体調に影響を与える．腸内細菌にはビタミン合成のほかに，腸内感染を防ぐ役割がある．

推奨量
母集団のほとんど（97〜98%）の人において1日の必要量を満たすと推定される1日の摂取量．「推定平均必要量＋標準偏差の2倍（2SD）」．

目安量
推定平均必要量，および推奨量を算定するのに十分な科学的根拠が得られない場合に，特定の集団の人びとがある一定の栄養状態を維持するのに十分な量．

表4.4 ビタミンの欠乏症，過剰症（脂溶性ビタミン）

種類（化学名）	欠乏症	過剰症	食事摂取基準（男性・女性）[*1]	耐容上限摂取量（男性・女性）[*1]
ビタミンA（μg/日）（レチノール）	夜盲症，成長障害 角膜乾燥症	頭痛，筋肉痛 脱毛，皮膚の落屑	900（15〜17歳，30〜64歳）[*2] 700（12〜14歳，30〜74歳）[*2]	2700（18歳以上） 2700（18歳以上）
ビタミンD（μg/日）（カルシフェロール）	くる病，骨軟化症 骨粗鬆症	高カルシウム血症 腎障害	9.0（12歳以上）[*3] 9.0（12歳以上）[*3]	100（18歳以上） 100（18歳以上）
ビタミンE（mg/日）（トコフェロール）	乳児の溶血性貧血 乳児の皮膚硬化症		7.5（65〜74歳）[*3] 7.0（65〜74歳）[*3]	800（18歳以上） 700（30〜74歳）
ビタミンK（μg/日）（フィロキノン）	血液凝固不良 成長障害 新生児メレナ，頭蓋内出血		150（15歳以上）[*3] 150（12歳以上）[*3]	

[*1] 摂取量がもっとも多い年代の基準値．[*2] 推奨量．[*3] 目安量．　　　　（水溶性ビタミンについては次ページ参照）

緑黄色野菜に多く含まれるβ-カロテンはプロビタミンAといわれ，体内で必要に応じてビタミンAにつくり換えられるため過剰症はでにくく，β-カロテンのままでも体内で抗酸化物質として働く．欠乏症には，夜盲症，角膜乾燥症などがある．

② ビタミンD

かつお，まぐろ，さけ，しらす干しには，プロビタミンD_3のコレカルシフェロールが，きのこ類には，プロビタミンD_2のエルゴカルシフェロールが多く含まれる．

体内でコレステロールがつくられるときにできる7-デヒドロコレステロールは日光に当たることによって，肝臓と腎臓で代謝を受けて活性型のビタミンDとなる．

不足するとカルシウムとリンなどの石灰化（骨の形成）が阻害され，成人で発症すると**骨軟化症**（背骨湾曲など），小児で発症すると**くる病**（X脚，O脚など）となる．骨がもろく骨折しやすくなる**骨粗鬆症**も欠乏症の1つである．

過剰になると**高カルシウム血症**となり，血管にカルシウムが沈着して動脈硬化や，血液中のシュウ酸などと結合して腎臓結石などの危険性が発生する．

③ ビタミンE

ナッツ類，大豆，胚芽，かぼちゃ，うなぎなどに多く含まれる．酸化しやすく，熱に弱いので，食品は新鮮なうちに短時間の加熱で摂取するようにする．ビタミンCと一緒にとることで，働きが強化される．欠乏症は，乳児の溶血性貧血，皮膚硬化症などがある．

乳児の溶血性貧血・皮膚硬化症
乳児が溶血性貧血にかかると，赤血球の寿命が短くなり，末梢血の赤血球数が減少する．おもな原因として，ビタミンEの欠乏以外に感染症，特定の薬剤，自己免疫疾患，遺伝疾患などがある．皮膚硬化症は，低体重児に見られ，寒冷刺激によって皮下脂肪が変性，硬化する．皮膚が紫色になり，触れると硬く冷たいのが特徴である．低体温，下痢，脱水などの症状を伴うこともある．

新生児メレナ，頭蓋内出血
新生児メレナは新生児期の下血による黒色便を意味し，新生児期にみられる吐血や下血などの病気を総称して新生児メレナと呼ぶ．出生時の胎盤からの出血や授乳時に母親の乳頭裂傷などによる出血の嚥下が原因となる仮性メレナと，ビタミンK欠乏による消化管出血が要因となる真性メレナがある．血液凝固因子の産生に必要なビタミンKが欠乏すると消化管出血だけでなく，頭蓋内出血などを合併する場合もある．ビタミンKは胎盤通過性が悪く，母乳中にも含量が少ないことなどから，新生児は出生時からビタミンKが欠乏しやすい．

表4.4 ビタミンの欠乏症，過剰症（水溶性ビタミン）

種類（化学名）	欠乏症	過剰症	食事摂取基準[*1]（男性・女性）	耐容上限摂取量[*1]（男性・女性）
ビタミンB_1（mg/日）（チアミン）	脚気，多発性神経炎 ウェルニッケ脳症，コルサコフ症		1.2（15〜17歳，30〜49歳）[*2] 1.0（12〜17歳）[*2]	
ビタミンB_2（mg/日）（リボフラビン）	発育不良，口角炎，舌炎 皮膚炎		1.7（15〜17歳，30〜49歳）[*2] 1.4（12〜17歳）[*2]	
ナイアシン（mgNE/日）（ニコチン酸，ニコチンアミド）	ペラグラ，皮膚炎，舌炎	消化管障害 肝臓障害	16（15〜17歳，30〜49歳）[*2] 14（12〜14歳）[*2]	300（15歳以上） 250（12歳以上） ※ニコチンアミドの量
ビタミンB_6（mg/日）（ピリドキシン）	口角炎，皮膚炎，貧血	感覚神経障害	1.5（15〜64歳）[*2] 1.3（12〜17歳）[*2]	60（30〜49歳） 45（15〜74歳）
ビタミンB_{12}（μg/日）（シアノコバラミン）	悪性貧血（巨赤芽球性貧血）		4.0（12歳以上）[*2] 4.0（12歳以上）[*2]	
葉酸（μg/日）（プテロイルグルタミン酸）	巨赤芽球性貧血 胎児の神経管閉鎖障害	神経障害，発熱 蕁麻疹	240（15歳以上）[*2] 240（15歳以上）[*2]	1000（30〜64歳） 1000（30〜64歳）
ビタミンC（mg/日）（アスコルビン酸）	壊血病，皮下出血		100（15歳以上）[*2] 100（15歳以上）[*2]	
ビオチン（μg/日）（ビタミンH）			50（12歳以上）[*3] 50（12歳以上）[*3]	
パントテン酸（mg/日）			7（12〜17歳）[*3] 6（8〜17歳）[*3]	

[*1] 摂取量がもっとも多い年代の基準値．[*2] 推奨量．[*3] 目安量．

④ ビタミン K

海藻類，ブロッコリー，ほうれん草にはビタミン K_1 が，納豆などの発酵食品にはビタミン K_2 が多く含まれる．腸内細菌が定着してない生後まもない乳児では欠乏しやすく，新生児メレナ，頭蓋内出血が起こりやすい．反対に血栓ができやすい人などは，とりすぎないほうがよいといわれている．

⑤ ビタミン B_1

豚肉，豆類，胚芽（胚芽米，全粒粉のパンなど）に多く含まれるが，そのままでは吸収されにくく，ねぎ，たまねぎ，にんにく，にら，らっきょうなどに含まれる硫化アリルと結合することで吸収され，体内でビタミン B_1 として働きやすくなる．

こいや貝に含まれ，バチルス菌がつくりだすアノイリナーゼ（チアミナーゼ）は，ビタミン B_1 を分解する酵素である．欠乏症は，脚気・多発性神経炎，ウェルニッケ脳症などがある．

⑥ ビタミン B_2

レバー，アーモンド，納豆，ぶり，卵，チーズに多く含まれる．比較的水に溶けにくく，熱にも強いが，光に弱いので冷暗所か光を遮断する容器に入れて保存する．欠乏症は，発育不良，口角炎，皮膚炎．

⑦ ナイアシン

レバー，かつお，さばなどの魚類，豆類に多く含まれる．肝臓で必須アミノ酸のトリプトファン 60 mg から 1 mg 合成される．欠乏症は，ペラグラ，皮膚炎，舌炎．

⑧ ビタミン B_6

レバー，まぐろ，かつお，豆類に多く含まれる．欠乏症は，皮膚炎，

ペラグラ

3D といわれる皮膚症状 (dermatitis)，消化器症状 (diarrhea)，精神・神経症状 (dementia) を主徴としたビタミン欠乏症で，ナイアシンがおもに不足して起こる．イタリア語の pelle (skin)，agra (rough) が語源で，ザラザラした皮膚を意味する．トリプトファンが第一制限アミノ酸であるトウモロコシを主食とするイタリアの貧民に多くみられた．日本ではアルコール依存症に伴う食事の摂取が困難な場合での症例が多い．

脚気，多発性神経炎，ウェルニッケ脳症

脚気は白米主食地域で多発した．末梢神経障害の症状が強い乾式脚気と，浮腫を伴う心不全の症状が強い湿式脚気，乾式と湿式の混合型脚気の 3 種類が見られる．

多発性神経炎は，手や足の末梢神経に障害が生じる病気で，手足の末端のしびれや歩行困難などの運動障害が生じる．

ウェルニッケ脳症は，アルコール中毒患者に多く，意識障害，眼振，眼球運動障害，運動失調など中枢神経系の障害が起こる．慢性化すると，見当識障害，作話症などの精神障害をきたすコルサコフ症を発症する．

表 4.5 ビタミンを多く含む食品

種類	多く含む食品
ビタミン A	肝臓，うなぎ，卵黄，にんじん，ほうれん草
ビタミン D	肝臓，魚類，きのこ類
ビタミン E	植物油，胚芽，豆類，種実類
ビタミン K	海藻類，ブロッコリー，ほうれん草，納豆
ビタミン B_1	豚肉，豆類，胚芽
ビタミン B_2	肝臓，卵，魚類
ナイアシン	肝臓，魚類，豆類
ビタミン B_6	肝臓，魚類，豆類
ビタミン B_{12}	肝臓，魚類，貝類
葉酸	肝臓，豆類，ほうれん草，モロヘイヤ
ビタミン C	かんきつ類，いも類，ほうれん草，ブロッコリー
ビオチン	肝臓，卵黄，いわし，大豆
パントテン酸	肝臓，納豆，うなぎ

悪性貧血，巨赤芽球性貧血
ビタミン B_{12} は，胃から分泌される糖たんぱく質である内因子（IF）と結合して小腸に運ばれ，吸収される．内因子の分泌不全によって起きる，ビタミン B_{12} の吸収障害による貧血を悪性貧血という．巨赤芽球性貧血は，ビタミン B_{12} や葉酸の欠乏によって，核酸が正常につくられなくなり，巨大で未熟な赤血球がつくられ，赤血球としての役割を果たせないことから貧血の症状を呈する．

ホモシステイン
体内でつくられるアミノ酸の一種．ホモシステインが血液中に増加すると，動脈硬化や心筋梗塞のリスクが高くなるといわれている．ホモシステインにメチル基が付加されると必須アミノ酸であるメチオニンとなる．メチル基の付加には，メチルテトラヒドロ葉酸がメチル基の供与体として，ビタミン B_{12} が酵素の補酵素として働く．そのため葉酸やビタミン B_{12} が不足すると，動脈硬化や心筋梗塞のリスクが高くなる．

口角炎，貧血．

⑨ **ビタミン B_{12}**

レバー，貝，さんま，いわしなどの魚介類に多く含まれる．動物性食品に多く含まれ，野菜，果物にはほとんど含まれないので野菜しか食べない人（菜食主義者）は不足する可能性がある．また，吸収には胃でつくられるたんぱく質が必要で，胃を切除するなどすると欠乏しやすくなる．欠乏症は，**悪性貧血（巨赤芽球性貧血）**（図 4.2）．

⑩ **葉酸**

レバー，豆類，ほうれん草，モロヘイヤなどの緑黄色野菜に多く含まれる．ホモシステインの代謝に働く葉酸とビタミン B_{12} が不足すると，動脈硬化や心筋梗塞の危険性が高くなる．また，妊娠前期（4～5 週）に葉酸が不足することで，胎児の**神経管閉鎖障害**が起こる危険性が高くなるといわれている．そのため，妊娠の可能性がある女性には，1 日 400 μg の摂取がすすめられている．

⑪ **ビオチン**

さまざまな食品に含まれるうえ，腸内細菌がある程度つくりだすため，欠乏症が見られることはまれである．

⑫ **パントテン酸**

ビオチンと同様に，さまざまな食品に含まれるうえ，腸内細菌がある程度つくりだすため，欠乏症が見られることはまれである．

⑬ **ビタミン C**

かんきつ類（オレンジ，レモン，グレープフルーツ，みかんなど），キウイフルーツ，柿，いちご，ブロッコリー，ピーマン，カリフラワー，いも類などに多く含まれる．

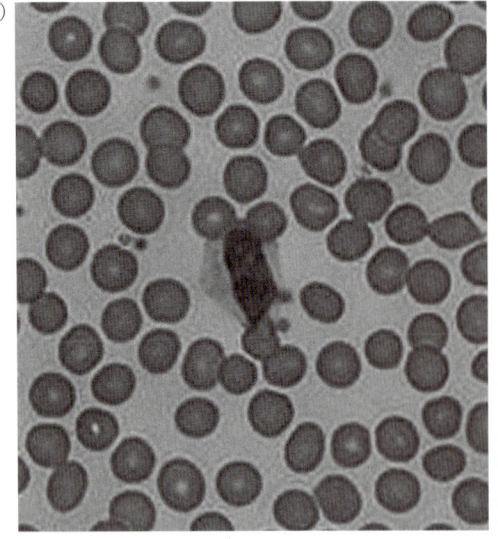

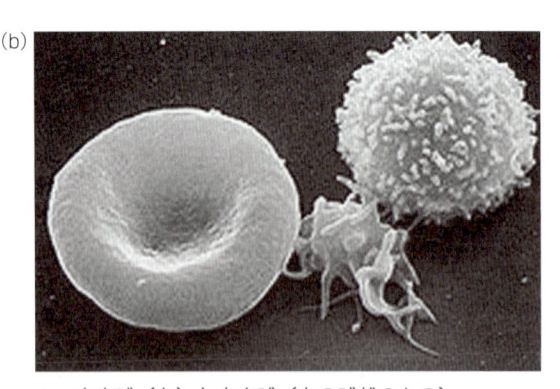

▲ 赤血球（左）と白血球（右の球状のもの）

◀ 赤血球

熱と水，酸素に弱いのでなるべく新鮮なものを生で食べるようにし，切る直前に水洗いする．いも類に含まれるビタミンCは，でんぷんに包まれる状態で存在し，熱が伝わりにくいためほかの野菜や果物と比較して加熱調理に向いている．ビタミンCの働きを壊す酵素が，にんじん，きゅうり，かぼちゃ，キャベツなどに含まれるが，この酵素は加熱するか酢やレモン汁などの酸を使うと失われる．欠乏症は，壊血病，皮下出血を起こす．

5 ミネラル（無機質）の摂取方法

不足すると欠乏症がでて，過剰にとると過剰症となる（表4.6，表4.7）．

① **カルシウム**

多く含む食品は，牛乳，チーズ，ヨーグルト（吸収率約50％），小魚，海藻類，大豆製品（吸収率約20％）で，吸収率の低い栄養素である．

クエン酸やリンゴ酸などの有機酸がカルシウムの吸収を助けるので，魚の南蛮漬けや，小魚と海藻類の酢の物は，骨の成長に効果的な食べ方である．食後のデザートにオレンジやみかん，グレープフルーツなどのかんきつ類を食べたり，これらの100％ジュースを飲んだりすることも手軽にクエン酸をとる方法の一つである．

牛乳中に含まれる，乳糖，アミノ酸，カゼインホスホペプチドはカルシウムの吸収を助ける．また，リンとカルシウムの摂取割合は，およそ1：1が理想だといわれていて，牛乳やヨーグルトでは約1：1の割合で存在している（表4.8）．したがって乳製品は，カルシウムの摂取に適した食品といえる．

神経管閉鎖障害

妊娠4〜5週頃に葉酸が不足すると，脳や脊髄などの元になる神経管が正常につくられなくなる．神経管の下部に閉鎖障害が起こると，脊椎の骨が脊髄を覆っていないため神経組織の障害が起こり，下肢の運動障害や膀胱・直腸の機能障害（二分脊椎）が現れる．神経管の上部で閉鎖障害が起こると，脳の形成不全となり，流産や死産のリスクが高くなる（無脳症）．

壊血病

体内のたんぱく質を構成するアミノ酸であるヒドロキシプロリンの合成が低下し，組織間をつなぐコラーゲンや象牙質，骨の周充組織の生成と保持に障害を受ける．これがさらに毛細血管の損傷につながり，皮下出血や歯茎，鼻腔，粘膜出血の原因となる．成人では生野菜の摂取不足や長期間の感染症・熱病のあとに起こり，小児では，穀物のみの人工栄養などビタミンCが欠乏した人工栄養によって起こる．とくに生後6〜12か月の間に多発し，出血・血腫（軟骨や骨境界部），骨組織の形成不全，骨折・骨変形，壊死，歯の発生障害などの症状がみられる．

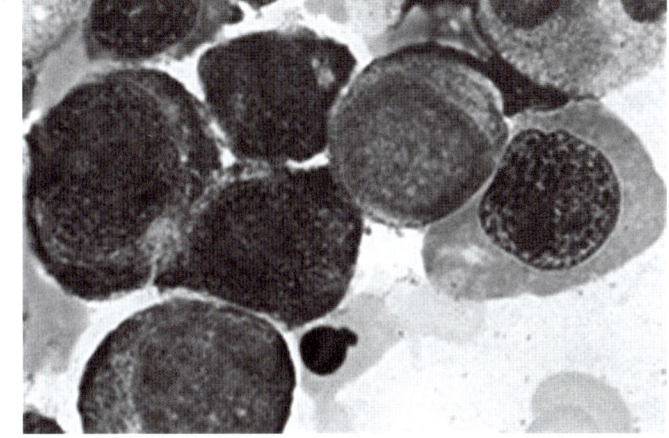

▲ 巨赤芽球

図4.2 （a）赤血球，（b）赤血球（左）と白血球，（c）巨赤芽球の電子顕微鏡写真

表4.6 ミネラルの欠乏症，過剰症

ミネラル名	欠乏症	過剰症	食事摂取基準[*1]（男性・女性）	耐容上限摂取量[*1]（男性・女性）
カルシウム（Ca）(mg/日)	骨折しやすい，骨粗鬆症，骨軟化症，くる病	高カルシウム血症，ミルクアルカリ症候群，腎臓結石	1000（12〜14歳）[*2] / 800（12〜14歳）[*2]	2500（18歳以上） / 2500（18歳以上）
リン（P）(mg/日)	骨粗鬆症，骨軟化症，くる病	腎機能低下，成長障害	1200（12〜17歳）[*3] / 1100（12〜14歳）[*3]	3000（18歳以上） / 3000（18歳以上）
カリウム（K）(mg/日)	不整脈，筋力の低下，筋無力症，筋麻痺		2800（15〜17歳）[*3] / 2000（15歳以上）[*3]	
ナトリウム（Na）推定平均必要量(mg/日)〔食塩相当量（g/日）〕	食欲不振，脱水症，熱中症	長期間の過剰摂取で高血圧，腎障害	600(1.5)（18歳以上）[*4] / 600(1.5)（18歳以上）[*4]	
マグネシウム（Mg）(mg/日)	循環器障害，代謝不全		380（30〜49歳）[*2] / 290（12〜14歳，30〜64歳）[*2]	
鉄（Fe）(mg/日)	鉄欠乏性貧血（疲労感，脱力感，肩こり），発育不全，月経障害	胃腸障害	9.5（10〜11歳）[*2] / 12.5（10〜14歳 月経あり）[*2]	
亜鉛（Zn）(mg/日)	味覚障害，腸性肢端皮膚炎，発育不全，皮膚炎		10.0（15〜17歳）[*2] / 8.5（12〜14歳）[*2]	45（30〜74歳） / 35（18歳以上）
銅（Cu）(mg/日)	貧血，骨代謝異常	ウィルソン病（肝障害，脳障害）	0.9（15〜74歳，30〜64歳）[*2] / 0.8（12〜14歳）[*2]	7（18歳以上） / 7（18歳以上）
マンガン（Mn）(mg/日)	運動失調症，骨の発育不良		3.5（12歳以上）[*3] / 3.0（10歳以上）[*3]	11（18歳以上） / 11（18歳以上）
クロム（Cr）(μg/日)	耐糖能低下，糖尿病		10（18歳以上）[*3] / 10（18歳以上）[*3]	500（18歳以上） / 500（18歳以上）
セレン（Se）(μg/日)	克山病，カシン・ベック病（骨関節症）		35（15〜17歳，30〜49歳）[*2] / 30（12〜14歳）[*1]	450（30〜74歳） / 350（15歳以上）
ヨウ素（I）(μg/日)	甲状腺機能減退，甲状腺腫，発育不全，クレチン病	甲状腺腫，甲状腺機能低下症，甲状腺中毒症	140（12歳以上）[*2] / 140（12歳以上）[*2]	3000（15歳以上） / 3000（15歳以上）

[*1] 摂取量がもっとも多い年代の基準値，[*2] 推奨量，[*3] 目安量，[*4] 目標量，食塩相当量として．
「日本人の食事摂取基準（2025年版）」より作成．

表4.7 ミネラルを多く含む食品

ミネラル名	おもな供給食品
カルシウム	牛乳，チーズ，ヨーグルト，小魚，海藻類，大豆製品
リン	穀類（玄米など），魚類，肉，食品添加物，加工食品
硫黄	動物性たんぱく質
カリウム	ドライフルーツ，果物，海藻類，
ナトリウム	食塩，加工食品，調味料
塩素	食塩，加工食品に多い
マグネシウム	種実類，海藻類，豆類，魚介類
鉄	肝臓，赤身の肉や魚，貝類，ほうれん草，ひじき（鉄鍋加工品）
亜鉛	肝臓，牡蠣，牛肉，抹茶
銅	肝臓，牡蠣，するめ，いか，たこ，大豆
マンガン	種実類，貝，玄米
モリブデン	大豆，豆類，のり，ごま
クロム	いわし，あなご，貝，ひじき，わかめ
コバルト	肝臓，魚類，貝類
セレン	いわし，かつお，わかさぎ，貝，玄米
ヨウ素	昆布，わかめ，ひじき，のり，その他海藻類

逆にカルシウムよりリンの割合が多くなってしまうと，貯蔵庫である骨や歯からカルシウムが減少する．リンはさまざまな食品に多く含まれていて，バランスのよい食事をしてもリンのほうが必ず多くなることを考慮して，カルシウムとリンの摂取比率は 1：1 ～ 1：2 がよいとされている．とくに，食品添加物としてリンが多く使われているため，加工食品やインスタント食品，スナック菓子などは，骨の成長のためにはできるだけ避けたい食品である．

欠乏症は，骨軟化症，くる病，骨粗鬆症．過剰症は，高カルシウム血症から動脈硬化などの原因となり，腎臓結石の危険性が高まる．鉄や亜鉛などの栄養素の吸収障害も起こりやすくなる．

② **マグネシウム**

多く含む食品は，アーモンドなどのナッツ類，ごま，海藻類，豆類，魚介類で，骨の代謝・成長のために，カルシウムだけではなく心がけてとりたい食品である．欠乏症は循環器障害で，心筋梗塞などの心疾患の危険性が高まる．

③ **リン**

食品のほとんどに含まれ，インスタント食品などの加工食品や，清涼飲料水に食品添加物として多く含まれているため，過剰摂取に注意が必要である．摂取が多くなるとカルシウムやマグネシウムの吸収が悪くなるうえに，骨代謝に悪影響を及ぼし，骨が弱くなる．

④ **鉄**

レバー，赤身の肉，魚（まぐろ，かつおなど），貝類などに多く含まれる**ヘム鉄**と，ひじき，ほうれん草，プルーン，大豆などに多く含まれる**非ヘム鉄**がある．鉄の吸収率は，ヘム鉄で約 15 ～ 25 %，非ヘム鉄で

表 4.8 食品中のカルシウムとリンの含有量

食品	カルシウム (mg/100 g)	リン (mg/100 g)	食品	カルシウム (mg/100 g)	リン (mg/100 g)
食パン	22	67	あじ	66	230
うどん	18	49	しらす干し	520	860
めし（精白米）	3	34	まぐろ	5	290
大豆（ゆで）	79	190	牛肉（かたロース）	3	120
トマト	7	26	卵	46	170
ほうれん草	49	47	普通牛乳	110	93
みかん	17	12	ヨーグルト（全脂無糖）	120	100
バナナ	6	27	プロセスチーズ	630	730
しいたけ	1	87	カステラ	27	85
わかめ（乾燥）	780	350	プリン	81	110
ひじき（乾燥）	1000	93	コーラ	2	11

「日本食品標準成分表 2020 年版（八訂）」より作成．

は2〜5%と非常に低いため，吸収を助けるビタミンCや動物性たんぱく質（肉，魚，牛乳など）と一緒にとることが効果的である．

吸収を阻害する因子として，豆類に含まれるフィチン酸や，ほうれん草などに含まれるシュウ酸がある．フィチン酸・シュウ酸は水溶性なので，ゆでて取り除く．多量の食物繊維やカルシウムの摂取も，鉄の吸収を悪くするため，食事では積極的にとりたいものだが，サプリメントなどでの長期的な過剰摂取には注意が必要である．

欠乏症は，鉄欠乏性貧血，発育不全，月経障害など．過剰に摂取すると，胃腸障害，カルシウムや亜鉛などの吸収障害が起こる．

⑤ **銅**

レバー，牡蠣，するめ，いか，たこ，大豆などに多く含まれる．欠乏症は，貧血，骨代謝異常．

⑥ **亜鉛**

牡蠣，レバー，牛肉，抹茶などに多く含まれ，加工食品に含まれる添加物（リン酸，フィチン酸）や食物繊維は亜鉛の吸収を悪くする．欠乏症は，味覚障害，腸性肢端皮膚炎，発育不全など．

⑦ **カリウム**

果物や豆類，海藻類などに多く含まれ，とくに果物を乾燥させたドライフルーツには多い．筋肉内のカリウムが欠乏すると，こむらがえりなどの筋けいれんが起こりやすい．そのほか，不整脈や筋力の低下が起こる．

⑧ **ナトリウム**

食塩，しょう油などの調味料やハム，ウインナーソーセージ，かまぼこなどの加工食品やインスタント食品に多く含まれる．日本は欧米に比べて，塩，しょう油，みそ，漬け物など食塩を多くとる食文化である．

ウィルソン病
ウィルソン病はまれな遺伝性疾患で，肝臓が正常時のように余分な銅を胆汁中に排泄せず，結果として肝臓に銅が蓄積して肝臓が損傷し，肝障害を起こす．

味覚障害，腸性肢端皮膚炎
味覚障害には，味覚減退・味覚消失・異味症・悪味症など，さまざまな種類がある．原因は，神経系の疾患，薬の副作用，心因性などであるが，最も多いのが亜鉛不足によるものである．腸性肢端皮膚炎は，人工栄養児なら生後数日〜数週間後，母乳児では離乳期の発症が多く見られるが，6歳までの幼児に見られる病気である．手足の末端に丘疹や膿疱がでたり，脱毛，下痢，成長障害，精神障害が見られる．

図4.3　ミネラル摂取の献立の例
（豆腐ひじきハンバーグ，チンゲンサイ，しめじ，ほうれん草の干しえびあえ，たけのことたまねぎのみそ汁，はいが米ご飯）

ナトリウムの長期間の過剰摂取が高血圧の原因になるため，減塩がすすめられている．

食品に含まれるナトリウム量を次の式により換算すると，食塩含有量を求められる．

$$食塩相当量（g）= ナトリウム（mg）\times 2.54 \div 1000$$

⑨ **ヨウ素**

昆布，わかめ，のり，ひじき，いわし，さばなど海産物に多く含まれる．欠乏症は，発育不全，甲状腺機能低下症，クレチン病など．

⑩ **セレン**

かつお，いわし，わかさぎ，貝，玄米などに多く含まれる．欠乏症は，心機能不全が起こる克山病，骨関節障害が起こるカシン・ベック病など．

⑪ **クロム**

いわし，あなご，あさり，ひじき，わかめなどに多く含まれる．欠乏症は，糖質の代謝不全を引き起こす耐糖能の低下．

⑫ **マンガン**

くるみ，アーモンド，しじみ，帆立貝，玄米などに多く含まれる．欠乏症は，骨代謝の低下．

献立例については，図4.3参照．

復習トレーニング

それぞれの栄養素について多く含む食品と，欠乏症を書きなさい．

❶　1．糖質　　　　　3．たんぱく質

クレチン病

甲状腺機能不全によって，ホルモンの分泌が正常に行われず，発達障害や知能障害が起こる．症状がでてしまってからの治療では回復が困難なため，現在，日本では新生児のスクリーニングを行い，早期発見，早期治療が行われている．

克山病，カシン・ベック病

克山（ケシャン）病の症候は，心筋壊死から心不全を引き起こすことである．また，感染症による疾病などを起こしやすくなる．

カシン・ベック病は，軟骨組織の変性と萎縮・壊死を起こす．セレンは，甲状腺ホルモンであるチロキシンを，より活性型であるトリヨードチロニンに変換するためにも必要で，欠乏すると精神の減退，甲状腺腫，クレチン病などの甲状腺機能低下の症状を引き起こすことがある．

2. 脂質　　　4. ビタミンB_1
5. 葉酸　　　8. カルシウム
6. ビタミンA　9. 亜鉛
7. ビタミンC　10. セレン

次の文章のカッコの部分に適切な言葉を入れなさい．

❷ 糖質，脂質，たんぱく質はそれぞれ1g当たり（　　），（　　），（　　）kcalのエネルギーがあり，過剰に摂取すると（　　　）となって貯蔵される．水溶性のビタミンは，多量に摂取しても排泄されるため（　　　）の心配は少ないが，毎回の食事で不足しないように摂取する．脂溶性のビタミンは，おもに（　　　）に蓄積されるため，1度に多量に摂取すると（　　　）の危険性がある．

5章 スポーツ選手の食事摂取基準と栄養ケア

5章の POINT

- ◆ スポーツ選手にとって必要なエネルギー・栄養素を摂取することは，トレーニングと同じくらい大切なことであることを理解しよう．
- ◆ スポーツ選手の必要エネルギー・栄養素量を設定するためには，スポーツの種目特性を知り，エネルギー消費量の増加に見合った栄養素摂取量をエネルギー比率や日本人の食事摂取基準などによって算出することを学ぼう．
- ◆ スポーツ選手の栄養ケアは，栄養ケア・マネジメントの流れに沿って，身体計測，生理・生化学検査，臨床診査，食事調査などの栄養アセスメントの結果より，総合的に評価・判断することを学ぼう．

1 スポーツの種目特性

（1）瞬発系種目

瞬発系種目には，100 m 走，砲丸投げ，ウエイトリフティングなど，持続してパワーをだす時間が30秒以下のスポーツをいう．体内に存在している **ATP**（アデノシン三リン酸）や**クレアチンリン酸**（creatine phosphate：**CP**）がおもにエネルギー源として利用される．高エネルギー結合をしているリン酸の結合が，はずれるときに発生するエネルギーを利用して筋肉が収縮する．ATPからリンが一つはずれると **ADP**（アデノシン二リン酸）になり，ここにクレアチンリン酸のリン（無機リン酸）が結合すると，再びATPになる（図5.1）．

瞬発系のスポーツ選手の筋肉は，ATPとCPの貯蔵量が持久系よりも多く，ATPを分解してエネルギーをつくりだす酵素の働きも強いことが明らかにされている．体内に蓄えられる量はわずかで，非常に高い強度の運動を続けると，ATPがすべて消費され，同じパワーで運動を続けることができなくなる．

（2）筋持久系種目

筋持久系種目には，200 m・400 m 走，100 m 競泳などの，おもに1分30秒程度まで持続してパワーをだし続けるスポーツと，800 m 走，ボクシングやレスリングなどのおもに3分間持続してパワーをだし続けるスポーツがある．1分30秒までは，体内に蓄えられているATPとCPに加えて，血液中のグルコースや筋肉内に蓄えられているグリコー

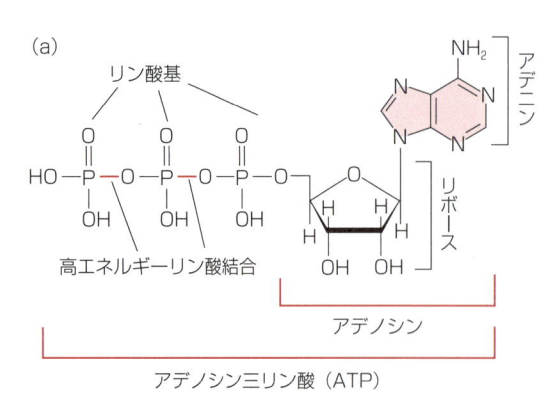

(a) アデノシン三リン酸（ATP）

(b) アデノシン二リン酸（ADP）

ゲンがエネルギー源として利用される．グルコースやグリコーゲンを分解して ATP を新しくつくりだす経路を**解糖系**というが，この解糖系を利用すると体内に乳酸が蓄積しやすくなる．さらに運動時間が 3 分程度まで延びると，解糖系に加えてクエン酸回路でつくられた有酸素性の ATP が利用される．クエン酸回路では，グルコースやグリコーゲンなどの糖質に加えて，脂質がエネルギー源として利用される．

筋持久系のスポーツでは，解糖系がより多く利用されるため，体内に蓄えられたグリコーゲンが重要な役割を果たす．運動持続時間内では，貯蔵グリコーゲンを使い切ることはないが，より乳酸が蓄積しやすく，乳酸の処理が大切になる．

（3）持久系種目

持久系種目には，マラソンやトライアスロン，1500 m 競泳など 3 分以上持続してパワーをだし続けるスポーツがある．エネルギー源としてはおもに糖質と脂質が利用される．持久系のスポーツも筋持久系のスポーツと同様に貯蔵グリコーゲンが重要な役割を果たす．とくに 1 時間以上持続して行うスポーツでは，グリコーゲンの貯蔵量が競技成績に大きな影響を与えるといわれている．筋持久系のスポーツ選手は，練習や試合によって消費したグリコーゲンを，可能な限り早くに回復させることが必要になる．また，持久性トレーニングを繰り返すことで，脂肪を代謝する酵素の働きが高まり，グリコーゲンの消費を抑えることができる．

テニスやサッカー，ゴルフなどの球技をはじめ，スポーツ種目によっては，瞬発力や持久力が混同して必要な場合もあり，単純に分類できないこともあるが，選手がどの程度のパワーをだせば，どのエネルギー供

解糖系と乳酸の蓄積
4 章も参照．

運動後のグリコーゲンの摂取
6 章も参照．

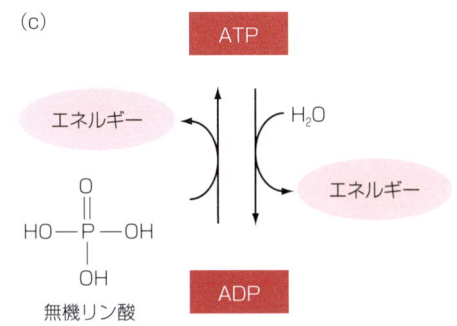

図 5.1 ATP，ADP の構造とエネルギーの生成
(a) ATP の構造．(b) ADP の構造．
(c) ATP の分解によるエネルギーの生成．

食事誘発性熱産生（DIT）
食物を摂取すると，栄養素の消化・吸収や輸送などの生理作用によって消費されるエネルギー量のことを食事誘発性熱産生または特異動的作用という．たんぱく質を摂取した場合，約30％，糖質は約6％，脂質は約4％の消費があり，日本人の食事内容では，1日のエネルギー摂取量の8〜10％がDITとして消費されていると考えられている．（3章も参照）

○ 知っておくと役に立つ！
基礎代謝量，安静時代謝量
基礎代謝量は，ヒトが生きていくための必要最小限のエネルギー量のことで，早朝空腹時・快適な温度環境・覚醒状態・安静仰臥位で消費されるエネルギー量である．性別や年齢，体表面積，体重，季節・気温，体温，栄養状態，ホルモン，妊娠などに影響を受け，変動する．安静時代謝量は，座位安静時のエネルギー消費量で，基礎代謝量の約120％とされている．4章も参照．

期分け
6章も参照．

給機構が働いているかを知ることは，エネルギー・栄養素必要量を知るために大切なことである（表5.1）．

2 スポーツ選手のエネルギー消費量

（1）エネルギー消費量

1日の消費エネルギーは，**基礎代謝量**（basal metabolic rate：**BMR**，約60％），活動時代謝量（約30％），**食事誘発性熱産生**（diet induced thermogenesis：**DIT**，約10％）に分けられる．スポーツ選手はスポーツをしない人よりも活動時代謝量が増えるぶん，エネルギー消費量が多くなる．

また，スポーツ選手はスポーツに適した体づくりをしているため，一般に体表面積は大きくなる．体表面積が大きくなると，基礎代謝量が高くなるため，さらにエネルギー消費量が多くなる．同じ理由で，骨格筋が多いスポーツ選手は基礎代謝量が高くなるため，エネルギー消費量が多くなる．

（2）スポーツ選手のエネルギー消費量の推定

スポーツ選手に限らず，1日のエネルギー消費量を厳密に測定するのは難しく，正確な測定値をだすことは，研究室レベルでの測定など限られたものになる．とくにスポーツ選手は，スポーツ種目やそれぞれの期分けによってトレーニング内容が異なるため，より詳細な測定が必要となる．一般的には，食事調査によって算出・推定されたエネルギー摂取

表5.1 エネルギー獲得機構から見たスポーツ種目

運動時間	エネルギー獲得機構	スポーツの種類	パワーの種類
30秒以下	非乳酸性	砲丸投げ，100 m走，盗塁，ゴルフ，テニス，アメリカンフットボールのランニングプレー	ハイパワー（瞬発系）
30秒〜1分30秒	非乳酸性＋乳酸性	200 m走，400 m走，スピードスケート（500 m，1000 m），100 m競泳	ミドルパワー（筋持久系）
1分30秒〜3分	乳酸性＋有酸素性	800 m走，体操競技，ボクシング（1R），レスリング（1ピリオド）	ミドルパワー（筋持久系）
3分以上	有酸素性	1500 m競泳，スピードスケート（10000 m），クロスカントリースキー，マラソン，トライアスロン	ローパワー（持久系）

日本体育協会スポーツ医・科学専門委員会 監，小林修平ほか 編，『アスリートのための栄養・食事ガイド（第2版）』，第一出版（2006），p.4の序表1より改変．

量と，そのときの体重の変化との関連を見て把握される．エネルギー摂取量よりも消費エネルギー量が多いと体重は減少し，消費エネルギー量よりもエネルギー摂取量が多いと体重は増加する．消費エネルギー量と摂取エネルギー量の釣り合いがとれていると，体重は変化しないということになる．このエネルギー摂取量 − エネルギー消費量＝ 0 となる確率が最も高くなると推定されるエネルギー消費量を**推定エネルギー必要量**という．

推定エネルギー必要量は次の式より算出できる．

　　推定エネルギー必要量（kcal／日）
　　　＝ 基礎代謝量（kcal／日）× 身体活動レベル（PAL）
　　基礎代謝量（kcal／日）
　　　＝ 基礎代謝基準値（kcal／kg 体重／日）× 体重（kg）

身体活動レベル（physical activity level：**PAL**）とは，1 日のエネルギーの消費量を 1 日当たりの基礎代謝量で割った指数で，「低い（Ⅰ）」，「ふつう（Ⅱ）」，「高い（Ⅲ）」の 3 つに区分される（巻末資料：身体活動レベルを参照）．「日本人の食事摂取基準（2010 年版）」から，2005 年版まで使われていた Af（各身体活動における単位時間当たりの動作強度）ではなく，メッツ値（各種身体活動におけるエネルギー消費量を安静時代謝で割った数値）が用いられている（巻末資料：生活活動のメッツ表，運動のメッツ表，を参照）．

基礎代謝基準値は，「日本人の食事摂取基準（2020 年版）」で厚生労働省が示している（巻末資料：性・年齢階層別基礎代謝基準値と基礎代謝量を参照）．この値は，一般健常人を対象としているため，トレーニング

FFM（fat free mass）
全体重のうち，体脂肪を除いた筋肉や骨，内臓，水分などの総量を除脂肪体重という．「LBM（lean body mass）」と略されることもある．同じ体重でも除脂肪体重が少ない場合，筋肉量が減っていることを意味し，基礎代謝量も低下する．減量を行う際は，できるだけ除脂肪体重を減らさずに，体脂肪を落としていくことが重要なポイントとなる．

表5.2 種目分類別PAL

種目カテゴリー	オフトレーニング期	通常トレーニング期
持久系	1.75	2.50
瞬発系	1.75	2.00
球技系	1.75	2.00
その他	1.50	1.75

小清水隆子ほか，スポーツ選手の推定エネルギー必要量，トレーニング科学，**17**，245（2005）．

をつんだスポーツ選手では，スポーツ選手のための推定値である 28.5 kcal / kg FFM / 日を基礎代謝基準値として用い，次の式で計算するとより正確にスポーツ選手の推定エネルギー必要量をだすことができる．

スポーツ選手の推定エネルギー必要量（kcal / 日）＝
28.5（kcal / kg FFM / 日）× FFM（kg）× 身体活動レベル（PAL）

メッツ・時は「健康づくりのための運動基準2006」で提案されているもので，メッツに運動時間を掛けたものである．メッツ・時の24時間の合計を24で割ると，個人の身体活動レベルが算出できる．また，種目分類別PAL（表5.2）を参考にして算出してもよい．

3 スポーツ選手の栄養素摂取量（食事摂取基準）

日本人スポーツ選手の場合，「日本人の食事摂取基準（2020年版）」を基本として，トレーニング内容や体格，年齢，スポーツ種目に応じたエネルギー・栄養素が過不足なく摂取できるように設定する必要がある．日本人の一般健常人のエネルギー消費量は，体重1kg当たり30～40 kcalとされているが，スポーツ選手のエネルギー消費量はスポーツによる身体活動量の増加によって，体重1kg当たり45～70 kcalと約1.5倍から2倍に増える．スポーツ選手の個々に合わせたエネルギー消費量を算出し，増加量に応じた栄養量を付加する必要がある．

エネルギー源となる栄養素は，エネルギー必要量に対するエネルギー比率（**PFC比率**）で算出する．理想的なエネルギー比率は，たんぱく質（P）：脂質（F）：炭水化物（C）＝ 15～20：25～30：55～60で，

エネルギー比率（PFC比率）
エネルギーとして利用される栄養素である．たんぱく質（protein ＝ P），脂質（fat ＝ F），炭水化物（carbohydrate ＝ C）の全エネルギーに対するそれぞれのエネルギー量の比率をいう．米を主食としている日本人のエネルギー比率は，炭水化物の割合が多く，肉などの動物性たんぱく質の摂取が多い欧米人は，たんぱく質と脂質の割合が多くなる．

表5.3 スポーツ選手の食事摂取基準

栄養素	体づくり期	試合期（グリコーゲンローディング）	重量級	減量時
エネルギー（kcal）	3500	3500	4500	2000
たんぱく質（g）	130～175	87.5～130	169～225	75～100
脂質（g）	80～115	40～60	125～150	33～44
炭水化物（g）	480～530	610～700	619～675	300～350
たんぱく質エネルギー比率（％）	15～20	10～15	15～20	15～20
脂質エネルギー比率（％）	20～25	10～15	25～30	15～20
炭水化物エネルギー比率（％）	55～60	70～80	55～60	60～70
カルシウム（mg）	1200	1200	1500	1000
鉄（mg）	10～15	10～15	12～18	10～12
ビタミンA（μgRE）	1300	1300	1500	1000
ビタミンB_1（mg）	2	3	3.5	1.5
ビタミンB_2（mg）	2.3	3.4	3.9	1.65
ビタミンC（mg）	200～300	200～300	200～300	200～300

これは厚生労働省が推奨する日本人の健常人の理想的なエネルギー比率とそれほど変わりはない．体格が大きく，スポーツによるエネルギー消費量が多くなり，エネルギー必要量が 4000 kcal を超える場合は，脂質エネルギー比率を 30％程度にまで増やし，食事量が少しでも少なくなるような工夫が行われる場合がある．また，試合期の食事の方法として，グリコーゲンローディングのように，炭水化物エネルギー比率を 70 〜 80％に増やす場合もある（表 5.3）．

ビタミン，ミネラルについては，エネルギー必要量の増加と，体づくりに見合った付加量が必要になるが，「日本人の食事摂取基準（2020 年版）」には各種スポーツ種目別，期分け別のスポーツ選手の必要量が示されていない．食事調査や身体計測，生理的・生化学的検査などから栄養状態のアセスメントを行いながら，不足することのないように摂取することが必要になる．最低でも，日本人の食事摂取基準の推奨量は下回らないように摂取することが大切であるが，耐容上限量が定められている栄養素については，それを上回らないように気をつける．とくに，ビタミン・ミネラル剤やサプリメントを利用する場合には注意する（表 5.4）．食品群別加重平均値に食品構成の重量をかけて，合計の栄養量を参考にするのもよい．

4 スポーツ選手の栄養ケア・マネジメント

（1）スポーツ選手の栄養ケア・マネジメント

スポーツ選手への栄養ケアは，栄養士が行う**栄養ケア・マネジメント**

グリコーゲンローディング
6 章も参照．

食品群別加重平均値
栄養素量を群別で扱う場合，群別に算出されている成分値があればおおよその目安となり，献立作成がしやすくなる．食品群別の成分値は，各施設の食品使用状況が反映される荷重平均で作成するのが望ましく，これを食品群別荷重平均値という．荷重平均は，施設でのそれぞれの食品の総使用量から算出する．

栄養ケア・マネジメント
栄養ケア・マネジメントとは健康維持と疾病予防・治療のために行われる栄養管理の過程のことをいう．個人や集団がよりよい栄養状態とその維持を達成できるようにするシステムであり，栄養上・健康上の問題を改善して生活の質（quality of life：QOL）を向上させるためのものである．

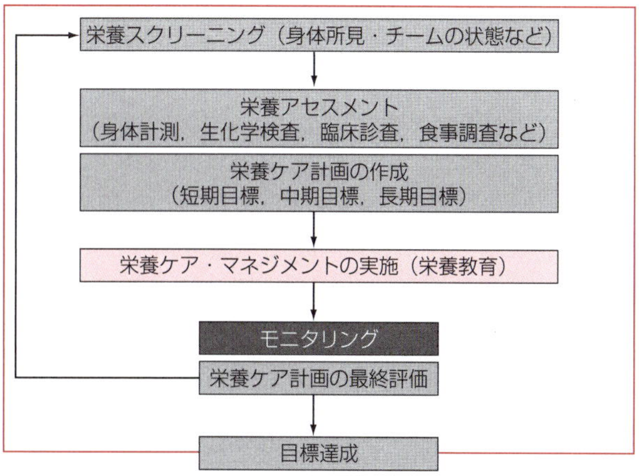

図 5.2　栄養ケア・マネジメントの流れ

表5.4 ビタミン，ミネラルの食事摂取基準と耐容上限量（29歳までで摂取量がもっとも多い基準値）

ビタミン（化学名）	食事摂取基準（男性・女性）	許容上限摂取量（男性・女性）	ミネラル名	食事摂取基準（男性・女性）	耐容上限摂取量（男性・女性）
ビタミンA（推奨量）μg/日（レチノール）	900(15～17歳) 650(12～14歳)	2700(18～29歳) 2700(18～29歳)	カルシウム(Ca)推奨量(mg/日)	1000(12～14歳) 800(12～14歳)	2500(18～29歳) 2500(18～29歳)
ビタミンD（目安量）μg/日（カルシフェロール）	9.0(12～29歳) 9.0(12～29歳)	100(18～29歳) 100(18～29歳)	リン(P)目安量(mg/日)	1200(12～17歳) 1100(12～14歳)	3000(18～29歳) 3000(18～29歳)
ビタミンE（目安量）mg/日（トコフェロール）	7.0(15～17歳) 6.0(12～17歳)	800(18～29歳) 650(15～29歳)	カリウム(K)目安量(mg/日)	2800(15～17歳) 2200(12～14歳)	
ビタミンK（目安量）μg/日（フィロキノン）	150(15～29歳) 150(15～29歳)		ナトリウム(Na)推定平均必要量mg/日（食塩相当量g/日）	600(1.5)(18～29歳) 600(1.5)(18～29歳)	
ビタミンB₁（推奨量）mg/日（チアミン）	1.2(15～17歳) 1.0(12～17歳)		マグネシウム(Mg)推奨量(mg/日)	360(15～17歳) 310(15～17歳)	
ビタミンB₂（推奨量）mg/日（リボフラビン）	1.7(15～17歳) 1.4(12～17歳)		鉄(Fe)推奨量(mg/日)	9.0(10～11歳) 12.5(10～14歳 月経あり)	
ナイアシン（推奨量）mgNE/日（ニコチン酸，ニコチンアミド）	16(15～17歳) 14(12～14歳)	300(15～29歳) 250(12～29歳) ※ニコチンアミドの量	亜鉛(Zn)推奨量(mg/日)	10.0(15～17歳) 8.5(12～14歳)	40(18～29歳) 35(18～29歳)
ビタミンB₆（推奨量）mg/日（ピリドキシン）	1.5(15～29歳) 1.3(12～17歳)	55(18～29歳) 45(15～29歳)	銅(Cu)推奨量(mg/日)	0.9(15～17歳) 0.8(12～14歳)	7(18～29歳) 7(18～29歳)
ビタミンB₁₂（推奨量）μg/日（シアノコバラミン）	4.0(12～29歳) 4.0(12～29歳)		マンガン(Mn)目安量(mg/日)	3.5(12～29歳) 3.0(10～29歳)	11(18～29歳) 11(18～29歳)
葉酸（推奨量）μg/日（プテロイルグルタミン酸）	240(12～29歳) 240(12～29歳)	900(12～29歳) 900(12～29歳)	モリブデン(Mo)推奨量(mg/日)	30(15～29歳) 25(12～29歳)	600(18～29歳) 500(18～29歳)
ビタミンC（推奨量）mg/日（アスコルビン酸）	100(12歳以上) 100(12歳以上)		クロム(Cr)目安量(μg/日)	10(18～29歳) 10(18～29歳)	500(18～29歳) 500(18～29歳)
ビオチン（目安量）μg/日（ビタミンH）	50(12歳以上) 50(12歳以上)		セレン(Se)推奨量(μg/日)	35(15～17歳) 30(12～14歳)	400(15～29歳) 350(15～29歳)
パントテン酸（目安量）mg/日	7(12～17歳) 6(8～17歳)		ヨウ素(I)推奨量(μg/日)	140(12～29歳) 140(12～29歳)	3000(15～29歳) 3000(15～29歳)

「日本人の食事摂取基準（2025年版）」より作成．

と同じ流れ（図5.2）に沿って行われることが理想的である．スポーツ選手は，競技特性やトレーニング内容などによって，必要な栄養量が異なる．そのため，チームや選手個人別の栄養状態を評価し，それぞれの栄養管理を行う必要がある．

栄養アセスメント（栄養評価）とは，① 身体計測，② 生理・生化学検査，③ 臨床診査，④ 食事調査，などの情報から，チームや個人の栄養状態を総合的に評価，判定することをいう（表5.5）．これらの情報をすべて測定する必要はなく，競技種目，チーム，選手個人の特性を考慮し，それぞれのスポーツ現場で可能な限り測定できる方法を実施する．

栄養アセスメントの結果から，スポーツ現場での問題点を把握し，改善のための栄養ケア計画をたてる．栄養ケア計画が実施された後，この計画に問題がなかったかを評価・判定するのが**モニタリング**である．実際にスポーツの現場では，モニタリングが適切に行われず，実施した栄養ケアが効果的であったか評価されないことが少なくない．モニタリングを行った結果，効果的に栄養ケアが行われていなかった場合，栄養ケア計画の見直しを行い，より効果的なケア・マネジメントに変更する必要がある．このような栄養ケア・マネジメントの流れは，監督，コーチ，チームドクター，トレーナー，栄養士などチームにかかわる人たちの連携によって行われることが理想的である．

（2）食事調査

栄養ケアを行うにあたって，栄養アセスメントの調査項目のなかでも最も重要といえるのが**食事調査**である．スポーツ選手にとって，毎日の食事は体をつくり，運動するための基本となる．そのため，スポーツ選

表5.5 栄養アセスメントの方法と検査項目

身体計測	身長，体重，胸囲，体格指数（BMI），ウエスト・ヒップ比，体脂肪率，除脂肪組織量等
生理・生化学検査	血清アルブミン，トランスフェリン，レチノール結合たんぱく質，血清総コレステロール，血清トリグリセリド，ヘモグロビンA1c，尿素窒素排泄量，尿中クレアチニン，総リンパ球数，骨密度等
臨床診査	問診（既往歴，現病歴，月経の有無，家族病歴，自覚症状，生活習慣，睡眠時間など） 身体症状について 　視診（顔貌，頭髪，結膜，口腔内，皮膚など）， 　触診（浮腫の有無など）
食事調査	24時間思い出し法，食事記録法（秤量法，目安量法），食事摂取頻度調査，食事に関するアンケート等

手がいつ，何をどのくらい食べているのかを把握することは重要である．食事調査の結果から，選手の栄養状態を把握し，栄養上の問題点や食生活上の改善点を具体的に導く．さらに，選手が食事内容を記録することによって，自身の自己管理意識を高める栄養教育の１つの手段となる．

食事調査の方法には，① 食事記録法（秤量記録法，目安量記録法），② 24 時間思い出し法，③ 食物摂取頻度調査法，④ 食事に対するアンケートなどがある（表 5.6）．各調査法の優れている点と欠点をよく知ったうえで，それぞれのスポーツの現場で実施可能な方法を選択して行う（図 5.3）．

（３）栄養教育

スポーツ選手の**栄養教育**は，競技種目に適した体づくりや，競技力向上のためのトレーニングに応じた栄養摂取が理想的に行われることが目的となる．選手の食習慣を含めた生活習慣を変えることを実践する（**行動の変容**）ために，食事と体力づくりに対する正しい知識をもち，具体的に実践する方法を知ること（**知識の変容**）と，その必要性を理解し，価値観が理想的に変わっていく（**態度の変容**）といった働きかけを行うことが必要となる．

栄養教育の方法には，選手個別に行う**個人指導**と，チームや競技種目ごとに行う**集団指導**の２つがある．個人指導は，指導対象者別に栄養アセスメントを行い，選手個人の栄養上の問題を把握して栄養教育を行う．スポーツ選手は，同一種目でも個人差が大きく，期分けによっても必要なエネルギー・栄養量が異なるため，個人別，期分け別に対応した栄養サポートが必要となる．集団指導は，チームや競技種目ごとの，栄養や

表 5.6 食事調査の方法

	食事記録法	24 時間思い出し法	食物摂取頻度調査	食事歴法
調査内容	当日の食事内容	前日の食事内容	過去 1 か月～1 年程度の食事内容	過去 1 か月～1 年間
測定方法	秤で測定	目安量	目安量	平均的摂取頻度と目安量	平均的摂取頻度と目安量
対象者の負担	大きい	やや少ない	比較的少ないが面接に時間がかかる	比較的少ない	調査票があらかじめあれば比較的少ない
調査者の条件	熟練が必要	熟練が必要	かなりの熟練が必要	専門家でなくても調査可能	調査票によって調査可能
精密度	最も高い	秤量法よりは誤差が大きい	記録法よりは誤差が大きい	データの詳細な算出が難しい	データの詳細な算出が難しい

日本栄養食糧学会 編，『栄養・食糧学データハンドブック』，同文書院（2006），p.383 の表 13-3 を改変．

口にされたもの（食事，飲料，アルコール，サプリメントを含みます）について，gや目安の量などわかる範囲で，できるだけ詳しく書いてください．

氏名	
生年月日	
身長	
体重	
体脂肪率	
備考	

例　10月　3日

朝	時間	食品	量, g	食品	量, g
		卵	1個	ほうれん草	小皿1
		油		しょう油	小さじ1
		ハム	3枚		
	7:00	食パン6枚切り	1枚		
		バター			
		牛乳	1杯		
		みかん	1個		

朝	時間	食品	量, g	食品	量, g

昼	時間	食品	量, g	食品	量, g

夜	時間	食品	量, g	食品	量, g

間食	時間	食品	量, g	食品	量, g

図5.3　食事調査用紙（秤量記録法）
著者がスポーツ選手に実施する用紙を示す．

食生活を含めた生活習慣上の問題の改善策について，情報提供を行う．情報提供は，対象者と話し合いながら，あるいは講義・講演形式などで，不特定多数を対象に行われる．また，合宿所や寮，トレーニングセンターなどでの理想的な食事提供も栄養教育の1つの手段といえる．

　スポーツ選手への効果的な栄養教育は，チームや競技種目ごとの集団教育を行いながら，選手個人の栄養上の問題を把握し，改善するための個人指導を交互に継続して行うことが理想的である．

　具体的には，それぞれの競技種目別，期分け別の目標エネルギー・栄養摂取量を設定し，食品構成を決定する．さらに，選手個人で解決しなければならない栄養上の問題がある場合は，問題解決のためのエネルギー・栄養摂取量を個別に設定する必要がある．

　食品構成は，食品群別にどのくらい食べたらよいかの目安の分量で，献立作成のときに料理と食品選択の分量を決める目安になる．食品構成をもとに，1日3食の配分は基本的に偏りなく各食品を配分する．1度にたくさん食べられない場合は，朝食と昼食間，昼食と夕食間といった時間帯に補食を組み込む．

　試合前や合宿時などの激しいトレーニング前で，消化吸収が難しい時間帯の食事には，消化のよい調理法や食材を選び，その分夕食や早朝食に配分を多くするなどの調節を行う．栄養素の吸収を考えると，最低でも食後2時間はあけてからトレーニングを開始することが理想的である．また，トレーニング後は可能な限り早くに食事をとることが，疲労回復につながる．

　選手が学生の場合，おにぎりやサンドイッチなどの補食をとることができるように自宅で準備するよう指導したり，練習後に外食で補食を選

巻末はさみ込み資料は，栄養計算ソフトに収載されている食事調査の栄養計算結果シートである．このシートを使用して選手への個人的な指導を行う．

トレーニング後の食事と疲労回復
6章も参照．

ぶときに何を選べばよいかを指導したりするといった，選手の生活環境を考慮したアドバイスを行う必要がある．

復習トレーニング

次の文章のカッコの部分に適切な言葉を入れなさい．

❶ 瞬発系種目とは（　　）や（　　）などの，持続してパワーをだす時間が（　　）秒以下のスポーツをいい，おもに体内の（　　）と（　　）がエネルギー源になる．筋持久系種目とは（　　）や（　　）などの，持続してパワーをだす時間が（　　）秒から（　　）分までのスポーツをいう．持久系スポーツとは，（　　）や（　　）などの，持続してパワーをだす時間が（　　）分以上のスポーツをいう．筋持久系スポーツや持久系スポーツでは体内に貯蔵されている（　　）がおもにエネルギー源として使われる．

❷ スポーツ選手の推定エネルギー必要量は，（　　）×（　　）×（　　）の式で求められる．

❸ スポーツ選手の理想的なエネルギー比率は，P:F:C =（　　）:（　　）:（　　）で，日本人の健常人と大きく変わらない．

❹ スポーツ選手の栄養アセスメントは，（　　），（　　），（　　），（　　）などの情報から総合的に評価・判定されなければならないが，すべて行う必要はなく，それぞれの現場で測定可能な方法で実施する．

それぞれの食事調査の方法の優れている点と欠点を書きなさい．

❺ 食事記録法
❻ 24時間思い出し法
❼ 食事摂取頻度調査法

6章

スポーツ選手の食事：シーズン別

6章のPOINT

◆ スポーツの現場では，試合期（オンシーズン），休養期（オフシーズン），体づくり期（トレーニング期）の大きく3つに期分けされることが多く，食事内容や，必要な栄養素の摂取方法はそれぞれの時期によって変わることを学ぼう．

◆ 期分けは，1年間を大きく3つに区切られる場合が多いが，学生スポーツなどでは，1週間や1か月，学期単位で細かく区切られることもあることを学ぼう．

◆ 期分けをすることにより，スポーツ選手は万全のコンディションで試合に臨むことができるようになることを理解しよう．

1 試合期（オンシーズン）の食事

試合に必要なエネルギー源と，エネルギー代謝を効率よく進めるビタミンや，体調を整えるビタミン・ミネラルを中心に摂取する．とくに持久的なスポーツにおいては試合の3日前から炭水化物のエネルギー比率を70〜80％に上げるグリコーゲンローディングが有効である．

（1）試合前日までの食事

体内に蓄えたグリコーゲンを使いきるような，持久的な競技種目の試合の場合，前日までに体内にできるだけ多くグリコーゲンを貯めておくことが有効となる．この方法を，**グリコーゲンローディング**（カーボローディング）という．

トレーニングは試合1週間前から徐々に軽くしていき，場合によっては試合前日のトレーニングは行わないようにする．食事内容は，試合4日前まで**PFC比率**で15：25：60の通常食をとり，3日前から炭水化物を70〜80％の高炭水化物食に切り替える（表6.1，図6.2）．トレーニングによるグリコーゲンの消費を控え，高炭水化物食をとることで，体内に普段よりも多くのグリコーゲンを蓄えることができるようになる．（図6.1）．この方法は，炭水化物の摂取量を増やすため，食事の量が増え選手に負担がかかる．また，グリコーゲンが蓄えられるとともに，水分が体内に貯まりやすくなるため，体重の増加に注意する必要があり，すべての選手に有効になるわけではない．まずは練習で試してみて，選手にとって好成績につながるようであれば，試合本番で行うようにする．場合によっては，普段よりも少し多めに炭水化物をとるようにする（エ

> **PFC比率**
> 5章も参照．
>
> **プロバイオティクス，プレバイオティクス**
> 乳酸菌やビフィズス菌などの生きた菌や，これらの菌を含んだ食品のことをプロバイオティクスという．有用菌を増やし有害菌を減らすことで，腸内環境の改善，体調に好影響を与える成分をプレバイオティクスといい，オリゴ糖や食物繊維からつくられるプロピオン酸，酪酸などがある．

表6.1 グリコーゲンローディングの方法

	トレーニング	食事内容
7日前		普通食（炭水化物エネルギー比率60％）
6日前		普通食（炭水化物エネルギー比率60％）
5日前	徐々に軽くする（テーパリング）	普通食（炭水化物エネルギー比率60％）
4日前		普通食（炭水化物エネルギー比率60％）
3日前		高糖質食（炭水化物エネルギー比率70〜80％
2日前		高糖質食（炭水化物エネルギー比率70〜80％
1日前	場合によっては休み	高糖質食（炭水化物エネルギー比率70〜80％
試合当日		試合当日の食事

『アスレティックトレーナー専門科目テキスト⑨ スポーツと栄養』，日本体育協会（2009），p.59の表IX-E-1より改変．

ネルギー比率で 65 〜 70％程度）簡便法が行われることもある．

　グリコーゲンローディングは持久系のスポーツ選手にのみ有効だが，すべてのスポーツ種目の選手で，試合が近づくにつれ，緊張などにより下痢や便秘になる選手も見られる．おなかの調子を整える，善玉菌を含むヨーグルトや納豆などの発酵食品（**プロバイオティクス**）や善玉菌の栄養になるオリゴ糖や食物繊維（**プレバイオティクス**）を含む食品を心がけてとるようにする．

（2）試合当日の食事

　試合が始まると交感神経が優位になることで，運動能力を発揮することができる．食事をして食べた物が消化吸収されているときには，**副交感神経**が優位になっているため，その状態で運動をすると運動能力を100％発揮することができない．そのため，試合が始まるまでには，消化吸収状態がある程度落ち着いた状態がよく，試合直前の食事としては，消化のよいものを 3 〜 4 時間前に食べ終えておくことが大切である．

　エネルギー源として必要な，糖質であるご飯，パン，麺類などの主食と，ビタミン B 群やたんぱく質が多く含まれ速く吸収される卵や牛乳，ヨーグルトなど，抗ストレスや抗疲労のためには，ビタミン C やクエン酸の多いオレンジやグレープフルーツなどの果物や 100％ジュースなど，試合に向けて栄養素を補給しておく．

　糖質の代謝に必要なビタミン B_1 を多く含む豚肉や，ビタミン B 群を多く含むレバーは，消化に時間がかかるので試合開始時間が早い場合は，前日の夕食でしっかりととっておく．ビタミン B 群は水溶性ビタミンのため，豚汁や豚肉のスープなど，朝食でスープだけをとっても，ビタ

交感神経，副交感神経
交感神経と副交感神経を合わせて自律神経系という．自分の意思に従わず，無意識に体内の内部環境に反応する．呼吸，循環，消化，分泌，排泄，生殖など生命の基本的な働きをつかさどる神経である．交感神経は，活動力を高め，突発的な事故や外敵に対して身体を保護するように働き，副交感神経は，体力の消耗を抑制し，回復をはかり，栄養を補給してエネルギーを蓄えるように作用する．

ビタミン C
ビタミン C は，アミノ酸や乳酸などを肝臓で代謝するときに必要な酵素の生成や，酵素を活性化させる働きによって，抗疲労作用があるといわれている．また，副腎皮質ホルモンやカテコールアミンの生成と維持に働き，代謝を高め，ストレスから身を守る働きがあるため，抗ストレス作用があるといわれている．

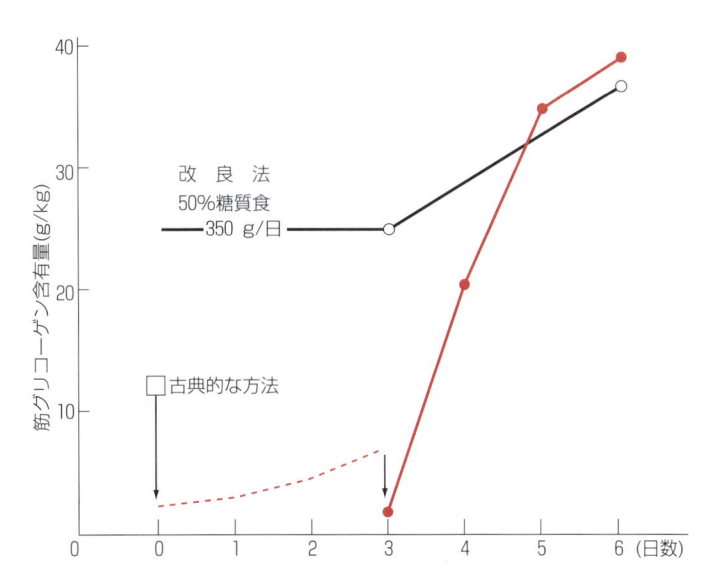

図 6.1 グリコーゲンローディングによる筋肉内のグリコーゲン量の変化
- ●：4 日前まで低糖質食，3 日前から高糖質食（古典的な方法）．
- ○：4 日前まで普通食，3 日前から高糖質食（改良法）．

改良法も古典的な方法と同じ程度のグリコーゲンの貯留が見られる．
(W.M. Sherman, 1983)
『アスレティックトレーナー専門科目テキスト⑨　スポーツと栄養』，日本体育協会（2009），p.59 の図 IX-E-1 より．

ミン B_1 をある程度摂取することができる.

　試合前日までは,おなかの調子を整えるために食物繊維を多く含む食品を積極的にとったほうがよいが,直前の食事では消化吸収に時間がかかるため避けたほうがよい.たとえば,ごぼうやたけのこ,ひじきやわかめなどの海藻類,きのこ類は避ける.

　試合前は,普段よりも緊張が大きくなるため,おなかの調子を崩しやすい.刺激物となる,香辛料(唐辛子やコショウなどのスパイス)や,カフェインを多く含む緑茶,紅茶,コーヒーなど,刺身などの生もの,炭酸飲料なども避ける.

　試合開始1時間前には,必要であればエネルギー源である糖質をとるようにする.たとえば,おにぎりやカステラ,バナナ,麺類などであるが,1時間で吸収される量には個人差があり,大きな試合前には緊張も大きくなるので,内臓機能も低下する.普段から,運動する1時間前くらいに,どれくらいの量を食べたら運動しても負担がないかを知っておき,様子を見ながら少量ずつをとるようにする.

　試合開始30分前には,**水分補給**を心がける.体から水分が失われた状態で運動をすることは,運動能力の低下につながる.まず,十分な量の水分を体内に補給して,試合に臨むことが必要である.30分前にとっておくと,必要以上にとってしまった場合でも,尿として排泄されるので,水分のとりすぎによって試合で困ることはない.糖質も水分もともに必要であれば,エネルギー補給の目的で糖質入りの水分を補給する.100%のオレンジジュースは,糖質も多くビタミンCや抗疲労に働くクエン酸が含まれているので理想的である.

　試合中は,水分補給を心がける.1日に2試合以上ある場合は,試合

カフェイン
苦味があり,脳,筋肉などに興奮作用,強心作用,利尿作用,胃液分泌促進作用があるといわれている.玉露,紅茶に約3%,コーヒー,コーラの実に1〜2%,カカオに0.3%含まれている.カフェインは,以前はドーピング禁止薬物に含まれていたが,2004年から監視プログラム物質になった.監視プログラムとは,ドーピング反応がでたとしてもメダル剥奪の対象にはならないが,検査の対象になっているものである.

水分補給
10章も参照.

図6.2　試合期(グリコーゲンローディング)の食事
(a) 朝食(ライ麦パン,ジャム,バナナ,ハムエッグ,粉ふきいも,ブロッコリー,マカロニサラダ,低脂肪牛乳).(b)昼食(うなぎ蒲焼丼,豚ヒレ肉のクリームスープ,かぼちゃとサニーレタスのサラダ,キウイフルーツ).(c) 間食(おにぎり,オレンジジュース).(d)夕食(ご飯,焼きざけ,ほうれん草とコーンのソテー,ひじきの五目煮,さつまいもとたまねぎのみそ汁).

間の時間に応じて食事をとる．次の試合まで3～4時間ある場合は，糖質をおにぎりや麺類でとり，吸収の速いたんぱく質とビタミンがとれる卵料理や豚汁，牛乳，ヨーグルト，フルーツなどを補給する．1時間程度しかない場合は，おにぎり，カステラ，バナナ，麺類などを，1時間程度で吸収できる量を補給する．1時間未満の場合は，糖質入りのスポーツドリンクや100％ジュース，ゼリーなどでエネルギー補給をする．

（3）試合後の食事

試合後の食事も，試合前の食事と同じく大切である．とくに，毎日試合が続く場合は，次の日までに試合で消耗した体力（グリコーゲン）を回復させなければならない．グリコーゲンの早期回復には，グリコーゲンの材料である糖質と，たんぱく質，グリコーゲンの回復を助けるクエン酸を，試合後できるだけ早くにとることが大切である（図6.3）．

糖質は体重1kg当たり1.5 g，たんぱく質は，糖質：たんぱく質＝3：1の割合でとると，グリコーゲンが十分に回復することが明らかにされている．たとえば，体重50 kgの人であれば，梅干し入りおにぎり1個＋ゆで卵＋牛乳200 mL，または卵とハムのサンドイッチと100％オレンジジュース200 mLで必要な量がとれる．また，**グリセミック・インデックス**の高い食品を選んで食べると，よりグリコーゲンの回復が早まる．

帰宅後は，その日とれなかった栄養素をとる．肉や魚，野菜など消化に時間がかかり，とることが難しかったものを，胃に負担がかからないような調理方法（煮物，蒸し物など）でとるようにする．たくさんの食材を，煮ながら食べることができる鍋料理は試合後の食事に適している．グリコーゲンの回復のため，糖質は試合後24時間以内に体重1kg当

グリセミック・インデックス
8章も参照．

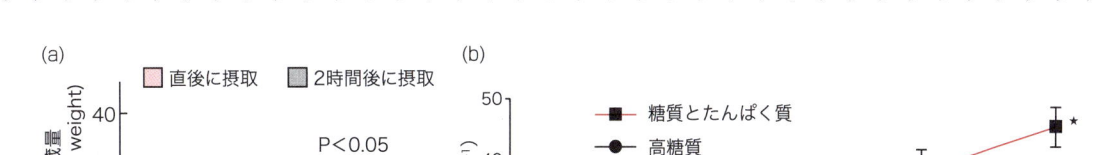

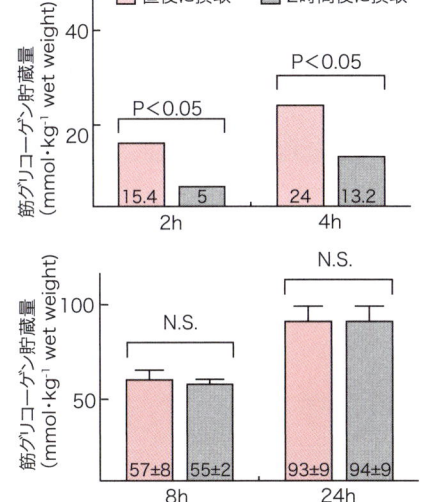

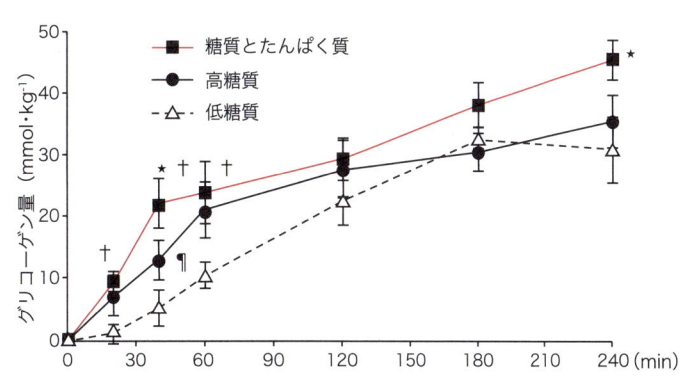

図6.3 糖質摂取のタイミングとグリコーゲン貯蔵（a），運動後の筋グリコーゲン量の回復（b）

(a) J. L. Ivy et al., *J. Appl. Physiol.*, **64**, 2018-2023 (1988); J. A. M. Parkin, et al., *Med. Sci. Sports Exrc.*, **29**, 220-224 (1997). (b) J. L. Ivy et al., *J. Appl. Physiol.*, **93**, 1337-1344 (2002) より．

たり7～10gとる必要があるといわれる．

（4）遠征先の食事

　試合のための遠征を行う場合，普段どおりの競技能力を発揮するためには，可能な限り精神状態と身体状態を，日常と同じに維持することが必要である．そのためには，食事を含めた生活環境を変えないように，遠征先の情報を事前に収集し準備することが大切になる．宿泊先や試合会場の設備，周辺のスーパーや飲食店など日常品や食品が購入できる場所や，病院などについて調べて，現地で準備できないものは，用意をしておく．

　食事については，宿泊先に，提供される食事内容が試合の時期にふさわしいものか事前に確認し，場合によってはこちらから要望をだす．宿泊先がホテルの場合は，ビュッフェ形式の食事が多いため（図6.4），選手自身がどの料理をどれくらいとればよいのかを知るための，選手への事前の**栄養教育**が必要となる．自炊ができる宿泊施設では，遠征での試合という環境のため，選手は食事を考えてつくる余裕がないことを考慮すると，マネージャーやトレーナーで，食事をつくることができる人を帯同することが望ましい．栄養面や衛生管理も考慮できる栄養士が帯同するようにする．

　とくに海外遠征では，衛生面に注意を払う必要がある．生水や加熱調理していない料理はとらないようにし，香辛料などの刺激物が多い料理も避けたほうがよい．外食する場合は衛生的に安心できる飲食店を選び，コップに入れられた水や生の野菜，果物も食べないようにする．海外では，生活環境が大きく変わるため，より体調管理が難しくなる．普段な

図6.4　遠征先の食事（プロ野球選手）

ら食べても大丈夫な料理でも体調を崩すことがあるので，食べなれた料理を選択してとるようにする．どうしても安心して食べることができない環境の場合は，日本から簡単に調理できる食品や，補助食品をもっていくことが必要である．海外に行く場合には，移動時間も長くなり，時差が生じる場合には体調管理が難しい．海外に向かう機内では，可能な限り早いタイミングで遠征先の生活リズムに時間を合わせておく．海外には，その土地ならではの珍しい食べ物が多くあるが，試合前はコンディショニングを維持するために食べないほうがよい．

2 休養期（オフシーズン）の食事

休養期の目的は，試合で疲労した心身の回復とリフレッシュをすることである．試合期やトレーニング期と同じように運動をしていると，休養期にならないので，基本的には必ず運動量が減る．エネルギー消費量が減るぶん，試合期やトレーニング期と同じように食べていると体重，とくに体脂肪の増加につながる．休養期が終わったら，すぐにトレーニングに入ることができるようにするために，体重の増減に注意する．

運動量が減るからといって，むやみに食事の量を減らすと，選手にとってストレスになることもある．心身のリフレッシュのためにも，食事の量は減らさないようにしながら，摂取エネルギーを減らすようにする（図6.5）．具体的には，脂質の摂取量を減らし，筋肉や血液，骨などの除脂肪量は維持できるよう，たんぱく質，ビタミン，ミネラルは不足しないように摂取する．脂質の摂取を減らすために，油を使う揚げ物や炒め物の調理方法は避けて，脂身の少ないヒレやモモなどの赤身の肉や，まぐ

除脂肪量の維持
8章も参照．

図6.5 オフシーズンの食事
ボリュームは減らさず，摂取エネルギーを減らすよう心がける．
うなぎ蒲焼き丼，ひじきの五目煮，わかめと青梗菜（チンゲンサイ）の煮浸し．

ろやかつおなどの赤身の魚を選ぶ．食事の量は減らさないよう，エネルギーの少ない野菜や海藻類，きのこ類を積極的にとる．とくに，ほうれん草やブロッコリー，にんじんなどの緑黄色野菜や，わかめ，こんぶ，ひじきなどの海藻類は，ビタミンやミネラルも多いので心がけてとるようにする．

トレーニングや試合がない場合，生活のリズムを崩しがちである．休養期が終わるとすぐにトレーニングが始められるように，生活リズムは崩さないようにする．食事を決まった時間に食べることは，生活リズムを一定に保つことにも，スポーツ選手の体を維持するためにも役立つ．また，体重や食事内容を含めた体調管理のための日誌を，休養期にも記録すると自己管理が行いやすくなる．

3　体づくり期（トレーニング期）

筋肉の増量のためのたんぱく質と，たんぱく質の合成のためのビタミン，トレーニングのためのエネルギー源である糖質，エネルギー代謝のためのビタミン，貧血防止のための鉄や，骨の強化のためのカルシウムなどのミネラルを積極的に摂取する（図6.6）．

（1）筋肉の増強

筋肉の増強とは，筋肉の細胞の直径が大きくなり，筋たんぱく質の量が増えることである．体内のたんぱく質は常に分解と合成を繰り返しており，合成量が上回ると筋たんぱく質も増える．筋肉中のたんぱく質は，約180日で半分が入れ替わるとされている．レジスタンス運動後には，

レジスタンス運動
筋に抵抗がかかった状態での筋活動による身体活動のこと．筋力増強を目的に行われる骨格筋の等尺性，等張性，等速性の筋運動である．レジスタンス運動を行うことにより，骨格筋のGLUT-4を増加させ，糖尿病予防や合併症のない糖尿病患者の改善に効果があることがわかった．また，高齢者の介護予防のための筋力維持にも取り入れられている．8章も参照．

GLUT-4
グルコースを体内に運ぶたんぱく質（グルコース輸送体）で，インスリンに応答して血糖値を保つために重要な役割を果たしている．

図6.6　スポーツ選手の体づくり期の食事
(a) 朝食：ご飯，焼きししゃも，納豆とたまご，具たくさん汁，牛乳，フルーツヨーグルト，(b) 昼食：餅入りうどん，かぼちゃの煮物，ほうれん草お浸し，りんご，牛乳，(c) 夕食：ひじきご飯，焼きビーフン，豚肉の冷しゃぶ，グレープフルーツジュース，(d) 間食：オレンジジュース，きなこ餅．

成長ホルモンの分泌が高まり，筋肉のたんぱく質の合成が活発になる．

　エネルギーが不足した状態では，たんぱく質はエネルギーとして利用され，筋たんぱく質の合成ができなくなる．トレーニングによるエネルギー消費量の増加に見合うだけのエネルギー摂取量を増やしたうえで，たんぱく質の摂取量を増やす．

　たんぱく質やアミノ酸の代謝には，ビタミン B_6 や B_{12}，葉酸，ビオチンなどのビタミンが必要である．たんぱく質の摂取量を増やすと同時に，これらのビタミンも不足しないように摂取することが大切である．

（2）骨の増強

　全身には約200個の骨があるとされている．スポーツ選手の丈夫な体をつくるためには，筋肉の増強とともに，強い骨格をつくることが大切である．骨の成分は，約70％がリン酸カルシウムやリン酸マグネシウムからなるヒドロキシアパタイトとよばれる無機成分である．残りの約30％が有機成分で，そのほとんどがコラーゲン線維で構成される．

　骨も体たんぱく質と同様に，破骨細胞による骨吸収と骨芽細胞による骨形成によって常に新しくつくり変えられている（**骨のリモデリング**）（図6.7）．骨の成長を促進する要因として，成長ホルモン，甲状腺ホルモン，性ホルモンなどのホルモンの分泌，ビタミンなどの栄養素，骨への刺激（運動）などがある．骨の強さは，骨密度で測定されるが，成長とともに高くなり，20歳頃に最大となり，40歳頃まで維持した後，男性は徐々に，女性は女性ホルモンの分泌が急激に減る閉経の時期に急激に低下する（図6.8）．

　骨の増強には，骨の材料となるたんぱく質，カルシウム，マグネシウ

骨密度
骨単位体積当たりの骨量のことで g/cm^2 で表される．骨量がピークになる20〜44歳までの平均値である若年成人平均値をもとに，何％増減しているかで判定することもあり，DXA（dual-energy X-ray absorptiometry）法で測定される．骨密度が若年成人平均値より70％以上減少している場合には骨粗鬆症と診断される．

骨密度の低下
7章も参照．

骨の増強
9章も参照．

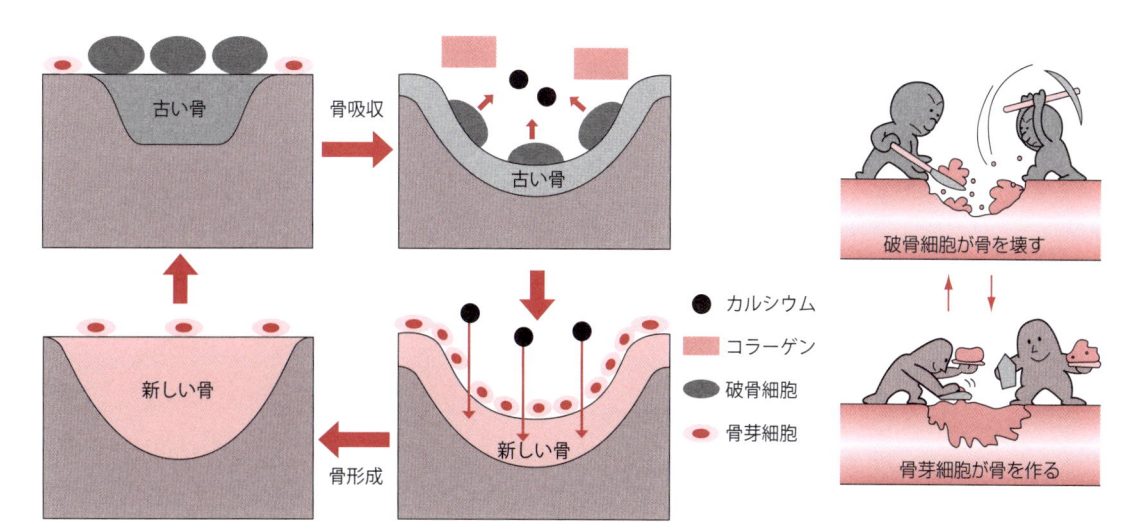

図6.7　骨のリモデリング

ム，骨の代謝に必要なビタミン D，ビタミン K，コラーゲンの生成に必要なビタミン C などの摂取量を増やし，不足しないようにしなければならない．

（3）持久力の増強

持久力を高めることで，長時間の運動を続ける体力を増強することができる．有酸素のトレーニングを続けると，心肺機能が高まり，長時間高い強度の運動を続けることができるようになる．**有酸素運動**では，全身の細胞に酸素を運搬するヘモグロビン，細胞内に酸素を受け取るミオグロビン，電子伝達系で働く酵素（**シトクロム**），有酸素運動によって体内に発生する活性酸素を分解する酵素（カタラーゼ）などの必要量が増加するため，これらの材料となる鉄が不足すると，**鉄欠乏性貧血**となり，持久力の低下につながる．また，激しいトレーニングは，赤血球の破壊や，筋組織の破壊によって鉄の消費量が増え，より貧血を起こしやすくなる．

持久力の増強には，トレーニングに必要なエネルギー源や栄養素を不足しないようにとり，鉄と鉄の吸収を助けるビタミン C，ヘモグロビンや赤血球をつくるために必要なビタミン B_6，B_{12}，葉酸などのビタミンを不足しないように心がけてとる必要がある．

シトクロム
ヘム鉄とたんぱく質が結合したヘムたんぱく質の1つで，含まれるヘム鉄の種類により，*a*，*b*，*c* の3種類に分けられる．電子伝達系で，ヘム鉄の酸化還元反応による電子の受け取りを行い，ATP 産生に働く．シトクロム P450 という酵素が存在するが，シトクロムではない．

鉄欠乏性貧血
9章も参照．

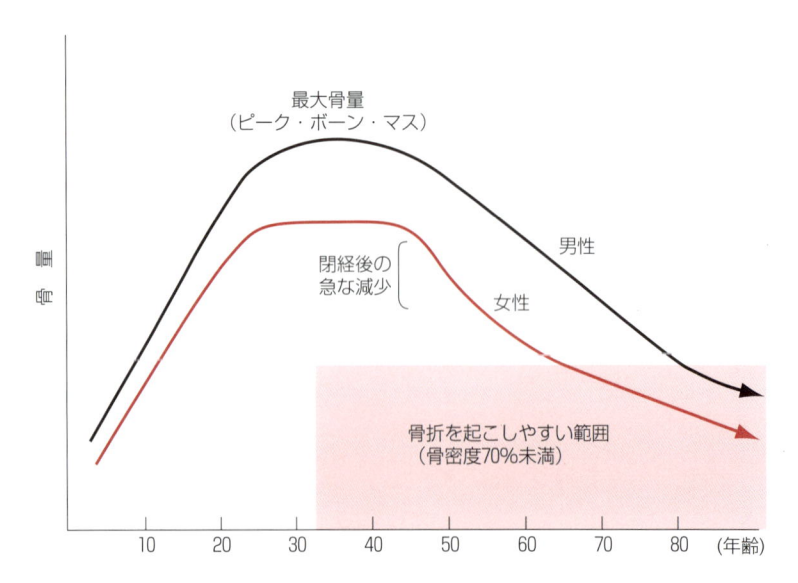

図 6.8 骨量の年齢変化
骨粗鬆症財団 HP より改変．
http://www.jpof.or.jp/

復習トレーニング

次の文章のカッコの部分に適切な言葉を入れなさい.

❶ 試合前日までにグリコーゲンをできるだけ多く蓄える方法として（　　　）があり，試合3日前から炭水化物のエネルギー比率を（　　　）%の（　　　）にする．試合後には，（　　　）の早期回復のため，糖質：たんぱく質を（　　）：（　　）の割合で摂取する．

❷ オフシーズンには（　　　）が減るため，（　　　）を減らす．栄養素としてエネルギー量の多い（　　）を控え，FFMを維持するために（　　），（　　），（　　）は不足しないよう摂取する．

❸ トレーニング期には，筋肉の増強のため，栄養素として（　　　）や（　　），（　　），（　　），（　　）などのビタミンを，骨の増強のため，栄養素として（　　　），（　　　），（　　　）と代謝を助ける（　　），（　　），（　　）などのビタミンを摂取する．

7章 スポーツ選手の食事：ライフスタイル別

7章のPOINT

- ◆ 人生のある時期（成人期，中年期など）により区分される段階をライフステージという．それぞれの時期によってライフスタイルが異なり，食事の内容も必要なエネルギー・栄養量も違うことを学ぼう．
- ◆ スポーツを本格的に行う時期のライフスタイル別の栄養ケアを学ぼう．
- ◆ それぞれのライフスタイル別の栄養ケアを知ることは，スポーツ選手にとって必要なエネルギー・栄養素量を導きだすことにもつながる．適切な栄養ケアはスポーツ選手の体調管理や健康の保持・増進に役立つことを理解しよう．

1　学童期のスポーツ選手の食事

（1）学童期の特性

学童期とは小学生に相当する満6～12歳までの期間を指し，成長・発育は乳児期（出生～満1歳）や幼児期（満1歳～小学校入学）よりも比較的緩やかだが，とくに身長の発育は小学生高学年から第2発育急進期（**発育スパート**）に向けて急激に増える時期がある．身長の発育は，骨の成長と成熟を意味する．歯は，小学校入学の頃に第一大臼歯（永久歯で最も早く生え始める歯）が生え始め，乳歯が徐々に永久歯に生え変わる（図7.1）．骨格筋量も増え，活動が活発になりさまざまな体力要素が養われて，運動機能が発達する時期でもある．

脳・神経系の発育は，小学生高学年頃に完成する．精神面は幼児期から引き続き大きく発達し，言語コミュニケーション，記憶力，理解力，創造力などの知的能力が増大し，学校生活を通じて社会性も発達する．

免疫機能と関連の深いリンパ系組織の発育も著しく，小学生高学年になると感染症に対する抵抗力も高まる（図7.2）．

（2）学童期の栄養ケア

学童期は味覚や嗜好，食事時間の規則性などの食生活習慣が確立する時期で，学童期と思春期の食生活習慣が，成人期以降のスポーツ選手人生や，健康状態に大きく影響を与える．

学童期の栄養・食生活上の問題としては，欠食や食事リズムの乱れ，**個食**や**孤食**の増加，偏食などがあげられる．とくに，小学生から本格的

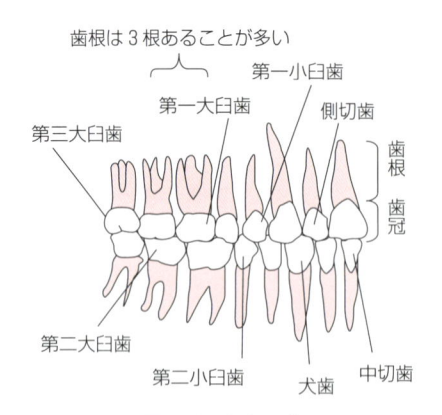

発育スパート
年齢に伴う発育速度の変化のなかで，小児期に安定していた成長の増加率が突如として著しく上昇することを発育（思春期）スパートという．足と手が最初に加速し，下肢と前腕，骨盤周囲，胸部，肩，最後に加速するのが体幹の長さと胸部の深さで，下肢の長さと体幹の長さのピークの間には約1年あるといわれている．思春期スパートによって著しい成長の増加が見られるとともに，男女の体格の性差が大きく現れる．

個食，孤食
個食は，個人が家族という枠におさまらず，おのおので別の食事をすることをいい，孤食の場合は個人が食事をしている際に本人の意思とは別に1人で食べることを決定されている・孤独を感じる・その孤独によって辛いと感じてしまう状態をいう．子供の場合では家庭で誰もいないテーブルの上に食事が置いてあり，それを1人で食べることも含まれ，近年，どちらも食育の観点から問題視されることが多くなってきた．

図7.1　ヒトの歯
テーマパーク8020より．http://www.jda.or.jp/park/index.html

にトレーニングを行っているスポーツ選手にとっては，活動量が増えると同時に体格の成長，発育の程度を考慮して食事をとる必要がある．

とくに下記については，不足しないように心がけてとる必要がある．

- スポーツ活動に伴って増えるエネルギー消費量と，成長のために必要なエネルギー量とたんぱく質
- ミネラルではとくに骨や歯の成長のためのカルシウムとマグネシウム，発育に対応して必要量が増える鉄
- ビタミンではエネルギー代謝に必要なビタミンB群，成長に伴って需要量が増えるビタミンAやC

味覚や嗜好，食生活習慣が確立する時期なので，欠食や偏食，個食，孤食が見られると，成長とスポーツをするために必要なエネルギー，栄養素をとることが難しくなり，適切な成長ができない．さらに，その後のスポーツ人生にも悪影響を与える可能性が高くなる．家族やチームの環境が可能な限り，食事は楽しみながら団らんの時間になるようにする．

スナック菓子やインスタント食品は，エネルギーは補給できても，そのほかの必要な栄養素を摂取することが難しい．また，近年ジュニアスポーツ選手向けの**サプリメント**の開発がめざましく，さまざまなものが販売されている．一般的にスポーツ選手向けのサプリメントは，単独の栄養素を吸収しやすいように開発されており，試合間の素早い栄養補給や，減量時にどうしてもとれない栄養素のみを補給する目的で利用される．学童期は，消化器などの内臓機能が確立する途中の段階のため，一般食品と比較して消化しやすいサプリメントを食事に置き換えてしまうと，内臓機能が正常に発達できなくなる危険性がある．

スナック菓子やインスタント食品，各種サプリメントなどは練習後や

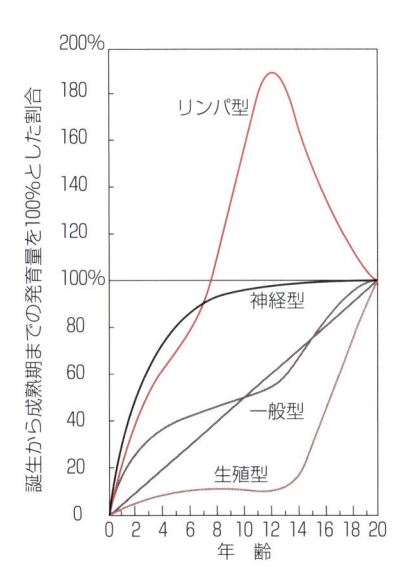

① 一般型：身長・体重や肝臓・腎臓などの胸腹部臓器の成長を表し，幼児期（4～5歳）までに急速に発達し，その後は次第に緩やかになり，二次成長の思春期に再び急激に発達する．
② 神経系型：出生直後から急激に発達し，4～5歳までには成人の80％，6歳で90％程度完成されるといわれている．器用さやリズム感になる神経系の発達．
③ リンパ系型：免疫力を向上させる扁桃，リンパ節などのリンパ組織の発達を表す，生後から12～13歳までにかけて急激に発達し，成人レベルの倍近くまで超えるが，思春期過ぎから徐々に大人のレベルまでもどる．
④ 生殖器型：小学校まではわずかに成長するだけで，14歳あたりから急激に発達する．生殖器系の発達で男性ホルモンや女性ホルモンの分泌が増加する．

図7.2 スキャモンの器官別発育曲線
R. E. Scammon, 1930より引用．

試合後など，手軽に利用しがちであるが，成長とスポーツ選手の体づくりには適していないことを知り，補食として何を選択すればよいかという知識を身につけることが大切である．そのため，学童期から栄養教育を行うことは，スポーツ選手を育てるという意味で非常に意義のあるものになる．成長のための栄養だけではなく，スポーツのための栄養を，人一倍多くとる必要があるスポーツ選手は，欠食や偏食をしていると必要な栄養をとることができなくなる．そのことを，選手自身が理解することが大切である．

この時期に，気をつけなければならない栄養問題として，**食物アレルギー**がある．食物アレルギーは，原因物質（**アレルゲン**）となる食品（図7.3，表7.1）を摂取した後に，免疫学的な生理反応が過剰に起こり，ヒトにとって不利な症状が起こることをいう．発症は消化器官が未発達な乳幼児に多く，成長とともに軽くなっていくことが多いが，なかには学童期になっても特定の食品にアレルギー反応が起こり，**除去食療法**を続けなければならない学童もいる．除去食療法の場合，アレルゲンとなる食品をとることができず，必要な栄養素の摂取がより難しくなるが，代替食品を利用して可能な限りさまざまな食品から，栄養素を摂取するよう心がけることが必要になる．また，あく抜き処理や，たんぱく質を多く含む食品は必ず火を通し，たんぱく質の消化を助けるなどして，アレルギー反応をださないような調理方法の工夫も必要である．

学童期の栄養状態は，身長と体重のパーセンタイル値発育曲線，体格指数としてローレル指数，肥満・やせの把握には肥満度などを用いて評価する（表7.2）．**ローレル指数**は，

食物アレルギー
本来食物は，多くの消化酵素によって消化され，栄養として体内に受け入れるために腸管免疫系によって過剰なアレルギー反応が起こらないように制御されているが，アレルギー患者は，これらの機構が未熟であるか，破綻をきたしているため，いろいろな症状が起こると考えられている．アレルゲンのうち，卵，牛乳は比較的容易に治癒することが多いが，植物性食品が原因の場合は一般的に難治性といわれている．

除去食療法
食物アレルギーの基本の治療法で，原因となる食物を摂取しないことで，症状が誘発されるのを抑え，できるかぎり普通の生活が送れるようにすることを目的としている．医師の正しい診断のもとに除去する食物アレルゲンの種類を確認する必要がある．

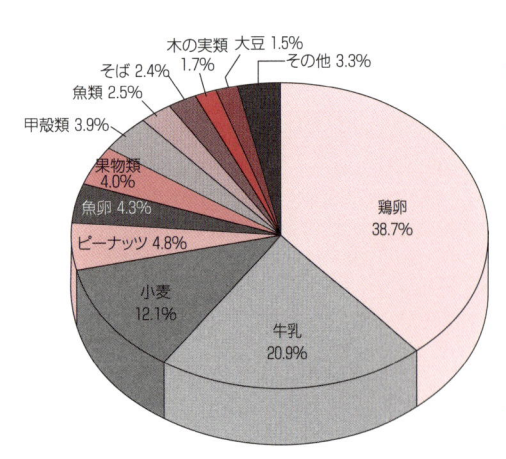

図7.3 アレルギーの原因物質
厚生労働科学研究班による「食物アレルギー栄養指導の手引き2011」より．

鶏卵 38.7%
牛乳 20.9%
小麦 12.1%
ピーナッツ 4.8%
魚卵 4.3%
果物類 4.0%
甲殻類 3.9%
魚類 2.5%
そば 2.4%
木の実類 1.7%
大豆 1.5%
その他 3.3%

表7.1 食品衛生法により表示が規定されている食品

アレルギーの原因となる食品の名称	表示をさせる理由	表示は義務かどうか
卵，乳，小麦，えび，かに	発症件数が多いため	表示義務
そば，落花生	症状が重くなることが多く，生命にかかわるため	
あわび，いか，いくら，オレンジ，キウイフルーツ，牛肉，くるみ，さけ，さば，大豆，鶏肉，バナナ，豚肉，まつたけ，もも，やまいも，りんご，ゼラチン，	過去に一定の頻度で発症が報告されたもの	表示を奨励（任意表示）

厚生労働省HPより．
http://www.mhlw.go.jp/seisaku/2009/01/05.html

$$ローレル指数 = \frac{体重(kg)}{身長(cm)^3} \times 10^7$$

で求められ，130 が基準となる．**肥満度**（%）は，

$$肥満度(\%) = \frac{実測体重(kg) - 身長別標準体重(kg)}{身長別標準体重(kg)} \times 100$$

身長別標準体重は（表 7.3）

$$身長別標準体重 = a \times 実測身長(cm) - b$$

で求める．肥満度が +20% 以上であれば肥満傾向，-20% 以下であればやせ傾向と判定される．スポーツ選手は，一般的に体が大きく，体重も重くなる傾向があるので，学童期は +30% 以上でなければ，問題とする必要はない．やせの傾向は，スポーツ選手にとってはマイナスの要因となることが多く，必要な栄養素が摂取できていない可能性が高いと判断できる．また，BMI を用いて肥満度を判定する場合もある．**BMI** は

$$BMI = \frac{体重(kg)}{身長(m)^2}$$

で計算される（表 7.4）．

学童期の成長速度は，個人差が大きいので標準から外れているからと，むやみに心配するのではなく，普段の食事が適切にとられているかを見きわめ，個々にあった栄養ケアを行うことが大切である．

> **BMI**
> body mass index の略語．体格指数．

表 7.2 ローレル指数

発育状態	ローレル指数
やせすぎ	100 以下
やせぎみ	101 ~ 115
標準	116 ~ 144
太りぎみ	145 ~ 159
太りすぎ	160 以上

表 7.3 標準体重を求める係数

年齢係数	男子 a	男子 b	女子 a	女子 b
5	0.386	23.699	0.377	22.750
6	0.461	32.382	0.458	32.079
7	0.513	38.878	0.508	38.367
8	0.592	48.804	0.561	45.006
9	0.687	61.390	0.652	56.992
10	0.752	70.461	0.730	68.091
11	0.782	75.106	0.803	78.846
12	0.783	75.642	0.796	76.934
13	0.815	81.348	0.655	54.234
14	0.832	83.695	0.594	43.264
15	0.766	70.989	0.560	37.002
16	0.656	51.822	0.578	39.057
17	0.672	53.642	0.598	42.339

文部科学省スポーツ・青少年局学校健康教育課 監，文部科学省スポーツ・青少年局，『児童生徒の健康診断マニュアル』，学校保健会（2006）．

表 7.4 BMI 指数

BMI	判定	
$\geq 25 \sim 30 >$	肥満 1 度	肥満
$\geq 30 \sim 35 >$	肥満 2 度	肥満
$\geq 35 \sim 40 >$	肥満 3 度	肥満
≥ 40	肥満 4 度	肥満
$\geq 18.5 \sim 25 >$	普通体重	
< 18.5	低体重	

厚生労働省 HP より．
http://www.mhlw.go.jp/topics/bukyoku/kenkou/seikatu/himan/about.html

2 思春期のスポーツ選手の栄養

(1) 思春期の特性

思春期は，学童期から成人期への移行期で，身体・精神の発達が著しく，**第二次性徴**の開始と性の成熟が起こる時期となる．個人差や性差が著しい時期でもあり，年齢上の定義は明確にはされていないが，おおよそ 8，9 歳頃から 17，18 歳頃になる．思春期は身体発達の特徴から，**思春期前期**，**思春期中期**，**思春期後期**に区分される（表 7.5）．それぞれの区分での身体発達の特徴に応じた栄養ケアが必要であるが，性差や個人差が大きいので個人に合わせた栄養ケアを行うことが理想となる．精神発達も著しく，第二反抗期とよばれる時期でもあり，性意識の目覚めと異性への関心が高まり，容姿を気にするようになる．身体発達と精神発達の不均衡から，情緒不安定や精神的不安定になりやすく，食事のとり方にも影響を及ぼす．学童期から引き続き，理想的な栄養ケアが行われなければ，摂食障害やスポーツ貧血，骨折などスポーツ選手が経験しやすいさまざまな障害に陥りやすくなる．

(2) 思春期の栄養ケア

この時期は，学童期からさらに身体活動量が増加し，体格が大きくなるため，より多くのエネルギー・栄養素量をとらなければならない．また，正しい生活習慣，食習慣を身につけ，スポーツにおける食事の大切さを認識し，自己管理能力を身につける必要がある．

エネルギー量は，急激な身体発育に対応するエネルギーと，身体活動

第二次性徴
視床下部からの性腺刺激ホルモン放出ホルモンの増加によって，下垂体より性腺刺激ホルモンが分泌され，男性では精巣が発育し，女性では卵巣が発育する．それぞれ精巣からはテストステロンやアンドロゲンが，卵巣からはエストロゲンが分泌されるようになり，体格や体組成の違いなどの性差が起こり，生殖能力をもつようになる．

摂食障害，スポーツ貧血，骨折
9 章も参照．

表 7.5 思春期の区分と身体発達の特徴

思春期前期	ほぼ中学生の年代	身長・体重などの発育速度曲線の急激な上昇 思春期スパートは女子のほうが男子より約 2 年早いとされる 第二次性徴の兆し
思春期中期	ほぼ高校生の年代	性ホルモンの分泌が高まり，男女ともに第二次性徴が顕著になる 男子では筋肉の発達が顕著に見られ，女子では身体に丸みをおびる 女子では月経が開始され，男子では精通が見られる
思春期後期	ほぼ大学生の年代	生殖機能の完成

竹中 優ほか 編，『栄養マネジメント演習・実習（第 2 版）』，医歯薬出版（2011），p.122 の表 1 より改変．

量に見合ったエネルギーが必要で，生涯を通じて最高値となる．推定エネルギー必要量は

推定エネルギー必要量
　　＝ 基礎代謝量(kcal/日) × 身体活動レベル(PAL) ＋
　　　エネルギー蓄積量(kcal/日) （表7.6）

となる．筋肉量が多いアスリートでは

推定エネルギー必要量
　　＝ 28.5(kcal/kg LBM/日) × LBM（またはFFM）(kg) ×
　　　身体活動レベル（種目系分類別PAL）

の計算式が用いられる．たんぱく質や鉄，カルシウム，亜鉛などのミネラルや，各種ビタミンも，生涯で最も多く必要となる時期となる．

　欠食や偏食，無理なダイエットや階級性スポーツ（ボクシングや柔道など）での厳しい減量は，必要な栄養素の欠乏に陥りやすく，各種栄養素の欠乏症の危険性が高まる．また近年，スポーツ選手向けの各種サプリメントが多数開発され利用者が増えているが，サプリメントを安易に利用すると各種栄養素の欠乏をさらに招く恐れがあり，体内での栄養素のアンバランスが生じ，さまざまな障害の原因となる．身体発達を十分に維持し，スポーツ種目に適した体づくりをするためのエネルギーと栄養素を摂取できる，栄養バランスの取れた食事をとるために，偏食や欠食をせず，規則正しい生活リズムを身につけ，スポーツ選手として食事を含めた自己管理能力を身につけることが大切である．また，精神発達に応じた適切な心理的なケアも栄養ケアと同時に必要となる．

> **身体活動量に見合ったエネルギー・栄養素量**
> 5章も参照.
>
> **PAL**
> physical activity level の略語.
> 表5.2も参照.
>
> **LBM・FFM**
> lean body mass, fat free mass の略語. 除脂肪体重. 5章も参照.
>
> **サプリメントの利用**
> 13章も参照.
>
> **心理的ケア**
> スポーツ選手に高度な競技力が求められるようになり，低年齢化するにつれて，オーバートレーニングという心身のストレスが過度にかかることが多くなった．その結果，選手の身体と情緒面の処理能力が限界を越え，ステルネス（へばり）に陥ることになる．これをステルネス症候といい，競技力の低下にとどまらず，選手生命にも悪影響を及ぼす．ステルネスの予防のために，心理的ケアは重要だとの声が高まっている．

表7.6　エネルギー蓄積量

性別	男児				女児			
			組織増加分				組織増加分	
年齢等	参照体重 (kg)	体重増加量 (kg/年)	エネルギー密度 (kcal/g)	エネルギー蓄積量 (kcal/日)	参照体重 (kg)	体重増加量 (kg/年)	エネルギー密度 (kcal/g)	エネルギー蓄積量 (kcal/日)
0〜5（月）	6.3	9.4	4.4	115	5.9	8.4	5.0	115
6〜8（月）	8.4	4.2	1.5	15	7.8	3.7	1.8	20
9〜11（月）	9.1	2.5	2.7	20	8.4	2.4	2.3	15
1〜2（歳）	11.5	2.1	3.5	20	11.0	2.2	2.4	15
3〜5（歳）	16.5	2.1	1.5	10	16.1	2.2	2.0	10
6〜7（歳）	22.2	2.6	2.1	15	21.9	2.5	2.8	20
8〜9（歳）	28.0	3.4	2.5	25	27.4	3.6	3.2	30
10〜11（歳）	35.6	4.6	3.0	40	36.3	4.5	2.6	30
12〜14（歳）	49.0	4.5	1.5	20	47.5	3.0	3.0	25
15〜17（歳）	59.7	2.0	1.9	10	51.9	0.7	4.7	10

「日本人の食事摂取基準（2025年版）」，「日本人の食事摂取基準（2025年版）」策定検討会報告書，令和6年10月，厚生労働省より．

3 成人期のスポーツ選手の栄養

（1）成人期の特性

成人期は，思春期の終わる18歳頃から，高齢期の始まる前の64歳までをいうことが多く，一般的には**青年期**（18～29歳），**壮年期**（30～49歳），**中年（実年）期**（50～64歳）に分けられる．就職や結婚，子育てや子どもの成長，仕事上で重要なポストにつくなど，生涯で充実した時期になると同時に，仕事上や家庭内での問題から生じるストレスや運動不足，外食や欠食，会食などでの飲酒の機会が増えるなど，食事を含めた生活習慣上での問題も多くなる．このような健康を妨げる要因が一気に増え，長く続くと，生活習慣病の発症リスクが高くなる．

青年期の精神的成長はそれぞれの環境によって個人差があるが，就職するなどして社会と積極的にかかわりをもつことで，大きな成長へとつながる．身体的成長はほぼ終わり，体内諸器官も完成するが，筋力はトレーニングによってさらに発達する可能性がある．骨量も，30歳半ばにかけてピークを迎え，とくに女性は女性ホルモンの分泌の減少によって，閉経後に急激な減少が見られる．

青年期は，疾病による死亡者数は少ないが，自殺と不慮の事故が死因の上位を占めているため，自殺の原因となっている過労や人間関係の問題，うつ病などのケアが必要とされる．また，青年期は自分の健康状態について自覚が乏しく，「国民健康・栄養調査」では運動習慣のある人が非常に少なく，朝食の欠食率も高いという結果がでている．青年期の生活習慣が，壮年期，中年期，高齢期の健康状態に密接に関係するため，

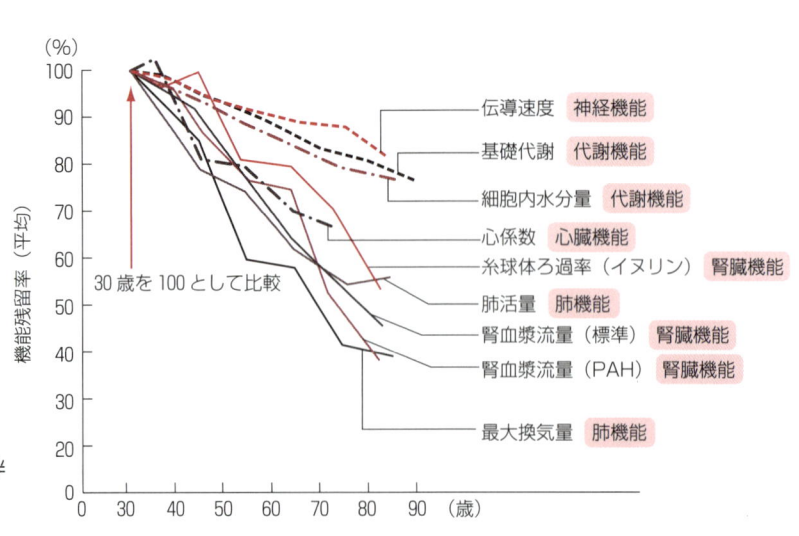

図7.4 30歳以降の老化に伴う生理機能の変化

この時期からの食事を含めた適切な生活習慣を身につけることが大切になる.

また，スポーツ選手としてスポーツが生活の中心となっている人は，スポーツをしていない人よりも大きな負担を身体にかけていることになる．学童期，思春期で身につけた適切な生活習慣を，この時期の生活習慣に置き換えながら，現在の体力に応じたトレーニングを続け，スポーツ選手として可能な限り，長く競技が続けられるように自己管理をする必要がある．

壮年期は働き盛りの年代で，社会的にも家庭的にも充実した時期となるが，職場環境や生活環境から発生する精神的・肉体的ストレスや，不規則な生活時間，運動不足，睡眠不足，過度の飲食や喫煙，欠食，偏食，外食など，健康を損なう要因が多くなる．身体機能は，30歳代では各組織や臓器が衰退するが自覚はなく，40歳代で体力や筋肉，身体機能の衰えを感じるようになる（図7.4）．身体機能の低下に伴い，消費エネルギー量は減少するが，摂取エネルギー量が減少しない場合，**肥満**につながる．また，内臓脂肪の蓄積によって高血糖，脂質異常，高血圧が引き起こされ，**メタボリックシンドローム**から各種生活習慣病へと進行する．この時期から，スポーツ選手としてのスポーツよりも，健康を維持・増進するための運動に重点をおいて考える必要がある．

中年（実年）期は，筋肉や内臓諸器官の老化が始まり，握力，筋力，筋持久力，平行性など体力の低下が進行する．壮年期からさらに各種生活習慣病の発症が増え，とくにがんの発症率が高く50〜64歳の死因の第1位となっている（図7.5）．

> **メタボリックシンドローム**
> 高血糖や高血圧，脂質異常症はそれぞれ単独でも疾病のリスクを高める要因であるが，これらが複数重なると相乗的に動脈硬化性疾患の発生頻度が高まる．また，これらの生活習慣病を発症させる原因は，いくつかの共通基盤に基づくと考えられていて，とくに内臓脂肪の蓄積による肥満が着目されている．日本人は民族的特徴から，アメリカ人よりこのメタボリックシンドロームの悪影響を受けやすいといわれている．

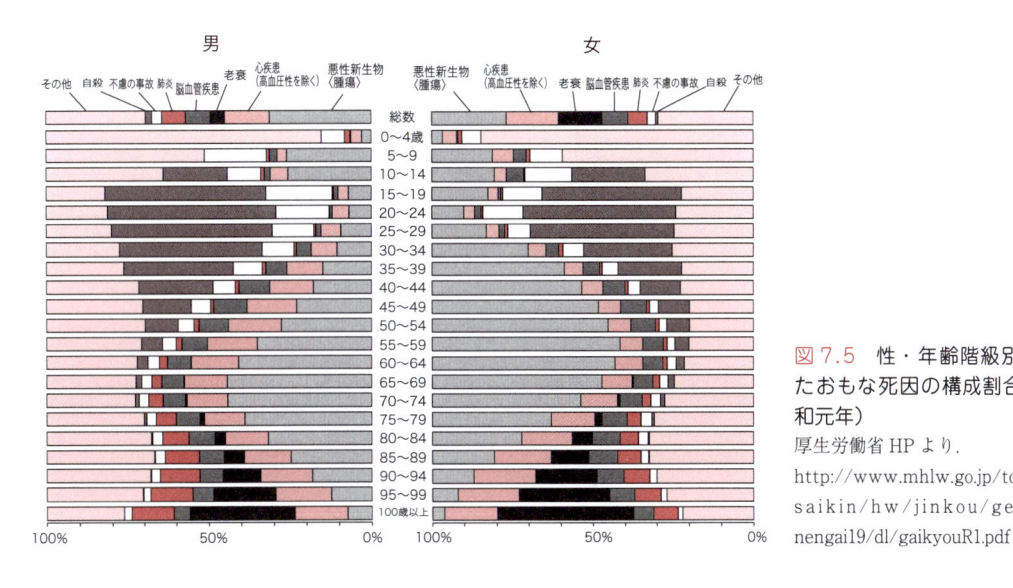

図7.5 性・年齢階級別に見たおもな死因の構成割合（令和元年）
厚生労働省HPより.
http://www.mhlw.go.jp/toukei/saikin/hw/jinkou/geppo/nengai19/dl/gaikyouR1.pdf

(2) 成人期の栄養ケア

　成人期は成長や発育が止まり，各種臓器も成熟するため，発育のためのエネルギー・栄養素は必要ではなく，身体機能を維持するためのエネルギー・栄養素を摂取する．スポーツ選手では，20歳代で筋力や骨量などの成長がさらに続く場合もあるため，トレーニング内容に合わせた栄養ケアが必要となる．30歳代より，徐々に健康の維持・増進のための栄養ケアを，40歳代から生活習慣病の予防・改善のための栄養ケアを考えなければならない．生活習慣病を引き起こす要因として，遺伝，生活様式，食生活があげられ，とくに食生活の影響は大きいといわれている．各年代の体格と生活活動量に見合ったエネルギー・栄養量を摂取し，規則正しい生活習慣を続け，ストレスを上手に解消する方法を身につけることで生活習慣病を防ぎ，老化をできるだけ遅らせ，高齢期において健康寿命を延ばすことが可能となる．

健康寿命
健康寿命とは，平均寿命から日常生活を大きく損ねる病気やけがの期間を差し引いたもので，「健康体で生活できる寿命」ということになる．2010年の世界保健機関（WHO）の資料によると，日本は男性が73歳，女性が78歳となっており，世界一の健康寿命国となっている．12章も参照．

復習トレーニング

次の各ライフステージの特徴と問題点，それぞれのスポーツ選手にとくに必要な栄養素をまとめなさい．

❶ 学童期
❷ 思春期
❸ 成人期

8章 スポーツ選手の体づくり

8章のPOINT

- ◆ スポーツ選手の体づくりをウエイトコントロールと考えたとき，基本的には増量と減量の2種類があることを理解しよう．
- ◆ 食事での摂取エネルギーと消費エネルギーが同じ場合に，体重は一定となり，摂取エネルギーが少ないときには体重が減り，多いときには体重が増えることを理解しよう．
- ◆ 増量では除脂肪量（FFM，LBM）で体重を増やし，減量では除脂肪量を維持しながら，不必要な脂肪を落として体重を減らす．どちらの場合も，競技力の向上につながるものでなければならない．

1 体重の増量

（1）栄養素のエネルギー比率

砲丸投げやウエイトリフティングのように，筋力が必要とされたり瞬発系のスポーツ，また階級性スポーツの重量級，ラグビーやアメリカンフットボールのオフェンス，相撲などのように体重が重いほうが有利な競技の場合に**増量**が行われることが多く，競技力を向上させるために，多くは**除脂肪量**，とくにトレーニングによって増やすことが比較的可能である筋肉の量を増やす．

多くのスポーツ選手は，筋肉の材料であるたんぱく質を十分に摂取すればよいと考えがちであるが，たんぱく質もエネルギー源となる栄養素なので，トレーニングのためのエネルギーが不足していると，摂取したたんぱく質はエネルギーとして消費されることとなり，筋肉の材料にはならない．

成長期のスポーツ選手も同様に，成長のためとスポーツを行うためのエネルギーを確保したうえで，摂取したたんぱく質は体づくりの材料として利用することができるようにする．たんぱく質，脂質，炭水化物の適切なエネルギー比率（P：F：C＝15：25：60）を維持し，たんぱく質を不足なくとることで，筋肉の量を増やす．

体の大きいスポーツ選手や，エネルギー消費量が多く 4000 kcal／日以上摂取しなければならない選手は，食事の量をたくさん食べなければならない．エネルギーを確保するために，場合によっては脂質のエネルギー比率を 30％まで増やすことで，食事の量を減らすことができる．

> 除脂肪量
> FFM（fat free mass）またはLBM（lean body mass）で表す．

> PFC 比率
> 4 章も参照．

表8.1　たんぱく質必要量（g/ 体重 kg/ 日）

トレーニングをしていない男女	0.8 〜 1.0
持久系スポーツ選手	1.2 〜 1.4
健康づくりのためのスポーツ	0.8 〜 1.0
瞬発系スポーツ	1.7 〜 1.8
レジスタンス運動（トレーニング初期）	1.5 〜 1.7
レジスタンス運動（トレーニング中・後期）	1.0 〜 1.2
女子スポーツ選手	男子より約15％低くする

『アスレティックトレーナー専門科目テキスト⑨　スポーツと栄養』，日本体育協会（2009），p.10 の表Ⅳ B-3 より一部改変．

（2）たんぱく質必要量の摂取

　国際オリンピック委員会（IOC）の報告では，エネルギー摂取が十分な場合，持久系スポーツで体重1 kg当たり1.2〜1.4 g，瞬発系スポーツで体重1 kg当たり1.7〜1.8 gのたんぱく質摂取が推奨されている（表8.1）．実際にそれ以上のたんぱく質をとったとしても，筋肉の合成は効果的に行われずに，分解され体外に排泄されたり，体脂肪として貯蔵されたりするうえ，腎臓や肝臓に余分な負担をかけることになるため，避けるべきである．

　スポーツ選手の間では，クレアチンやプロテインなどのサプリメントを当然のように摂取されているが，普段の食事で必要なたんぱく質を摂取するのは難しいことではない．成長のために必要なエネルギーが摂取できているかを認識することが大切である．

（3）筋肉の超回復

　超回復とは，筋力トレーニング後1〜2日の休息をとると見られる現象で，休息のあいだに筋肉量が増えることをいう．トレーニングの目的ともいえる現象であるが，トレーニング時のみに見られるのではなく，ヒトがより厳しい環境で生きていくために備えている，「環境適応能力」であると考えられる．言い換えれば，環境に適するために自己を変化させる能力で，競技能力向上のために用いられる．超回復は特別なトレーニング方法ではなく，ヒトが本来備えている能力の現れで，現れ方には個体差（個人差）がある．

　超回復の要素として，第一に「運動」がある．トレーニングをするこ

クレアチン
クレアチンは体内でアミノ酸であるアルギニンとグリシンから合成され，クレアチンキナーゼの作用により，ATP1分子を消費してクレアチンリン酸に変換される．この反応は筋肉内でATP濃度が高い休息時などに行われる．クレアチンリン酸は筋肉のように瞬時に多量にエネルギーを消費する器官において貯蔵され，ATPが不足した場合に逆の反応によってATPをつくりだす．

エネルギー摂取量
5章も参照．

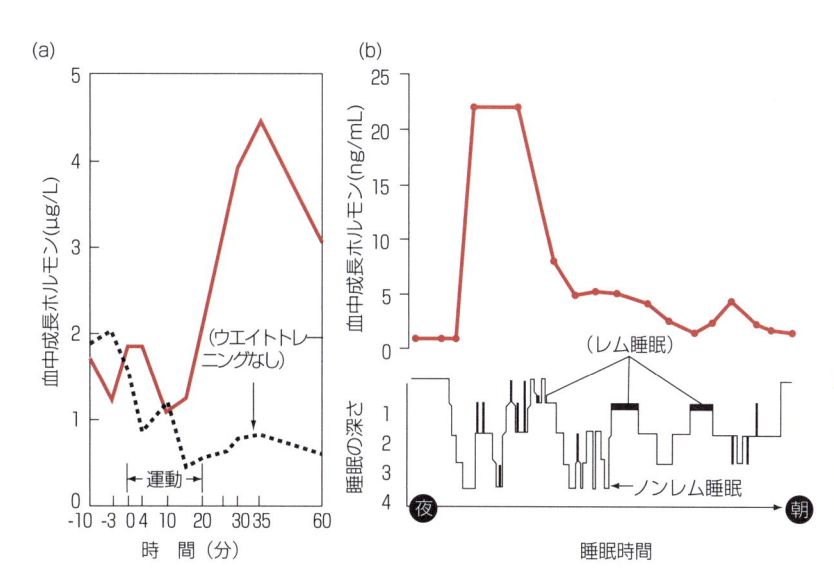

図8.1　成長ホルモンの分泌
（a）ウエイトトレーニング後（Vanhelder, et al., 1984），（b）睡眠中（Lucke & Glick, 1971）. 鈴木正成，『実践的スポーツ栄養学』，文光堂（2006）より作成．

> **成長ホルモン**
> 骨の長軸方向の発育の促進と，骨格筋，腎臓，肝臓，心臓，膵臓などの細胞の増殖を促し，身体の発育を促進する働きがある．また，成長促進に必要な栄養を確保するための代謝作用がある．運動，睡眠や，アルギニンなどの血中アミノ酸が上昇したときに分泌が促進される．

> **アミノ酸プール**
> 食事によって体内に取り込まれたたんぱく質は，アミノ酸となって吸収され，一部はアミノ酸のままで体内に一定量蓄えられている．この蓄えをアミノ酸プールという．蓄えられているアミノ酸は，体たんぱくの合成やほかのアミノ酸の合成などの代謝に利用される．アミノ酸プールの50％以上は骨格筋に蓄えられている．

とによりエネルギーが枯渇し，筋・腱がダメージを受ける．このときのトレーニングは，筋肉内に乳酸が蓄積するような，レジスタンス運動がよいといわれている．レジスタンス運動後に筋肉や骨の合成を行う成長ホルモンが多く分泌されるからである（図8.1）．

第二に「回復のための栄養」である．適切な栄養摂取により，身体の回復と修復を起こし，より強い身体に変化させる．筋肉の材料になるたんぱく質は，体内にアミノ酸として常時貯蔵されている（**アミノ酸プール**）．回復と修復は，成長ホルモンの働きにより体内に貯蔵されているアミノ酸を利用して，体たんぱくに合成される．この場合，3食と補食で1日に必要な量のたんぱく質をとることが大切である．

第三は「休養」である．24時間から36時間の休養が筋肉のダメージからの回復に必要とされている．筋肉への負荷が大きく，また大きな筋肉をトレーニングするほど，回復に時間がかかるといわれている．休養中は激しいトレーニングは控えるほうがよい．

また，成長ホルモンは，睡眠中（眠りに入ってから1回目のノンレム睡眠まで）に多く分泌される（図8.1）．トレーニングをした日は，質のよい眠りができるよう工夫してほしい．

最後の要素が「持続と向上」である．継続したトレーニングを行わないと，トレーニング効果は維持できない．トレーニングを行い始めると，疲労によりパフォーマンスは低下傾向を示すが，その後回復過程を経て，パフォーマンスは向上する．トレーニングを継続しなければ，向上したパフォーマンスは維持されず，再び低下する．筋肉の十分な修復と回復を待ち，次のトレーニングを行うことで，徐々にパフォーマンスが高められる（図8.2）．

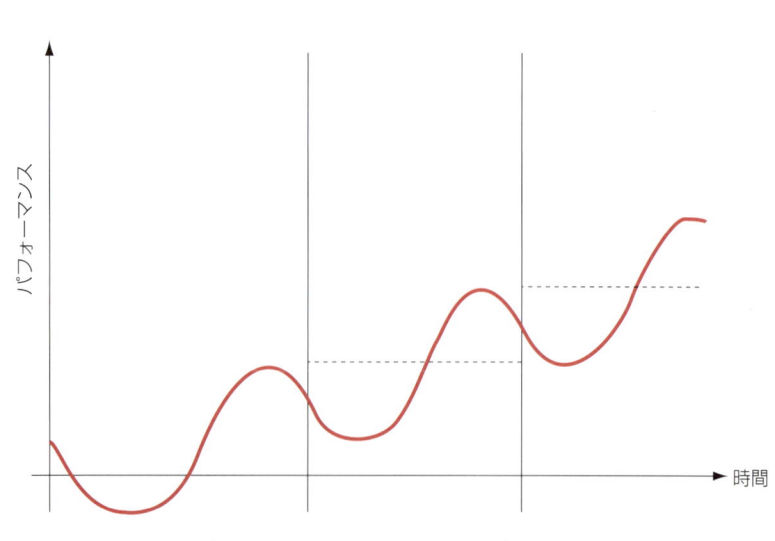

図8.2 継続と向上による筋肉の増強

（4）骨格の成長

筋肉の増量は，除脂肪量（FFM，LBM）で増やすことが望ましく，除脂肪量には筋肉以外に内臓，骨格，神経，血液などがある．とくに成長期には，筋肉以外に骨格の成長が必要で，骨の材料になる栄養素や，代謝を助ける栄養素を積極的に摂取する必要がある．骨の材料であるカルシウム，マグネシウム，たんぱく質，骨の代謝に必要なビタミンD，ビタミンK，コラーゲンの生成に必要なビタミンCなど，不足なくとるように心がける．ミネラルの1つでもあるリンは，食品添加物として加工食品やインスタント食品，スナック菓子などに多く含まれており，日本人は一般的に過剰摂取気味である．カルシウムよりもリンの摂取が多くなると，骨の成長が妨げられるため，成長期やスポーツ選手のリンの過剰摂取にも注意が必要である．

（5）合宿中の食事

体づくりのために，適した練習環境や生活環境を整え，チームの団結力を強めるといった目的で強化合宿が行われる．合宿中は練習や生活の環境が変わることでトレーニングに集中でき，気候や施設・設備など，よりよい環境でトレーニング効果を上げるといった利点があるが，環境の変化によって体調を崩すという危険性もある．そのため，合宿期間が長くなるほど環境を整え，選手自身の自己管理とともに，指導者やトレーナー，栄養士といった周囲の人たちの体調を管理する体制も大切になる．

食事内容は，トレーニング量に応じてエネルギー・栄養素摂取量を設定し，トレーニング内容に合わせた献立を提供する．体づくりのための

ノンレム睡眠
睡眠はその深さと特徴によって，レム睡眠とノンレム睡眠に分類される．眠りに落ちるとまずレム睡眠が始まり，しばらくすると深いノンレム睡眠に入り，平均的に約90分のサイクルで繰り返される．このサイクルは，5〜10歳の子どもの時期に形成されることがわかっている．最初の約3時間はノンレム睡眠の占める割合が高く，その後レム睡眠とノンレム睡眠が交互に現れ，起床が近づくにつれてレム睡眠の時間が長くなる．

リンの過剰摂取
9章も参照．

表8.2 スポーツ選手の自主トレーニング時のトレーニングメニューと食事内容（日本代表　サッカー選手の例）

時刻	内容
8：00	朝食：パンケーキ，梅干し，みそ汁，オレンジ，牛乳
9：00〜12：00	＜ボールトレーニング＞ ドリブル・パス・シュート・センタリング練習
12：30〜15：00	昼食：豚しょうが焼き定食
15：30〜17：00	＜フィジカルトレーニング＞ 300m走（75秒 70秒 65秒 60秒で各2本，合計16本）
18：00	夕食：焼鳥3本，ししゃも，出し巻き，ツナサラダ，わかめスープ，梅おにぎり1つ，焼そば
19：00〜21：00	マッサージ／夜食：フルーツ入りヨーグルト，野菜ジュース
22：00	就寝

合宿は，普段よりもトレーニング量が多くなるため，エネルギー・栄養素の量も増やす必要がある．

合宿中は1日の**トレーニングメニュー**のなかに，食事時間を組み込みがちであるが，体づくりを考慮すると，食事時間と消化吸収時間に合わせてトレーニングメニューを組むほうが効果的である．練習が始まる3時間前には食事を終えて，疲労回復のため，練習後できるだけ早くに補食をとり，夕食はトレーニングが終わって体の興奮がおさまってから十分にとるようにする．朝食の前には食欲がでるように，散歩などの軽い運動をするとよい．昼食後は消化時間を考慮して2～3時間，午睡や休憩時間を取るようにする．昼食後に長く休憩時間を取ることができない場合は，昼食は消化のよい麺類などの糖質中心の食事をとり，朝食と夕食でとることができなかったエネルギー・栄養素を補給する（表8.2）．

運動強度の高いトレーニングが続き，疲労が重なったり，合宿期間が長くなると，食欲が低下して必要なエネルギー・栄養素が摂取できなくなることがある．その場合は，**香辛料**などを多く使い，選手の嗜好に合わせて食欲を増すような工夫をする（表8.3）．トレーニングに必要なエネルギーを確保するために，食事の量がどうしてもたくさん食べられない場合は，脂質エネルギー比率を30％程度まで引き上げることで，食事の量を減らすことができる（p.65も参照）．

高地トレーニングや海外での遠征や合宿など，食材の調達が難しい場合や食べなれた料理がとれないなど，必要なエネルギー・栄養素の摂取が難しい場合がある．可能な限り事前に準備をして，どうしても必要なエネルギー・栄養素が摂取できない場合は，簡単に調理できる食品やサプリメントなどを用意する必要がある．

香辛料
香辛料のもつ機能として，着色作用，辛味づけ作用，香りづけ・消臭作用，抗菌・抗酸化作用などがある．そのほか，消化促進，鎮痛，抗炎症，発がん抑制，抗潰瘍作用をもつものもあることが知られている．おもに葉や茎を利用するものを香草系香辛料，種子，果実，根茎などを利用するものを香辛系香辛料とよぶ．わさび，さんしょうは日本原産の香辛料である．

遠征先の食事
6章も参照．

表8.3　おもな香辛料とその作用

香辛料名	成分名	作用
サフラン	クロシン	着色，止血，鎮痙
ターメリック（ウコン）	クルクミン	着色，抗酸化，抗炎症，発がん抑制
レッドペパー（唐辛子）	カプサイシン	辛味，消化促進，体熱産生，抗酸化，抗菌
ペパー（胡椒）	ピペリン	辛味，食欲増進，利尿，体熱産生，消臭
ジンジャー（生姜）	ジンゲロール　ショウガオール	辛味，抗酸化，抗菌，消臭，発がん抑制
ワサビ	アリルイソチオシアナート	辛味，抗菌，消臭
ベイリーブス（月桂樹の葉）	1,8-シネオール	消臭，利尿
シナモン（桂皮）	シンナムアルデヒド	消化促進，解熱，抗かび
クローブ（丁字）	オイゲノール	鎮嘔，興奮作用，止痛，抗菌
ガーリック（ニンニク）	ジアリルジスルフィド	胃液分泌促進，鎮痙

日本栄養・食糧学会 編，五十嵐喜治，『栄養・食糧学データハンドブック』，同文書院（2006），p.192, 193を改変．

2 体重の減量

（1）栄養素のエネルギー比率

陸上の長距離選手や体操，新体操，フィギュアスケートなど，体重が軽いほうが有利と考えられるスポーツや，階級性のスポーツで減量が行われることが多い．減量は，競技力向上のために行われなければならず，必要な栄養素が摂取できなかったり，除脂肪量が減ったりすると，競技力の低下につながる．そのため，スポーツ選手の減量は，除脂肪の低下をできるだけ避け，体脂肪で減らす．言い換えれば，不必要な体脂肪がない場合は，減量はできない．

体脂肪を減らすためには，まずエネルギー比率で可能な限り脂肪を減らす．炭水化物は体格を維持し，トレーニングに必要なエネルギー量を確保し，血糖値が急激に上がらないようなでんぷんなどの多糖類でとるようにする．また除脂肪量を維持するために，たんぱく質は不足しないようにとる．望ましいエネルギー比率は，P：F：C＝15〜20：20〜25：55〜65である．

（2）減量の方法

無理な食事制限や飲水制限，サウナなどによる脱水は，スポーツをするために必要な栄養素をとることができず，除脂肪量を維持することができないため，競技力の低下につながる．

不要な体脂肪を1kg減らそうと思えば，約7000 kcalのエネルギーの消費が必要である．体脂肪を効率的に減らすためには，運動を行うこ

> **知っておくと役に立つ！**
>
> **血糖値が急激に上がらないでんぷんなど**
> 具体的な食品としては，玄米，オールブラン，スパゲティ，ライ麦パン，などグリセミック・インデックスが中程度以下のもの．表8.5参照．

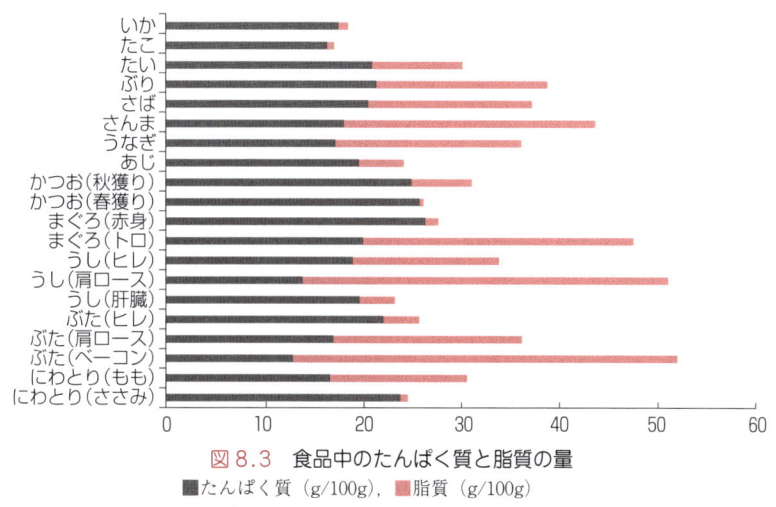

図8.3 食品中のたんぱく質と脂質の量
■たんぱく質（g/100g），■脂質（g/100g）
「日本食品標準成分表2020年版（八訂）」より作成．

> **知っておくと役に立つ！**
>
> **脂肪は 9 kcal/g で約 7000 kcal になる理由**
> 食品中の脂肪を単純に燃焼すると 9 kcal の熱量を発生する．1 kg の体脂肪を消費するために必要な運動量は 7000 kcal になる．

とで消費エネルギー量を増やし，同時に食事制限により摂取エネルギー量を減らす．1 ヶ月（28 日間）で 1 kg（7000 kcal 分）の体脂肪を減らすためには，1 日で 250 kcal の消費が必要になるので，半分の 125 kcal 分の運動を増やし，125 kcal 分の食事を減らせばよいということになる．強度の高い運動では糖質がより多く利用されるので，強度の低い有酸素性運動を行う．筋肉に負荷をかけるようなレジスタンス運動は，筋肉量を維持・増強し，基礎代謝をあげることにつながり，結果的に体脂肪がつきにくい体質になる．有酸素性運動と，レジスタンス運動を併用して行うと効果的といえる．

食事で脂質を減らすためには，たんぱく質やビタミン，ミネラルを多く含み，脂肪の少ない食材を選ぶ．脂肪の多いひき肉や脂身の多い肉，ぶりやうなぎ，まぐろのトロの部分などは避け，豚もも肉，ヒレ肉，たこ，いか，まぐろの赤身などを選ぶようにする（図 8.3，表 8.4）．調理では，ゆでる，蒸す，網焼きなどを用い，油脂を使用する揚げ物や炒め物は避ける．ドレッシングなどもノンオイルの調味料を利用する．牛乳やヨーグルトなどの乳製品は，スポーツ選手に必要なたんぱく質やカルシウムなどのミネラルを豊富に含んでいるが，同時に乳脂肪も含まれているので，低脂肪や無脂肪のものを選ぶ．

摂取エネルギーを減らすために食事量が減ると，食欲の盛んな選手では物足りなく感じる人もいる．食事制限がストレスにつながらないようにするためにも，食事量は減らさないようにする．ビタミン，ミネラル，食物繊維が豊富でエネルギー量が少ない海藻類やきのこ類，野菜などを積極的に使うと食事の量を増やすことができる．

血糖値を維持することは，スポーツをするうえで重要である．血糖値

表 8.4　1 時間当たりの体重別消費エネルギー（kcal）

体重	40 kg	50 kg	60 kg	70 kg	80 kg	90 kg
普通歩行（時速 4.0 km）	126	158	189	221	252	284
ジョギング	294	368	441	515	588	662
ランニング（時速 8.0 km）	349	436	523	610	697	784
ランニング（時速 12.1 km）	483	604	725	845	966	1087
水泳（クロール分速 45.7 m 未満）	349	436	523	610	697	784
水泳（ゆったりとした平泳ぎ）	223	278	334	390	445	501
水泳（バタフライ）	580	725	869	1014	1159	1304
サイクリング（時速 18 km）	286	357	428	500	571	643
エアロビクス（低負荷）	210	263	315	368	420	473
エアロビクス（高負荷）	307	383	460	537	613	690

運動のメッツ表より作成表

が急激に上昇すると，インスリンの働きによって，グリコーゲンの合成が高まると同時に中性脂肪の合成も高まり，体脂肪が増えやすくなる．スポーツ選手にとって，グリコーゲンの合成に働くインスリンは必要であるが，減量時にはできるだけ血糖値を急激に上げず，維持しながらエネルギーを供給することをめざす．そのためには，**グリセミック・インデックス（GI）**の低い食品を選ぶことが効果的である（表 8.5）．

GI が高い食品は吸収が速いので，運動後のグリコーゲン回復に有効であるが，GI が低い食品は吸収がより遅く，血糖値が緩やかに上昇し維持することができるため，エネルギーを長時間供給することができる．GI は調理方法によっても変化し，油脂を使って調理したり，脂肪の多い食品と一緒に食べたりすると低下する．また，牛乳，ヨーグルトなどの乳製品や酢と一緒に摂取すると GI は低下する（表 8.6）．減量の場合，油脂や脂肪の多い食品をとることは避けたほうがよいので，酢の物などを積極的にとるようにする．

スポーツ選手の無理な減量は，競技力の低下につながるばかりでなく，栄養素の摂取不足からスポーツ貧血や骨折，摂食障害などさまざまな障害の原因となる．選手にとって，減量が本当に必要かを考慮したうえで，減量に対する正しい知識をもつことが大切である．

食事制限を行うにあたって，どうしても必要な栄養素が摂取できない場合には，サプリメントを使用する場合もあるが，安易に使用することは避けなければならない．とくにダイエット用のサプリメントには，食物繊維が豊富に含まれているものが多く，おなかの調子を崩しやすくなったり，カルシウムや鉄などの必要な栄養素の吸収を阻害したりする場合がある．また，**ドーピング禁止薬物**が含まれている危険性もあり，

グリセミック・インデックス（GI）
血糖値の上昇に影響を与える食品の消化吸収速度と体内での利用効率を指数化したものである．基本となる指数は 100 で，血糖となるグルコース（ブドウ糖）50 g を摂取した後，2〜3 時間の血糖値がどのように上がるかを示す反応の面積で表される．

減量と障害予防
9 章も参照．

ドーピング禁止薬物
日本では，1984 年のロサンゼルスオリンピックで，男子バレーボール選手が風邪薬として服用した漢方薬に，禁止薬物の成分が含まれていたことが発覚した．その後，1985 年の神戸ユニバーシアードが契機となり，ドーピング検査で出場停止を課される選手が散発的にでている．大相撲では 2008 年に検査が行われ，一部力士から薬物反応が検出された．最近ではジュニア期からドーピング意識をもってもらう目的も含め，全国高等学校総合体育大会でも検査が行われている．

表 8.5　食品のグリセミック・インデックス（GI）

穀類	GI 値	いも・豆類	GI 値	果物・菓子	GI 値
フランスパン	93	じゃがいも	90	あんぱん	95
精白米	84	長いも	65	生クリームケーキ	82
コーンフレーク	75	くり	60	クッキー	77
クロワッサン	68	さつまいも	55	プリン	52
玄米	58	アーモンド	30	ぶどう	50
スパゲティ（全粒粉）	50	ピーナッツ	28	オレンジ	31
オールブランシリアル	45	ピスタチオ	18	いちご	29

GI 値一覧表（https://airisu745.info/wp-content/uploads/2019/09/a99d303b76da51043dbf54764d42c002.pdf）より抜粋

サプリメントの使用
13章も参照.

注意が必要である．サプリメントを使用する前に，食事内容を見直し，改善したうえで，どうしても使用が必要な場合は，サプリメントが使用する状況に適しているものなのかを知り，含まれている成分を確認してから使用するようにしよう．

復習トレーニング

次の文章のカッコの部分に適切な言葉を入れなさい．

❶ 増量は，競技力を向上させるため，多くは（　　　）で体重を増やす．体たんぱく質の増量のために必要なたんぱく質の量は瞬発系（ハイパワー系）スポーツ選手で（　　　）g/kg体重といわれており，それ以上とったとしても効果的に利用されない．超回復のためには（　　　），（　　　），（　　　）の3つの要素とトレーニングの持続が必要である．

❷ 減量は，競技力向上のため，（　　　）は維持しながら不必要な（　　　）で体重を減らす．競技力の低下につながる脱水や絶食などの無理な減量は行わず，（　　　）で消費エネルギーを増やし，（　　　）で摂取エネルギーを減らす．摂取エネルギーを減らすためには，（　　　）の少ない食品や調理法を選び，食事の量を減らさないよう（　　　），（　　　），（　　　）などの食品は積極的にとる．（　　　）を維持するため，栄養素として（　　　），（　　　），（　　　）は不足しないよう摂取する．

❸ 血糖値の上昇に影響を与える食品の吸収速度と利用効率を表す指標として，（　　　）がある．減量時には，（　　　）や（　　　）などの数値が（　　　）食品を選択する．

体重の増量と減量の食事のポイントをまとめなさい．

表8.6 グリセミック・インデックスに影響を与える因子

因子	食品例	影響
精製されていない食品	豆，大麦，全粒粉，玄米	低下
食物繊維	豆，カラス麦	低下
酸	酢，レモン果汁，酸味のある果物	低下
脂肪（油脂）	揚げ物	低下
砂糖	クッキー，シリアル	上昇

『アスレティックトレーナー専門科目テキスト⑨　スポーツと栄養』，日本体育協会（2009），p. 64の表IX-E-4より改変．

9章 障害予防と栄養

9章の POINT

- ◆ 理想的な高い強度のトレーニングを行い，十分なケアや適切な栄養摂取が行われることで競技力の向上が望めるが，無理なトレーニングやケア，休養の不足，栄養不足などでけがや故障が起こりやすくなることを学ぼう．
- ◆ スポーツ選手のけがや故障には，骨折や捻挫，脱臼などのスポーツ外傷と，疲労骨折，鉄欠乏性貧血，摂食障害などのスポーツ障害があることを学ぼう．
- ◆ スポーツ選手が陥りやすい障害は，エネルギー・栄養素摂取とも深い関連があり，障害予防のために適切なエネルギー・栄養素摂取が重要であることを理解しよう．

1　鉄欠乏性貧血

（1）原因

　スポーツ選手の**貧血**は,「運動性貧血」や「スポーツ貧血」ともよばれ,運動時の酸素運搬能力が低下するため,持久力の低下を招く危険性がある. スポーツ選手の貧血が起こる原因として,血漿量の増加によって血液が希釈され,ヘモグロビン濃度が低下する**希釈性貧血**,スポーツ活動により,赤血球が破壊されて起こる**溶血性貧血**,出血や発汗,スポーツ活動における鉄の損失やたんぱく質の分解,食事からの鉄やたんぱく質の摂取不足が原因となる**鉄欠乏性貧血**の3種類をあげることができる（表9.1）.

　赤血球中のヘモグロビンは,酸素と二酸化炭素を結合させ,血流により必要な場所に運搬している. 人体には約2～5gの鉄が存在し,血液中のヘモグロビンとして約60～70%,貯蔵鉄（フェリチン,ヘモシデリン）として肝臓や脾臓,骨髄に約12～30%,筋肉中のミオグロビンとして約10%,シトクロムやカタラーゼなどの酵素として数%存在している. とくにスポーツ選手は,スポーツ活動によってヘモグロビンやミオグロビン,シトクロムやカタラーゼなどの消費や損失が多く,鉄欠乏性貧血の発症の危険性が高くなる（表9.2）.

（2）症状

　一般的な貧血の症状としては,頭痛,めまい,耳鳴り,疲れやすい,倦怠感,食欲不振,下痢,便秘,月経障害,浮腫,息切れ,動悸,頻脈

表9.1　スポーツ貧血の種類

貧血の種類	原因	競技力への影響
希釈性貧血	トレーニングによる循環血漿量の増加	持久力増加の可能性
溶血性貧血	赤血球構造の破壊	持久力の低下
鉄欠乏性貧血	赤血球材料の不足,出血やスポーツ活動による損失	持久力の低下

小林修平ほか 編,『アスリートのための栄養・食事ガイド（第2版）』,第一出版(2006), p.64 より改変.

表9.2　スポーツ選手の鉄欠乏性貧血の原因

鉄の損失	消化管出血,月経血過多,皮膚や爪の剥離など血管内溶血（フットストライク溶血）,筋肉損傷
鉄の需要増大	成長 筋肉量や循環血液量の増大
鉄の供給減少	食事での摂取不足（偏食,過度のダイエット・減量） 鉄の吸収阻害成分の過剰摂取（リン酸・カルシウム・食物繊維

などがあげられる．スポーツ選手においては，持久力の低下や疲れやすい，疲労回復が遅れるなどといった問題が起こり，競技能力の低下にもつながる．なんとなく風邪気味で効率のよいトレーニングができないといった症状でも，原因は貧血だったという症例もあり，貧血を定期的にアセスメント（判定）することはトレーニング効果をあげるためにも重要となる．

鉄欠乏性貧血の判定には，赤血球数，ヘモグロビン濃度，ヘマトクリット値だけでなく，血清鉄や血清フェリチン，トランスフェリン濃度についても検査することが必要となる．貧血の段階として，組織中の貯蔵鉄が減少した状態（前潜在性鉄欠乏）から血中鉄栄養状態の不足（フェリチンの低下，鉄飽和度20％未満で**潜在性鉄欠乏状態**）となり，最終的には鉄欠乏性貧血（ヘモグロビン濃度が男性で13〜14 g/dL未満，女性で12 g/dL未満）となる．

(3) 対策

食事の改善によって貧血の予防や改善が期待できるのは，潜在性鉄欠乏状態の場合である．鉄欠乏状態が重度の場合や，貧血の症状がでている場合は，医療機関を受診し，治療することが必要になる．

スポーツ選手の競技力低下を予防し，トレーニング効果をあげるためにも，日頃から潜在性鉄欠乏状態にならないよう，十分な量の鉄とたんぱく質の摂取を心がけ，赤血球の生成に必要なビタミン B_6 や B_{12}，葉酸などのビタミンや，銅などのミネラル，鉄の吸収を助けるビタミンCなどを不足しないようにとる（表9.3）．

「日本人の食事摂取基準（2020年版）」では，一般成人男性の鉄の摂

表9.3 鉄の多い食品

食品名	mg/100g	mg/1食分	1食分（g）	食品名	mg/100g	mg/1食分	1食分（g）
いかなご（佃煮）	2.3	0.2	10	牛レバー	4.0	4.0	100
かつお	1.9	1.9	100	豚レバー	13.0	13.0	100
きはだまぐろ	2.0	2.0	100	鶏レバー	9.0	9.0	100
いいだこ	2.2	2.2	100	牛（第三胃：せんまい）	6.8	6.8	100
あさり水煮缶	30.0	6.0	20	鶏心臓	5.1	5.1	100
煮干し	18.0	1.8	10	羊（ラムかた脂身付き）	2.2	2.2	100
干しエビ	15.0	0.1	5	干しぶどう	2.3	0.2	10
あおのり	77.0	0.8	1	ほうれん草	2.0	0.6	30
干しひじき	58*[1]（6.2*[2]）	23*[1]（0.2*[2]）	4	チンゲン菜	1.1	0.3	30

＊1 鉄鍋加工品　＊2 ステンレス製鍋加工品
日本食品成分表2020年版（八訂）より作成．

取推奨量は 12 歳から 17 歳で 10.0 mg，女性では月経ありの場合で 10 歳から 14 歳で 12.0 mg となっている．スポーツ選手は，鉄の需要と消費・損失量を考えると，さらに多くの鉄を摂取する必要がある．実際には，どの程度の量を付加すればよいかというデータは乏しく，栄養アセスメントに基づき問題把握を行ったうえで，適切な栄養ケアが行われなければならない．

とくに，日常的に食事制限や減量が行われるスポーツ選手では，必要な栄養素摂取が難しくなり，鉄欠乏性貧血に陥る危険性が高くなる．毎日の食事のなかで，欠食や偏食を避け，必要な栄養素を十分に含むバランスのとれた食事を心がける．

2　炎　症

（1）原因

炎症とは，生体が何らかの有害な刺激（外傷，熱傷，細菌の侵入，薬物，放射線など）を受けたときに起こる，生体の防御反応である．

炎症が起こると，大量の**活性酸素**が発生する．活性酸素の発生量が，身体を活性酸素から防御する能力を上回ると，細胞にダメージを与え，細胞変異（がんの初期段階）が起こる．

運動時，とくに有酸素運動時には，大量の酸素を体内に取り込み，エネルギー代謝が活発になることで，やはり活性酸素が発生する．スポーツ選手は，一般の人より抗酸化物質を摂取する必要がある．

活性酸素は，また体内の脂質やたんぱく質を酸化させて，炎症を引き起こすともいわれている．

表 9.4　炎症の四徴候

現象	原因
発赤	血管が広がって血流量が増加する
熱感	
腫脹	血管から赤・白血球や血小板以外の成分が漏れ出す
疼痛	痛みを感じる物質が神経を刺激する

活性酸素には，スーパーオキシド（・O_2^-），一重項酸素（$^1O_2$），過酸化水素（H_2O_2），ヒドロキシラジカル（HO・）などがある．

（2）症状

炎症が起きると，発赤・熱感・腫脹・疼痛の4種類のサインが現れ，「**炎症の四徴候**」とよばれている（表9.4）．このサインが生体防御反応の現れで，ヒトがもつ免疫機能が働いている証なのである．

ときには，この免疫機能が過剰に働き過ぎると，逆に体を傷つけてしまうことになる．関節リウマチやバセドウ病である．炎症はヒトが健やかに生きていくための能力であり，不可欠なものだが，局所的・全身的，また急性期・慢性といった範囲や時間が過剰になると「病」になってしまう．

（3）対策

炎症を引き起こす原因である，活性酸素対策を普段から心がける．活性酸素による体内での酸化を防ぐ抗酸化物質や，活性酸素分解酵素の材料になる栄養素を不足しないようにとる．

抗酸化物質には，ビタミンCやビタミンEなどと，**フィトケミカル**（フィトファイバー，ファイトケミカルなどともよばれる）とよばれ，多くは植物がもつ天然の色素（動物のもつ色素もある）がある．β-カロテンやリコピンなどのカロテノイド，アントシアニジンやナスニンなどのアントシアニン，イソフラボンやケルセチンなどのフラボノイドなど，さまざまなものがある（表9.5）．

活性酸素分解酵素には，**SOD**（スーパーオキシドディスムターゼ），

> ◯ 知っておくと役に立つ！
>
> 動物のもつ天然色素
> ・アスタキサンチン（さけやえびの赤）
> ・ヘム色素（ヘモグロビン，ミオグロビン，シトクロム）
> ・メラニン（毛や皮膚）
> ・ロドプシン（網膜）
> など

表9.5 天然の色素名と多く含む食品

分類	色素名	多く含む食品
カロテノイド	β-カロテン	にんじん，ほうれん草
	β-クリプトキサンチン	パパイア，オレンジ
	リコピン	トマト，グアバ，スイカ
	ルテイン	ほうれん草
アントシアニン	アントシアニジン	ぶどう，ブルーベリー
	ナスニン	なす
	シソニン	しその葉
フラボノイド	ケルセチン	たまねぎ
	フラバノール（カテキン）	茶，チョコレート
	イソフラボン	大豆

カタラーゼ，グルタチオンペルオキシダーゼなどがある．SODには，亜鉛や銅が，カタラーゼには鉄が，グルタチオンペルオキシダーゼにはセレンなどのミネラルが必要になる．また，グルタチオンペルオキシダーゼが作用するグルタチオンは，アミノ酸からつくられ，とくに含硫アミノ酸が必要になる．含硫アミノ酸は動物性たんぱく質に多く含まれる（表9.6）．とくに有酸素運動をするスポーツ選手は，活性酸素が体内で発生しやすいため，普段からこれらの栄養素を不足することのないようにとる．

また，炎症対策として運動後の**アイシング**は，体のケアの基本として忘れずに行う．

> **アイシング**
> トレーニングを行った部位は，細胞レベルで傷つきそのままでは炎症が広がる状態になりやすい．それを防止するために氷や水などを衛生的な状態で利用し，充血で促進される炎症での細胞破壊拡散を防ぐ．患部の局所循環を抑えることを目的にしているので，コールドスプレーや氷による冷やし過ぎ（局所循環の極端な低下）に注意が必要．

3　骨　折

（1）原因

スポーツ選手の骨障害として，**骨折**や**疲労骨折**があげられる．とくに成長期には，成長に必要な栄養素の摂取ができていないため，骨障害が起こりやすくなる．また，コンタクトプレイが多いスポーツ種目での不可抗力や，激しいトレーニングによって常に同じ場所に強い衝撃が加わった場合も，骨折や疲労骨折が起こりやすくなる．

とくに女性では，必要以上に体重を減らそうとすると，体脂肪の減少が起こり，**エストロゲン**（女性ホルモン）の分泌が低下する．エストロゲンは骨吸収を抑制し，骨形成を促進する働きがあるため，エストロゲンの分泌が減少すると骨密度の低下が起こり，骨折や疲労骨折が起こりやすくなる．

表9.6　おもな活性酸素分解酵素と材料

酵素名	材料または活性成分	多く含む食品
SOD（スーパーオキシドディスムターゼ）	亜鉛 銅	貝（とくに牡蠣），玄米，いか，たこ，ココア
カタラーゼ	鉄	レバー，赤身の肉や魚
グルタチオンペルオキシダーゼ	セレン 含硫アミノ酸	いわし，さんま 動物性食品

また減量のために食事制限を行う場合は,必要な栄養素を摂取することが難しくなるため,骨密度の低下につながる.

そのほかの例としては,**副腎皮質ホルモン**(ステロイドホルモン)を過剰に摂取したり長期間摂取したりすると,カルシウムの吸収の低下,腎臓でのカルシウムの再吸収の抑制,骨芽細胞の骨形成の減少などが起こり,骨密度を低下させる.

副腎皮質ホルモンは,喘息や鼻炎(花粉症),アトピー性皮膚炎などの治療薬に用いられている.また,テストステロン,アンドロステンジオン,DHEA(デヒドロエピアンドロステロン)などのドーピング禁止薬物でもあり,サプリメントのなかに含まれている場合もある.スポーツ選手は,これらの医薬品やドーピング禁止薬物を含む危険性のあるサプリメントの使用には厳重な注意が必要である(図9.1).

サプリメントの使用
13章も参照.

(2) 症状

骨折とは「骨組織の連続性が断たれること」を意味する.これは,骨が完全に分断されている状態だけを意味するのでなく,ひび割れていたり,剥がれていたりする状態も含む.痛みや腫れが見られ,皮下出血や変形などが起こる場合もある.

骨折を「どのようにして骨折したのか」発症別に分けると,3種類に分けることができる.1つ目は「外力による骨折」,2つ目に「病的骨折」,3つ目は「疲労骨折」である.

「**外力による骨折**」とは一般的によく見られるもので,打撲や転倒などで起こる骨折である(図9.2).「**病的骨折**」とは微力な外力で生じる骨折で,原因として骨腫瘍や骨壊死など,骨自体の病気が存在している

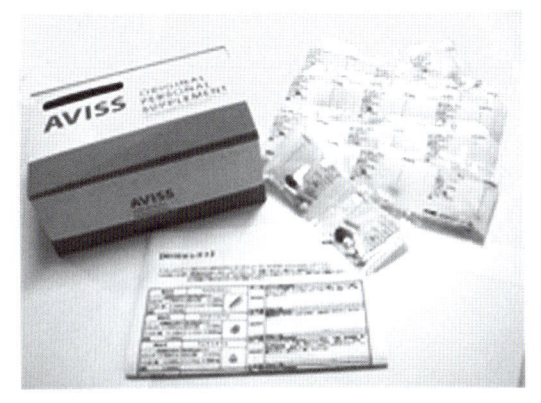

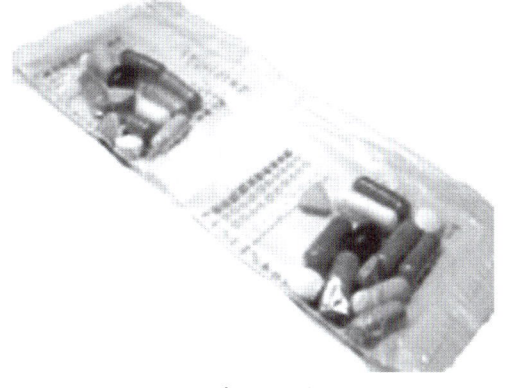

図9.1 一般的なサプリメントの例(ビタミン・ミネラルサプリメント)

ことが多くある（図9.3）.「**疲労骨折**」とは，微細な外力が連続的に同一か所へ加わることで発生する骨折である．この骨折は，スポーツ選手に起きやすく，腰の骨（腰椎）に圧倒的に多く起きるという報告や，脛の骨の疲労骨折は，長距離走選手の脚に起きた疲労骨折のなかで51％であったという報告もあり，ランナーに多い骨折でもある（図9.4）.

（3）対策

骨折予防のために，カルシウム，マグネシウムなど，骨の成長に必要な栄養素を不足しないように摂取する．カルシウムを多く含む食品は牛乳やヨーグルトなどの乳製品，小魚，海藻類であるが，吸収率が低いため，カルシウムの吸収をよくするビタミンDやクエン酸・リンゴ酸を含む食品と一緒に摂取することが効果的である．

マグネシウムは骨のなかではヒドロキシアパタイトの構成成分として骨の弾力性を高め，骨の成長には欠かせない栄養素である．不足しやすい栄養素なので，ナッツなどの種実類，豆類，海藻類，魚介類などを心がけて摂取することが大切である．

たんぱく質や，コラーゲンの生成を助けるビタミンC，骨代謝にかかわるビタミンKも必要な栄養素である．

4 摂食障害

（1）原因

摂食障害は，**神経性食欲不振症**（拒食症）と**神経性過食症**（過食症），

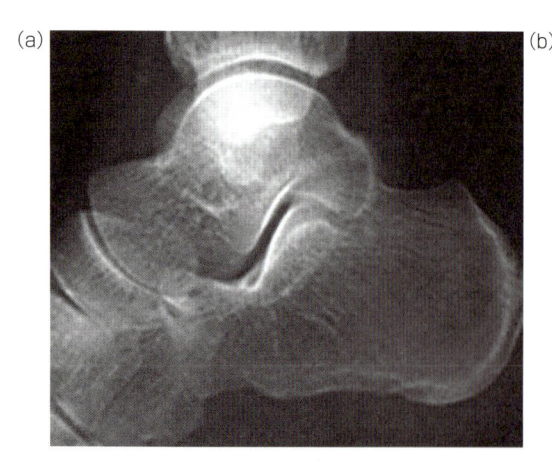

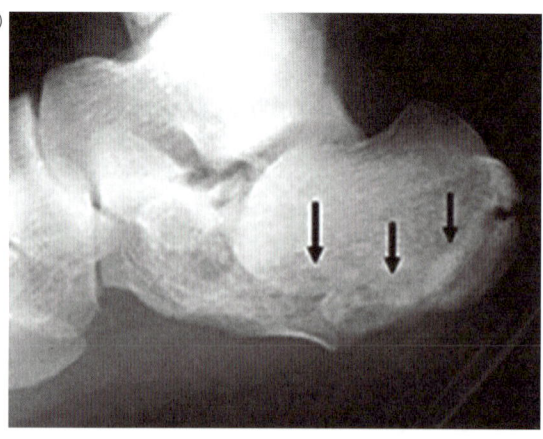

図9.2 外力による骨折
(a) 正常な踵骨，(b) 踵骨骨折（矢印の部分に骨折があり踵骨が変形している）．
日本骨折治療学会 HP より．http://www.jsfr.jp/bunrui.html

そのほかの摂食障害の3種類に分けられる．摂食障害は，ストレスを適切に処理する能力が未熟な場合に起こる心身症の1つとして，思春期に多く見られる．スポーツ選手では，専門的なトレーニングや体力に見合わない練習，長期にわたっての減量の繰り返し，体重の大幅な増減，けがによるトレーニング停止，コーチの指導方針の変更など，身体的・精神的なストレスが原因となって起こる．

（2）症状

摂食障害になると，摂取エネルギー・栄養素量が不足するため，体重が減少し，疲れやすくなり，免疫力の低下からけがや病気になる危険性が高まる．生理的症状として，安静時の徐脈，低血圧，低体温，貧血，月経障害などが見られる．また主食や主菜などのエネルギーの多い食品を避けるようになり，海藻類や野菜など低カロリーのものを好んでとるようになる．神経性過食症の場合，食べた後にすぐに嘔吐したり下剤を使用したりするようになる．食事をしたという罪悪感から自己嫌悪に陥り，怒りっぽくなったり抑うつ状態になったりして，引きこもりがちになる場合もある．

（3）対策

早期発見，早期治療が必要になる．食事内容や食事の仕方，体重や精神的な変化などを，監督，トレーナーなどの指導者や選手の家族などの周囲の人びとが注意深く観察し，少しでも摂食障害が疑われる場合は心療内科などの専門的な医療機関の受診をすすめる．発見が遅れ，摂食障害の発症期間が長くなるほど治療に時間が必要になり，選手への復帰が

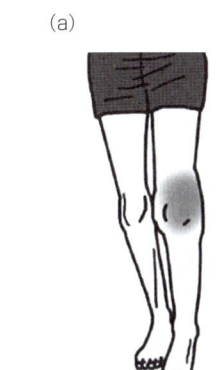

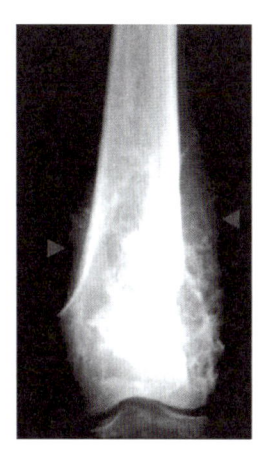

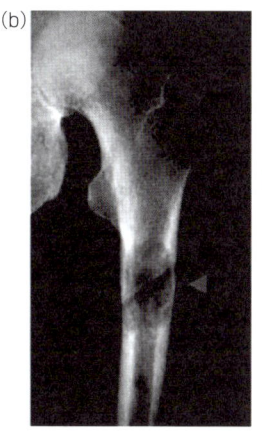

図9.3　骨腫瘍
（a）左大腿骨骨肉腫（19歳男性）：（左）左膝周辺の著明な腫れ，（右）腫瘍部のX線像．（b）肺がんの大腿骨転移（59歳女性）．がん転移部のX線像．
日本整形外科学会HP，〈整形外科シリーズ18〉「悪性骨腫瘍」より．http://www.joa.or.jp/jp/public/sick/condition/malignant_tumor.html

9章 障害予防と栄養

表9.7 EAT-26（摂食障害スクリーニングテスト）

次の質問を読んで、現在のあなたの状態に最もよくあてはまると思われるものを選んでください。

	全くない	まれに	ときどき	しばしば	非常にしばしば	常に
1．体重が増えすぎるのではないかと心配になります．	全くない	まれに	ときどき	しばしば	非常にしばしば	常に
2．空腹のときでも食事を避けます．	全くない	まれに	ときどき	しばしば	非常にしばしば	常に
3．食べ物のことで頭がいっぱいです．	全くない	まれに	ときどき	しばしば	非常にしばしば	常に
4．制止できそうにないと思いながら，大食したことがあります．	全くない	まれに	ときどき	しばしば	非常にしばしば	常に
5．食べ物を小さく切りきざみます．	全くない	まれに	ときどき	しばしば	非常にしばしば	常に
6．自分が食べた食べ物のカロリー量に気をくばります．	全くない	まれに	ときどき	しばしば	非常にしばしば	常に
7．炭水化物の多い食べ物（パン，じゃがいも，ご飯など）はとくに避けます．	全くない	まれに	ときどき	しばしば	非常にしばしば	常に
8．ほかの人は，私がもっと食べるように望んでいると感じます．	全くない	まれに	ときどき	しばしば	非常にしばしば	常に
9．食後に吐きます．	全くない	まれに	ときどき	しばしば	非常にしばしば	常に
10．食後にとても罪悪感を感じます．	全くない	まれに	ときどき	しばしば	非常にしばしば	常に
11．もっとやせたいという気持ちで頭がいっぱいです．	全くない	まれに	ときどき	しばしば	非常にしばしば	常に
12．運動すればカロリーを使い果たせると思います．	全くない	まれに	ときどき	しばしば	非常にしばしば	常に
13．私はやせすぎていると皆から思われています．	全くない	まれに	ときどき	しばしば	非常にしばしば	常に
14．自分の体に脂肪がついているという考えで頭がいっぱいになっています．	全くない	まれに	ときどき	しばしば	非常にしばしば	常に
15．ほかの人よりも食事に時間がかかります．	全くない	まれに	ときどき	しばしば	非常にしばしば	常に
16．砂糖の入った食べ物を避けます．	全くない	まれに	ときどき	しばしば	非常にしばしば	常に
17．ダイエット食（美容食）を食べています．	全くない	まれに	ときどき	しばしば	非常にしばしば	常に
18．私の人生は食べ物にふりまわされていると思います．	全くない	まれに	ときどき	しばしば	非常にしばしば	常に
19．食べ物に関するセルフ・コントロール（自己制御）をしています．	全くない	まれに	ときどき	しばしば	非常にしばしば	常に
20．ほかの人たちが，私に食べるように圧力をかけているように感じます．	全くない	まれに	ときどき	しばしば	非常にしばしば	常に
21．食べ物に関して時間をかけすぎたり，考えすぎたりします．	全くない	まれに	ときどき	しばしば	非常にしばしば	常に
22．甘い物を食べた後，不愉快な気持ちになります．	全くない	まれに	ときどき	しばしば	非常にしばしば	常に
23．ダイエット（食事制限）にはげんでいます．	全くない	まれに	ときどき	しばしば	非常にしばしば	常に
24．胃のなかが空っぽになるのが好きです．	全くない	まれに	ときどき	しばしば	非常にしばしば	常に
25．栄養価の高い物が新しく出ても，試食したくありません．	全くない	まれに	ときどき	しばしば	非常にしばしば	常に
26．食後に吐きたいという衝動にかられます．	全くない	まれに	ときどき	しばしば	非常にしばしば	常に

http://www.eat-26.com/Docs/EAT-26Test-3-20-10.pdf より改変．

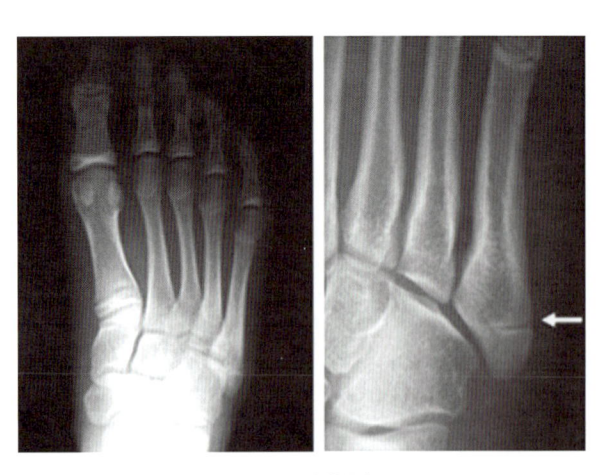

図9.4 疲労骨折
15歳（男），第5中足骨基部疲労骨折（矢印）．
日本骨折治療学会HPより．http://www.jsfr.jp/bunrui.html

難しくなる場合もある．摂食障害を早期に発見するために，チェックリスト（摂食障害スクリーニングテスト，表9.7）を利用するのも1つの方法である．

摂食障害の予防には，選手個々に適した理想体重を把握し，むやみに減量を行わないようにする．間違った減量は選手の競技能力の低下につながることを認識し，どうしても減量しなければならない場合は，急速に体重を減らさず，正しい減量方法を行うことが大切である（図9.5）．また，身体的・精神的に過剰なストレスがかかるようなトレーニングは行わないようにし，指導者たちは選手の年齢や体力に応じたトレーニングメニューを提案する必要がある．とくに思春期のスポーツ選手の指導は，トレーニングだけではなく，栄養ケアや精神的ケアを含めたものでなければならない．

スポーツ選手の減量
8章も参照．

ライフスタイルごとの食事
7章も参照．

5 月経障害

（1）原因

月経障害は女性に特有の障害ですが，とくに体重が軽いほうが有利な種目のスポーツ選手に多く見られる．月経が正常に維持されるためには，女性ホルモン（エストロゲン）の正常な分泌が必要だが，そのためには適切な体脂肪量が必要である．減量にこだわりすぎた結果，必要量の体脂肪までもそぎ落としてしまうと，正常な女性ホルモンの分泌が行われず，月経障害が起こる危険性が高まる．

ホルモンの分泌は精神面からも影響を受け，過剰なトレーニング，試

図9.5 スポーツ選手の理想的な減量の食事
(a) 朝食（ライ麦パン，スパニッシュオムレツ，ミネストローネ，グレープフルーツ，低脂肪牛乳），(b) 昼食（胚芽精米，にわとりのささみの梅肉焼き，やまいもとこんにゃくソテー，納豆モロヘイヤ，とろろこぶのみそ汁），(c) 夕食（ひじきの炊き込みご飯，さけと干しえびとこまつ菜のホイル蒸し，豆腐サラダ，わかめとチンゲンサイのみそ汁）．

合での成績や勝敗，コーチ・指導者の叱責，生活環境の変化など，精神的に過剰なストレスが加わると，ホルモンバランスが崩れて月経障害につながる場合もある．

（2）症状

月経障害には，初発月経の遅延，続発性無月経，稀発月経，頻発月経，月経血量の異常，機能性子宮出血などがある．また，関連する障害として，月経困難症や月経前症候群があり，競技だけではなく日常生活に支障をきたす（表9.8）．また，月経障害を適切に治療しなかった場合，不妊症や流産，更年期障害の早期化・重症化など，選手を引退した後の人生にも悪影響を及ぼす危険性が高くなる．

月経障害はそれ自体が競技能力の低下につながるものであるが，骨障害と利用可能なエネルギー（エネルギーアベイラビリティ）の不足と合わせて，互いに関連し合いながら女子選手に起こりやすく，**女子選手の3主徴**（female athlete triad：**FAT**）とよばれており，治療も複雑で困難な場合が多くなる．

（3）対策

月経障害の症状がでている場合には，婦人科などの専門的な医療機関を受診する必要がある．月経障害もほかの障害と同様，治療が必要な疾病だと認識し，指導者，トレーナーなどの指導者，家族の協力を得ながら治療に臨まなければならない．選手本人はもちろん，指導者が月経障害に対する正しい知識をもち，選手個人の体格，体調，精神状態に応じた正しい指導が行われる必要がある．

利用可能なエネルギー不足
1997年にアメリカスポーツ医学会が発表した「女性アスリートの三主徴」には，「無月経」「骨粗鬆症」「摂食障害」が挙げられていたが，「摂食障害」については，2007年に「摂食障害の有無にかかわらない low energy availability（利用可能エネルギー不足）」へ変更となった．食事からとる摂取エネルギーから運動により消費されるエネルギーを引いた残りのエネルギー量を energy availability（利用可能エネルギー）といい，基礎代謝や日常活動に使用可能なエネルギー量を指す．運動によるエネルギー消費量に対して，食事などによるエネルギー摂取量が不足した状態が続くと，卵巣を刺激する脳からのホルモン分泌（黄体形成ホルモンなど）が低下したり，骨代謝などを含む身体の諸機能に影響を及ぼすと考えられている．

表9.8　月経障害の種類と症状

月経異常の種類	正常	異常		問題点
月経開始	12歳頃	早発月経	10歳未満	早発思春期
		遅発月経	15歳以上	
		原発無月経 18歳で初経をみない		染色体異常，性の発生・分化の異常
月経閉止	50歳頃	早発閉経	40歳未満	骨粗鬆症，動脈硬化
		遅発閉経	55歳以上	乳がん，子宮体がん
月経周期の異常	25～38日	頻発月経	24日以内	無排卵周期，黄体機能不全
		稀発月経	39日以上	多のう胞性卵巣症候群
		無月経	一般的に90日	不妊，子宮体がん，骨粗鬆症
月経量の異常	20～140 mL	過多月経	凝血が混じる	子宮筋腫，子宮腺筋症，貧血
		過少月経		無排卵周期，黄体機能不全
月経持続日数の異常	3～7日	過長月経	8日以上	過多月経と同じ
		過短月経	2日以下	過少月経と同じ
月経随伴症状	なし～軽度 なし	月経時の障害	月経困難症	仕事や日常生活が困難
		月経前の障害	月経前症候群	

高橋俊文，症候論（その1）（研修コーナー），日本産科婦人科学会雑誌，**63**，1号（2011），N-7 表2.

予防のためには，体重，体脂肪率などの体組成，基礎体温を測定し，自身の正しい月経周期を知り，月経に伴う体調やその時期のトレーニング内容，食事内容なども一緒に記録し，月経周期に合わせたトレーニングメニューを組むことが必要になる．

　競技能力向上のために，自分に最適な体重，体脂肪率を知り，減量が本当に必要なのかを考慮しながら，トレーニングを行う．無理なトレーニングや減量は，競技能力の向上にはつながらず，月経障害だけではなく，ほかの深刻なスポーツ障害につながることもあり，競技スポーツを引退した後にも，その後の人生に悪影響を及ぼす危険性があることを選手自身はもちろん，指導者も認識しておく必要がある．

復習トレーニング

それぞれの障害について，対策と食事のポイントをまとめなさい．
1. 鉄欠乏性貧血
2. 炎症
3. 骨折
4. 摂食障害
5. 月経障害

10章 熱中症予防と水分補給

10章のPOINT

◆ 熱中症の分類を理解して，それぞれの症状を知ろう．
◆ 体温調節のしくみを理解して，熱中症になりやすい人や環境などの条件について知ろう．
◆ 適切な水分補給の方法を学ぶとともに，熱中症の予防法について理解しよう．
◆ 熱中症の応急処置法を学び，もしものときに備えよう．

私たちの体の中心部分の体温（**深部体温**）は，およそ37℃とほぼ一定に保たれているが，これは体温調節機能が十分に機能しているからである．この体温調節機能は私たちの生命の維持にとって重要な役割を果たしている．私たちの体の中心部分には心臓や肝臓，脳といった重要な器官があり，これらの器官の温度が40℃を超えると代謝障害などの機能障害や意識障害が起こり，生命の危機に陥るからである．

1　体温調節のしくみ

　体温調節は，体内で熱をつくりだす**産熱**と体から熱を逃がす**放熱**とのバランスで成り立っている．産熱量が放熱量よりも多くなると体温は上昇し，逆に放熱量が産熱量よりも多くなると体温は低下する．

　産熱には，基礎代謝，筋活動，ホルモンの影響，細胞代謝の影響の4つがおもにかかわっている．とくにスポーツ活動時には骨格筋が著しく収縮するため，産熱量も増加し，その結果，体温も上昇する（図10.1）．

　放熱は，輻射（皮膚から周囲へ伝達する熱），対流（皮膚と隣接する空気の移動による熱移動），伝導（皮膚などが直接接している面への熱移動），蒸発（水分の蒸発による気化熱）の4つによってなされるが，生理学的な機序としても皮膚血管の運動や発汗によるものがある（図10.1）．

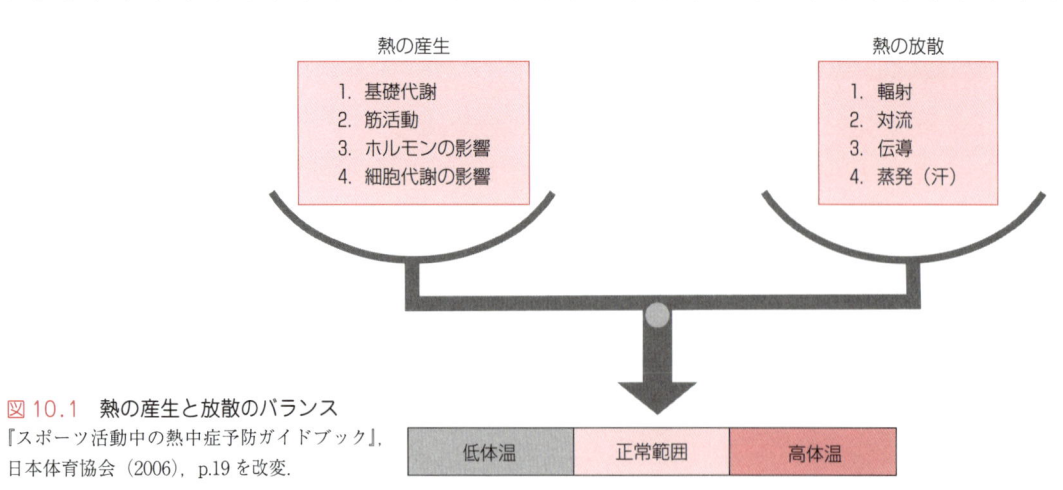

図10.1　熱の産生と放散のバランス
『スポーツ活動中の熱中症予防ガイドブック』，日本体育協会（2006），p.19を改変．

2 熱中症とその分類

熱中症とは，暑熱環境によって生じる健康障害の総称である．

熱中症はその症状の程度によってⅠ度からⅢ度に分類されている（表10.1）．

程度が最も軽症であるⅠ度は，目の前が暗くなる，血圧の低下，こむら返り，皮膚の蒼白，失神などの症状が見られ，**熱けいれん**や**熱失神**ともよばれる．

中等症のⅡ度では，強い疲労感やめまい，虚脱感，吐き気（嘔吐），体温の上昇，多量発汗，皮膚温の低下，頻脈などが見られ，**熱疲労**ともよばれる．

最も重症であるⅢ度では深部体温の著しい上昇や発汗量の低下，意識障害などが見られ，とくに危険である．

また，近年では熱中症により死亡者数が増加していることから，重症例への対応が喫緊の課題となっており，日本救急医学会は熱中症の重症度分類において重症度（Ⅲ度）を細分化し，より重症度の高い「最重症度（Ⅳ度）」が導入された．最重症度（Ⅳ度）の症状は，深部体温が40℃以上かつ意思疎通が取れない（GCS ≦ 8）場合である．

なお熱中症は，たとえⅠ度であっても放置すると進行して重症度が増すため，症状が現れた場合はすみやかに処置を行うことが大切である．

3 熱中症になりやすい環境

熱中症は，その多くが7月と8月に発生しており，とくに7月の下旬

表10.1　熱中症の分類と症状

	症　状	治　療	臨床症状からの分類	重症度
Ⅰ度（軽症）	めまい，立ちくらみ，生あくび，大量の発汗，筋肉痛，筋肉の硬直（こむら返り），意識障害を認めない	通常は現場での対応可能 → Passive Cooling[*1]，不十分なら Active Cooling[*2]，経口的に水分と電解質の補給	熱けいれん 熱失神	
Ⅱ度（中等症）	頭痛，嘔吐，倦怠感，虚脱感，集中力や判断力の低下（JSS ≦ 1）	医療機関での診察が必要 → Passive Cooling，不十分なら Active Cooling，十分な水分と電解質の補給（経口摂取が困難な時は点滴にて）	熱疲労	
Ⅲ度（重症）	下記の3つのうちいずれかを含む ・中枢神経症状（意識障害 JCS ≧ 2，小脳症状，けいれん発作） ・肝・腎機能障害（入院経過観察，入院加療が必要な程度の肝または腎障害） ・血液凝固以上（急性期 DIC 診断基準（日本救急医学会）にて DIC と診断）	入院治療の上，Active Cooling を含めた集学的治療[*3]を考慮する	熱射病	
Ⅳ度（最重症）	深部体温 40℃以上かつ GCS ≦ 8	Active Cooling を含めた早急な集学的治療		

*1 Passive Cooling：冷蔵庫の保管していた輸液製剤を投与することや，クーラーや日陰の涼しい部屋で休憩すること
*2 Active Cooling：何らかの方法で，熱中症患者の身体を冷却すること
*3 集中治療，呼吸管理，循環管理，DIC 治療などをうまく組み合わせた治療
「熱中症診療ガイドライン2024」より一部改変．

から8月の上旬にかけて多く見られる．こういった時期に炎天下や熱のこもりやすい場所でのスポーツ活動は熱中症を発症しやすい．さらに，湿度が高いときや風が弱いときは，体感温度も高く不快な環境であるだけでなく，汗が効率よく蒸発せず，体のなかに熱をこもらせやすくなるのでとくに注意が必要である（図10.2）．

また熱中症は，梅雨の合間に突然気温が上昇した日や，梅雨あけの蒸し暑い日などにも多く見られる．その原因としては，体が暑さに慣れていないということがある．人間が暑さに慣れるには，3～4日かかることが実験でわかっている．この時期は，選手個人のコンディションに気をつけながら，発汗量や体温の上昇にとくに注意を払い，暑さに慣れてゆくことが必要である．

熱中症の発生には温度だけでなく，湿度などの要因も関係していることから，熱中症予防のための温度指標として，**WBGT（湿球黒球温度）** が用いられている．WBGT は人体の熱収支に影響を及ぼす環境因子（気温，湿度，輻射熱，気流）のうち，とくに影響の大きい気温，湿度，輻射熱から算出されている．日本体育協会では，WBGT が 31 ℃（気温 35 ℃）以上では運動は原則中止などといった，WBGT を基準とした**熱中症予防のための運動指針**を定めている（図10.3）．

熱中症の事故は，暑い日や湿度が高い日だけでなく，暑いとはいえない 10 月，11 月や 2 月にも発生しており，気温がそれほど高くなくても湿度などの条件により熱中症が発生することを認識しておくことが必要である．

WBGT

WBGT（wet-bulb globe temperature：湿球黒球温度）は，人体への熱収支に影響の多い気温，湿度，輻射熱（直接伝わる熱）の3つを取り入れた熱中症予防の指標．乾球温度と湿球温度，黒球温度により次の式で算出される．
屋外：WBGT ＝ 0.7 × 湿球温度
　　　　　　 ＋ 0.2 × 黒球温度
　　　　　　 ＋ 0.1 × 乾球温度
屋内：WBGT ＝ 0.7 × 湿球温度
　　　　　　 ＋ 0.3 × 黒球温度

図 10.2　熱中症死亡事故の月別発生件数
「熱中症を予防しよう －知って防ごう熱中症－」，日本スポーツ振興センター，学校安全 Web．（学校管理下における熱中症死亡事故発生時の環境温度，中井誠一，川原　貴）．
https://naash.go.jp/anzen/anzen_school/anzenjouhou/taisaku/nettyuusyo//tabid/846/Default.aspx

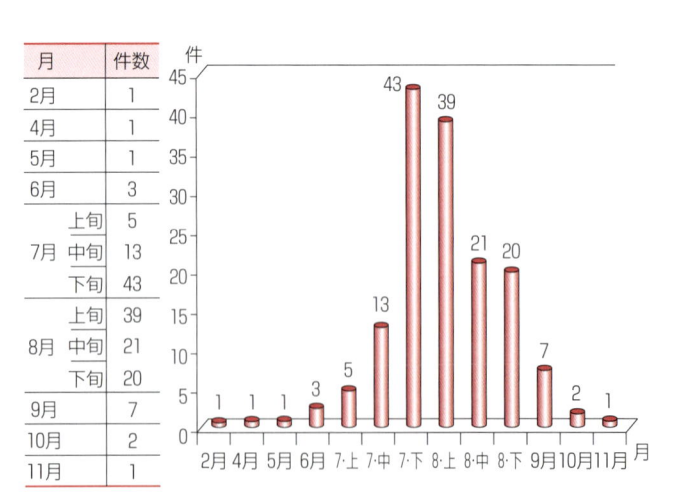

月		件数
2月		1
4月		1
5月		1
6月		3
7月	上旬	5
	中旬	13
	下旬	43
8月	上旬	39
	中旬	21
	下旬	20
9月		7
10月		2
11月		1

4　熱中症にかかりやすい人

　熱中症の発症は，気温，湿度，気流，日射などの環境要因だけでなく，性別，年齢，体調などの健康状態，作業や運動の時間や強度，発汗量や水分の補給状態など，さまざまな要因によっても強く影響を受ける．

　熱中症と体格との関係では，学校管理下での熱中症事故のうち，約7割が肥満傾向であるという報告がある．肥満の人は同じ運動でもエネルギー消費が大きく，熱の発生も多くなるうえ，皮下脂肪が熱の放散を妨げるため**うつ熱**が起きやすくなるからである．

　また，年齢が高くなるとともに熱中症の発生件数は増加している．65歳以上では屋外だけでなく，室内でも日常生活中に発症しており，その発生件数はとくに多く，高齢者に対する熱中症予防対策が重要である（図10.4）．

　さらに，暑い環境のもとで，発熱・疲労・下痢などで体調を崩し，朝食をとっていない，寝不足といった場合は，熱中症が発生しやすいといわれている．

　次のような人は熱中症にかかりやすいため，注意が必要である．

- 体力の弱い人（新入生や新人）
- 肥満の人
- 幼児や学童
- 高齢者
- 風邪や発熱など体調不良の人
- けがや故障している人
- 暑熱順化のできていない（暑さに慣れていない）人

> **うつ熱**
> 周囲の温度や湿度の上昇，衣類などの原因により，産生された熱よりも放散された熱が小さくなった場合や，体温調節機能が未熟だったり限界を超えたりして熱の放散が小さくなったときに，体内に熱がこもってしまい体温が上昇すること．

WBGT℃	湿球温℃	乾球温℃		
31	27	35	運動は原則中止	WBGT31℃以上では，皮膚温より気温のほうが高くなり，体から熱を逃すことができない．特別の場合以外は運動は中止する．
28	24	31	厳重警戒（激しい運動は中止）	WBGT28℃以上では，熱中症の危険が高いので，激しい運動や持久走など体温が上昇しやすい運動は避ける．運動する場合には，積極的に休息をとり水分補給を行う．体力の低いもの，暑さになれていないものは運動中止．
25	21	28	警戒（積極的に休息）	WBGT25℃以上では，熱中症の危険が増すので，積極的に休息をとり水分を補給する．激しい運動では，30分おきくらいに休息をとる．
21	18	24	注意（積極的に水分補給）	WBGT21℃以上では，熱中症による死亡事故が発生する可能性がある．熱中症の兆候に注意するとともに，運動の合間に積極的に水を飲むようにする．
			ほぼ安全（適宜水分補給）	WBGT21℃以下では，通常は熱中症の危険は小さいが，適宜水分の補給は必要である．市民マラソンなどではこの条件でも熱中症が発生するので注意．

- 環境条件の評価はWBGTが望ましい．
- 湿球温度は気温が高いと過小評価される場合もあり，湿球温度を用いる場合には乾球温度も参考にする．
- 乾球温度を用いる場合には，湿度に注意．湿度が高ければ，1ランク厳しい環境条件の注意が必要．

図10.3　熱中症予防のための運動指針
『スポーツ活動中の熱中症予防ガイドブック』，日本体育協会（2006），p.12より．

・熱中症になったことがある人
・性格的に，我慢強い，まじめ，引っ込み思案な人

5　熱中症の予防

　スポーツ活動中の熱中症事故は，適切に予防さえすれば防ぐことができる．しかし，予防に関する知識が十分には普及していないため，熱中症による死亡事故が毎年発生している．日本体育協会は，熱中症予防の原則を**熱中症予防8か条**にまとめ，熱中症事故をなくすためのよびかけをしている．

【熱中症予防8か条】
① 知って防ごう熱中症
　熱中症とは暑い環境で発生する障害の総称で，熱失神，熱疲労，熱けいれん，熱射病がある．スポーツでおもに問題となるのは熱疲労と熱射病である．
② あわてるな，されど急ごう救急処置
　涼しい場所に運び，衣服をゆるめて寝かせて水分を補給する．また，足を高くし，手足を末梢から中心部に向けてマッサージするのも有効である．吐き気や嘔吐などで水分補給ができない場合には，病院に運び，点滴を受ける必要がある．また応答が鈍い，言動がおかしいなどの異常が少しでも見られるときは，重症と考えて処置すること．
③ 暑いとき，無理な運動は事故のもと
　熱中症の発症には，気温，湿度，輻射熱（直射日光など）が関係する．同じ気温でも湿度が高いと危険性が高まるため注意が必要である．これ

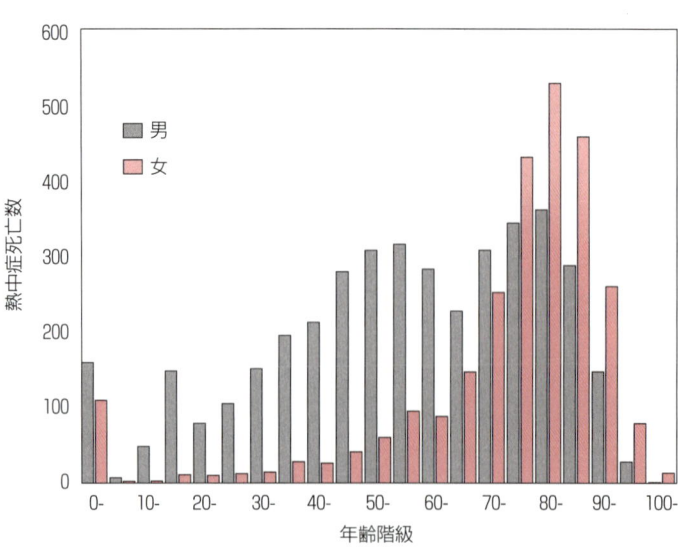

図 10.4　熱中症死亡数の年齢階級別累積（1968年〜2007年）

環境省「熱中症環境保健マニュアル2009」，p.6，図1-4より．

らを総合的に評価する指標としてWBGT（湿球黒球温度）がある．また，運動強度が強いほど体内で発生する熱も多くなるため，熱中症の危険性も高まる．

④ 急な暑さは要注意

暑熱環境での体温調節能力には，暑さへの慣れ（暑熱順化）が関係する．急に暑くなったときは運動を軽減し，暑さに慣れるまでの数日間は，短時間の軽い運動から徐々に増やすなどの注意が必要である．

⑤ 失った水と塩分を取りもどそう

汗からは水と同時に塩分も失われる．水分の補給には0.1〜0.2%の食塩水が適している．

⑥ 体重で知ろう健康と汗の量

運動前後に体重を計ることで，運動中に失われた水分量を求めることができる．体重の3%の水分が失われると運動機能や体温調節能力が低下するため，体重減少が2%を超えないように水分補給を行う．

⑦ 薄着ルックでさわやかに

暑いときには服装は軽装にし，吸湿性や通気性のよい素材のものを着用するよう心がける．屋外では帽子の着用も有効である．また，休憩中には衣服を緩めて熱を逃がす工夫も大切である．

⑧ 体調不良は事故のもと

疲労，発熱，風邪，下痢など体調の悪いときは体温調節能力も低下し，熱中症につながりやすいので注意が必要である．

表10.2 運動時の水分補給の目安

運動の種類	運動強度		水分摂取の目安（mL）	
	運動強度（%）	持続時間	競技前	競技中
トラック競技 バスケット サッカーなど	75〜100	1時間以内	250〜500	500〜1000
マラソン 野球など	50〜90	1〜3時間	250〜500	500〜1000/1時間ごと
ウルトラマラソン トライアスロンなど	50〜70	3時間以上	250〜500	500〜1000/1時間ごと 必ず塩分を補給

『スポーツ活動中の熱中症予防ガイドブック』，日本体育協会（2006），p.16より．

6 水分補給

運動時の水分補給には，補給量，水分の種類，濃度，給水のタイミングなどが重要となる．補給する水分の量は，汗で失われた分を補給するのがよいとされている．しかし水分を急速に過剰摂取すると，胃の膨満感や腹痛をもたらすことがあるだけでなく，**水中毒**を引き起こし，頭痛，吐き気，嘔吐，倦怠感，けいれん，ショックなどを起こすことがある．そのため水分補給は少量ずつ頻回に行うのがよい．

また，運動を始める前に 250～500 mL 程度飲んでおくのがよいとされている．日本体育協会では，運動中の水分補給の仕方について，運動の強度と持続時間を参考にした基準を定め，水分補給の目安として提言している（表 10.2）．

前述したように，汗をかくと水分と同時に塩分も失われるため，水だけを摂取すると体液が薄められ自発脱水を起こし，より危険な状態になる．自発脱水を防ぐためにも，塩分を 0.1～0.2% 程度含んだものを摂取することが望ましい．市販のスポーツドリンクを活用するのもよい．

日本体育協会では，運動中の水分補給に関して，次のようなことをあげている．

- 給水量は，発汗による体重減少量の 50～80% 程度とする．
- 気温の高いときは 15～20 分ごとに飲水休憩をとる．
- 1 時間に 2～4 回に分けて，1 回 200～250 mL の飲水を行う．
- 塩分の濃度が 0.1～0.2% であり，糖分を 4～8% 程度含んでいるのが好ましい．
- 水温は 5～15 ℃がよい．

水中毒
過剰の水分摂取をすることで体液が薄まってしまい，低ナトリウム血症を起こす中毒症状のこと．イベント大会やマラソン大会で，水を大量に摂取して死亡した事例も報告されている．

自発脱水
発汗などで脱水が生じたときに水だけを飲むと，水分は補給されるが電解質は補給できないため，体液濃度は低下する．このとき体液濃度の低下を抑えようと利尿作用が生じ，余分な水分を尿として排泄してしまうため，結果的に脱水状態になってしまうこと．

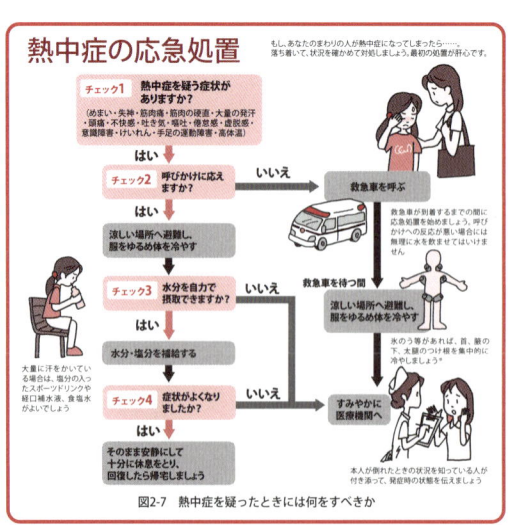

図 10.5 熱中症を疑ったときには何をすべきか（現場での応急措置）
環境省「熱中症環境保健マニュアル 2022」，p.26 の図 2-7 より．

7　熱中症の応急処置

熱中症は予防が大切である．しかし，もしも熱中症が発生してしまった場合はすみやかに応急処置や必要な措置をとる必要がある（図10.5）．

暑いときや湿度の高いときなどは，熱中症の兆候にとくに注意し，少しでも異常が見られたときは早めに休むことが大切である．その際，涼しい場所に運び，衣服を緩めて寝かせるようにするとよい．めまい，立ちくらみ，頭痛，吐き気，倦怠感などが見られる場合は，安静にして水分・塩分の補給を行う．その際，自分で水分摂取ができない場合はすみやかに病院へ運ぶ．

体温が異常に高い場合や，意識障害が見られる場合は重症なので，すぐに救急隊を要請し，救急隊の到着までの間，積極的に体を冷やすことが大切である（Active Cooling）．

熱中症は，どんなに軽度であっても放置すると進行するものであり，死の危険が差し迫った緊急疾患であることを十分認識することが大切である．

復習トレーニング

次の文章のカッコの部分に適切な言葉を入れなさい．
❶ 熱中症の発症には，気温，（　　　），（　　　）が関係する．また気温があまり高くなくても（　　　）が高まると発症の危険性が高まる．

❷ 熱中症予防の総合的な指標として（　　　）がある．
❸ 運動に伴う体重の減少が（　　　）％を超えないように水分補給を行う．
❹ 水分の補給には約（　　　）％の（　　　）を含んだものがよい．さらに4～8％の（　　　）を含んでいるものが好ましい．
❺ 運動などを行っているときに（　　　），立ちくらみ，（　　　），吐き気，倦怠感などが見られる場合は，（　　　）場所に運び安静にして（　　　）を行う．

11章

健康の維持・増進のための運動と栄養
―エクササイズガイド・食事バランスガイド

11章の POINT

- ◆ 食生活指針とは現代人が抱える食生活上の問題を取りあげ，その問題点に対しどのように改善すればよいのか，また理想的な食生活を送るためのメッセージを示したものであることを理解しよう．
- ◆ 食事バランスガイドとは，食生活指針に示された項目を具体的に実践できるようにするためのツールとして作成されたものであることを理解しよう．
- ◆ 運動が健康にとって，よくもあり悪くもあることを理解しよう．
- ◆ 心拍数やメッツなどを活用し，健康によりよい運動や身体活動ができ，また計画が立てられるようにしよう．

1 健康と運動

私たちは，健康の維持のためにさまざまな努力を行っている．とくに近年では，**メタボリックシンドローム**をはじめとした生活習慣病を予防するために，日々の食事に気を使うだけでなく，さまざまな運動が紹介されて実施されている．一部にはマスメディアの効果も相まって，ファッション感覚で行うまでに発展しているものもある．

運動を行うと，心拍数や換気量が増加するなど，身体機能にさまざまな変化が見られる．すなわち，運動は身体にとって一種のストレスであると考えられる．つまり，運動は行い方によっては身体によい効果をもたらすこともあれば，逆に障害をひき起こすような悪い効果を生むこともある（図 11.1）．

（1）運動のポジティブ効果

運動によって心肺機能が高まる，筋力が高まるといったように，運動のポジティブな効果を示す報告は数多くある．また，**ベッドレストスタディー**のように不活動による身体機能の変化を調べた研究によって，不活動に伴い循環器系機能の低下，骨量の減少，骨格筋の萎縮，起立耐性の低下などが生じることが示されている．このような不活動により生じる変化は，私たちの活動性を減弱させるだけでなく，それによって基礎代謝を低下させて，肥満しやすい体質をつくりだしてしまう．すなわち，運動不足による健康被害は甚大であり，運動は健康の維持や増進のためには欠くことのできないものであるといえる．

さらに運動と疾病との関係においても，糖尿病や高血圧などのさまざ

ベッドレストスタディー
巻末「用語解説」も参照．

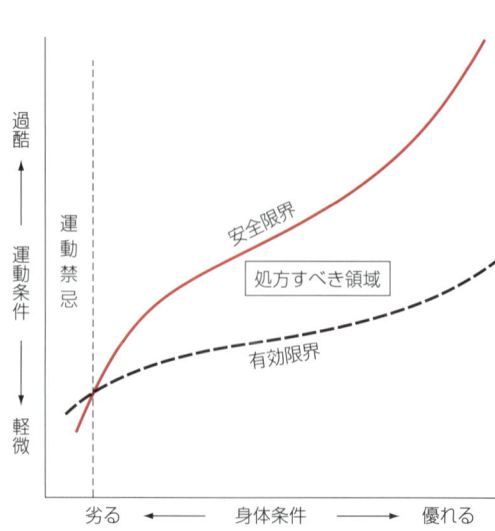

図 11.1 身体条件と運動の安全限界および処方すべき領域との関係を示す概念図

池上晴夫，『運動処方の実際』，〈PH 選書〉，大修館書店，(1999)，p.45 の図 10 より．

まな疾患に対して，効果の期待できる治療の一つとして，**運動療法**が活用されていることもあり，運動が疾病の治療や予防の一つとしても位置づけられている．

（2）運動のネガティブ効果

運動時には，骨折や捻挫，肉離れなどの外傷が生じる危険性がある．また，野球肘やテニス肘など，いわゆる**オーバーユースシンドローム**（使いすぎ症候群）も運動に伴って生じる整形外科的疾患であり，過度な運動や誤った知識での運動によるネガティブな効果の1つである．また，運動中の突然死も，運動以外の要因も複雑に絡み合ってはいるものの，運動時に発生する危険性の高い事故であり，運動がネガティブに作用したものの一つである．

健康の維持・増進のための運動も，誤った知識で実践したり，過度であったりすると，むしろ健康を損なう危険性があるといえる．

2　身体活動・運動ガイド

運動を行うにあたって，運動のもつポジティブ効果を最大限に生かし，かつ安全に実施するために，個人にあった計画を立てることが望ましい．すなわち，運動処方の作成である．**運動処方**は，性別や年齢だけでなく，体力レベルや既往症，運動の目的や生活状況なども考慮に入れて，どのような運動を，どれくらいの強度，時間，回数，頻度で実施するかを決定するものである．運動処方の作成の際には，**トレーニングの原則**（過負荷，漸進性，反復性・可塑性，特異性，意識性，個別性，全面性）を

表11.1　トレーニングの原則

過負荷（オーバーロード）の原則	体力の向上には，日常生活で発揮しているよりも高い強度でトレーニングする必要がある．
漸進性の原則	運動の強さや量は，段階的に増加させるべきである．傷害は，急激に増加させたときに生じる場合が多いからである．
反復性・可塑性の原則	運動効果は一朝一夕に得られるものではなく，反復することで向上が見られる．しかし，トレーニングを中止すれば，向上した機能はもとにもどる．
特異性の原則	働きかけたようにしか身体機能は高まらない．代謝特異性（持久系かスプリント系か），関節角度特異性などへの理解が必要である．
意識性の原則	トレーニングを実施する者が，その目的を理解し，意識することが重要である．
個別性の原則	個人差（性，体力レベル，年齢，生活環境など）や個人の嗜好を考慮する必要がある．
全面性の原則	可能な限り，すべての体力要素をバランスよく高めるよう働きかける．

『健康づくりのための運動の科学』，〈はじめて学ぶ健康・スポーツ科学シリーズ 11〉，鵤木秀夫 編，p.68 より．

考慮する必要がある（表11.1）．すなわち，効果的なトレーニングのためには，ある程度強めの適切な負荷をかける必要があり，継続的にそのトレーニングを行わなければ効果は得られないのである．また，安全にトレーニングを行うためにも，事前にメディカルチェックを行い，運動によって悪化する危険性のある因子がないかどうかを確認しておくことが大切である．

（1）運動の種類

運動はエネルギー供給の観点から，大きく2つに分類することができる（図11.2）．比較的短時間に強い力を必要とする無酸素性運動と，長時間にわたって持続する有酸素性運動である．

無酸素性運動の代表的なトレーニングの1つである**レジスタンストレーニング**は，ダンベルやゴムチューブなどを負荷に使って筋力や筋持久力を鍛えるトレーニングである．適切な方法での実施により，骨格筋の機能を高めて，日常活動能力の低下の予防や，基礎代謝を高める効果が期待できる．

有酸素性運動は，糖質だけでなく脂質もエネルギー源とするため，生活習慣病のリスクファクターである脂質を直接燃焼することができる大変有効な手段である．

（2）運動の強度

① **レジスタンストレーニング**

レジスタントレーニングでは通常，ウエイトトレーニングの形態をとる（表11.2）．器具の種類は，ダンベルをはじめとしたフリーウエイト

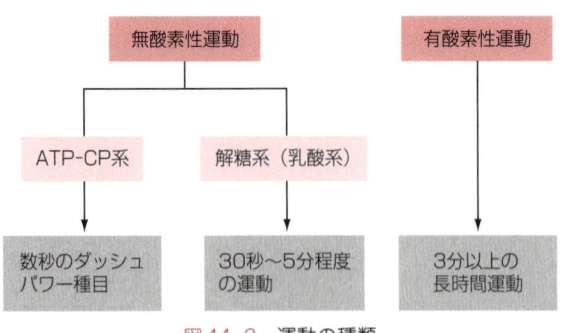

```
           無酸素性運動                    有酸素性運動
          ┌──────┴──────┐
      ATP-CP系      解糖系（乳酸系）
          ↓              ↓                    ↓
      数秒のダッシュ   30秒～5分程度      3分以上の
      パワー種目       の運動              長時間運動
```

図11.2　運動の種類

やウエイトマシーン，ラバーバンドなどがあるが，自分の体重を有効に活用する方法もある．スクワットや腕立て伏せなどがそれである．

レジスタンストレーニングでは，アームカールなどのような単関節の運動や，ベンチプレスなどのような多関節の複合運動がある．そのどちらも四肢あるいは体幹の大きな筋群に主眼をおいて実施すべきである．

一般的には10～15回反復できる重さを用いて疲労に達するまでの反復を1セットとし，各筋群のトレーニングを2～4セット行うとよい．

② 有酸素性運動

有酸素性運動のトレーニング強度の指標には，最大酸素摂取量，心拍数，自覚的運動強度などがある．**最大酸素摂取量**はエネルギー消費量を容易に求められるという利点がある．しかしその測定には高価な機器を必要とするため，誰もが手軽に用いられる方法ではない．一般にスポーツ科学の現場で用いられるものは，心拍数や自覚的運動強度などである．

心拍数：心拍数を用いた運動強度の表し方には，運動時の心拍数が最高心拍数の何％であるかを単純に表現するもの（％HRmax）と，**予備心拍数（カルボーネン法**：安静時心拍数と最高心拍数の差，HR Reserve）を用いるものとがある（％HRR）．図11.3．それぞれの方法で求めた**目標心拍数**あるいは運動強度には大きな差が生じるため，混同して用いないように気をつける必要があるが，どちらも日常に用いる方法としては有用である．安静状態も考慮したうえで，心肺機能への負担度を表しているという観点から，一般的には予備心拍数を用いるカルボーネン法を活用している場合が多い．

また，どちらの方法でも最高心拍数を知る必要があるが，その測定は容易ではないため，一般には年齢から推定した値（**予測最高心拍数**，

最高心拍数
heart rate max（HRmax）.

表11.2 レジスタンストレーニングプログラムのポイント

	体づくりのためのプログラムのポイント	高齢者の筋力トレーニングのポイント	%1RM	反復回数（回）	%1RM	反復回数（回）
エクササイズ	現在の体型や各部位の筋肉の発達などを考慮して，各部位について1～3種類のエクササイズを選択	8～10種類のエクササイズ 大筋群を使用する多関節エクササイズを中心に	100	1	77	9
			95	2	75	10
			93	3	70	12
負荷	8～12 RM（1 RMの70～80%）	20 RM（60% 1 RM以下）	90	4	67	15
反復回数	8～12回（最大反復）	10～15回	87	5	65	18
セット数	1つのエクササイズについて2～3セット	1つのエクササイズについて1セット	85	6	60	20
セット間の休息時間	30～90秒	1つのプログラムの所用時間は20～30分（60分以上は行わない）	80	8	60以下	20以上
頻度	週3回（中1～2日空ける）	週2回（48時間以上の休息を空ける）				

有賀誠司，『基礎から学ぶ 筋力トレーニング』，ベースボールマガジン社（2009年），p.77より．

有賀誠司，『基礎から学ぶ 筋力トレーニング』，ベースボールマガジン社（2009年），p.61より．

220 − 年齢）を用いる.

【% 最高心拍数法（%HRmax）を用いる方法】

　　最高心拍数 ＝ 220 − 年齢

　　運動強度(%) ＝ $\dfrac{心拍数}{最高心拍数}$ × 100

　　目標心拍数 ＝ 運動強度 × 最高心拍数

【予備心拍数を用いる方法：カルボーネン法（%HRR）】

　　最高心拍数 ＝ 220 − 年齢

　　予備心拍数 ＝ 最高心拍数 − 安静時心拍数

　　運動強度(%) ＝ $\dfrac{(運動時の心拍数 − 安静時心拍数)}{予備心拍数}$ × 100

　　目標心拍数 ＝（予備心拍数 × 運動強度）＋ 安静時心拍数

　一般に健康を目的としたときの運動時の心拍数の目安は，最大の50〜60％程度である．ただし，ほとんど運動をしていない人は30〜40％程度の強度からスタートするのがよい．

　例として，20歳で安静時心拍数が70拍/分の人が50％の強度を目標としたときの目標心拍数を求める．

　%HRmax を用いると

　　最高心拍数 ＝ 220 − 20 ＝ 200

　　目標心拍数 ＝ 200 × 0.5 ＝ 100 拍 / 分

　カルボーネン法（%HRR）を用いると

　　予備心拍数 ＝（220 − 20）− 70 ＝ 130 拍 / 分

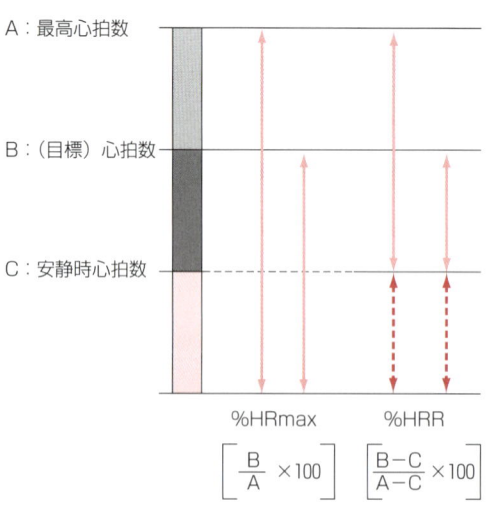

図 11.3　%HR と %HRR

$\left[\dfrac{B}{A} \times 100\right]$　$\left[\dfrac{B-C}{A-C} \times 100\right]$

A：最高心拍数
B：（目標）心拍数
C：安静時心拍数

目標心拍数 ＝（130 × 0.5）＋ 70 ＝ 135 拍／分

【自覚的運動強度（rate of perceived exertion，RPE）】

自覚的運動強度は，運動中に感じる主観的な強度の尺度であり，どの程度「きつい」かを点数化したものである（図 11.4）．一般にはボルグ（Borg）スケールが用いられている．たとえば，運動を行ったときに「ややきつい」と感じたのであれば，13（12 ～ 14）となる．また，この尺度を 10 倍すると，そのときのおよその心拍数に相当する．すなわち，「ややきつい」（RPE13）ときの心拍数はおよそ 130 拍／分前後であると推定できる．RPE の点数には心理学的要因や，気分，環境条件，運動の種類，年齢などが影響する．

【メッツ（metabolic equivalents：METs）とメッツ・時】

安静時代謝を基準として，身体活動によるエネルギー消費が安静時の何倍に相当するかということを表したものを**メッツ（METs）**という．

$$メッツ = \frac{身体活動時の代謝量}{安静時代謝量}$$

座位安静でのエネルギー消費量を 1 メッツとし，その他あらゆる身体活動がこの倍数という形で表現され，それがどの程度の強度に相当するかを示すことができる．なお，活発な身体活動とは 3 メッツ以上の身体活動のことを指しており，たとえば 3 メッツの活動・運動は普通歩行（67 m／分）や屋内の掃除，バレーボールなどがあり，4 メッツは速歩（95 ～ 100 m／分程度），卓球などがある．

また，メッツに実施時間（時間）を乗じた「メッツ・時」は運動量を表

> メッツ
> 5 章，巻末「用語解説」も参照．
>
> RPE
> 巻末「用語解説」も参照．
>
> 健康づくりのための
> 身体活動・運動ガイド 2023
> 「健康づくりのための身体活動基準 2013」の策定から 10 年が経過し，身体活動・運動に関する新しい知見が蓄積されてきている一方で，健康日本 21（第二次）の最終評価では身体活動・運動の指標が横ばいから減少傾向であることが示された．このような状況から「健康づくりのための身体活動基準 2013」が見直され，「健康づくりのための身体活動・運動ガイド 2023」が策定された．
> 詳細は https://www.mhlw.go.jp/content/001194020.pdf を参照．

A　RPE 尺度		B　修正 RPE 尺度	
6		0	何も感じない
7	非常に楽	0.3	
8		0.5	極端に弱い
9	かなり軽い	0.7	
10		1	非常に弱い
11	やや楽	1.5	
12		2	弱い
13	ややきつい	2.5	
14		3	ちょうどよい
15	きつい	4	
16		5	きつい
17	かなりきつい	6	
18		7	かなりきつい
19	非常にきつい	8	
20		9	
		10	きわめてきつい
		11	
		•	疲労困憊

図 11.4　自覚的運動強度（RPE）
American College of Sports Medicine 編，『運動処方の指針』より引用一部改変．

している．「健康づくりのための身体活動・運動ガイド2023」においても，成人の健康づくりのための身体活動として「強度が3メッツ以上の身体活動を週23メッツ・時以上行うこと，強度が3メッツ以上の運動を週4メッツ・時以上行うこと」のように推奨される運動量を示している．

ちなみに，実施する身体活動のメッツ（メッツ・時）から消費カロリーを推定することも可能である．消費カロリー（kcal）＝ 1.05 × メッツ・時 × 体重（kg）によって算出できる．たとえば，体重70 kgの人が平地の普通歩行（67 m／分）を30分行った場合，消費カロリーは110.25 kcalという計算になる（1.05 × 3 × 0.5時間 × 70 kg）．

3 運動を行うにあたって

運動を行うにあたっては，事故を引き起こさないようその日の体調や天候などに十分注意して行うことが大切である．とくに持病のある人はかかりつけの医師に相談して，安全に運動を行うことが重要である．さらに体力にあった運動を行うとともに，運動の前後に準備運動や整理運動を行うことが必要である．

運動を安全に行うための注意事項を次にあげる．

- 服装は気候に合ったものを選び，身体が自由に動かせるものがよい．
- その日の体調に合わせて，運動の量や強度を調節する．
- 事故の予防や疲労の軽減のため，運動の前とあとに準備運動と整理運動を行う．
- 膝や腰などに痛みが生じた場合や体調が優れない場合は運動を中止する

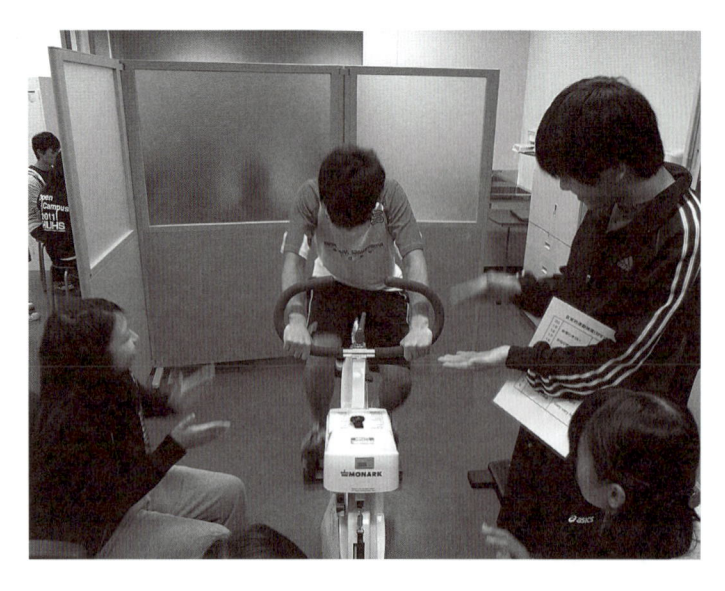

・気温が高いときに運動をする場合には,脱水や熱中症に十分注意する.

脱水,熱中症
10章も参照.

4　食事バランスガイド

　現在,食生活に関する情報はあふれており,どの情報を取り入れるのがよいのかわかりにくい社会になりつつある.また,人により必要な情報は異なるので,一つの情報が誰にでも正しくあてはまるということもない.しかし,すべての人に共通して食は大切なものであり,個人が食生活の重要性を理解することが必要である.食について,自分に必要な知識や情報を取捨選択できる力をつけることが何より大切になっている.

　そこで,2006（平成12）年に文部省（当時),厚生省（当時),農林水産省は望ましい食生活についてのメッセージを**食生活指針**として策定した.さらに2005（平成17）年には,厚生労働省,農林水産省が食生活指針を実際の食生活のなかで具体的に実践できるツールとして**食事バランスガイド**を決定した（図11.5).

　食事バランスガイドは「何を」「どれだけ」食べたらよいかという食事の基本を「コマ」をイメージしたイラストで描かれている.バランスよく食べて,運動するとコマは安定して回るが,食事のバランスが悪いとコマは傾いて倒れてしまう,というイメージである.コマの上に位置する料理グループほど面積が大きく,食べる必要がある量が多くなっている.また,水分をコマの軸として,食事のなかで欠かせないものであることを示している.1日に何をどれだけ食べればよいかを食品や食材ではなく,日常食べている出来上がった状態の「料理」で表しているのが特徴の1つである.一般の人びとが栄養の学習をしなくても簡単にバ

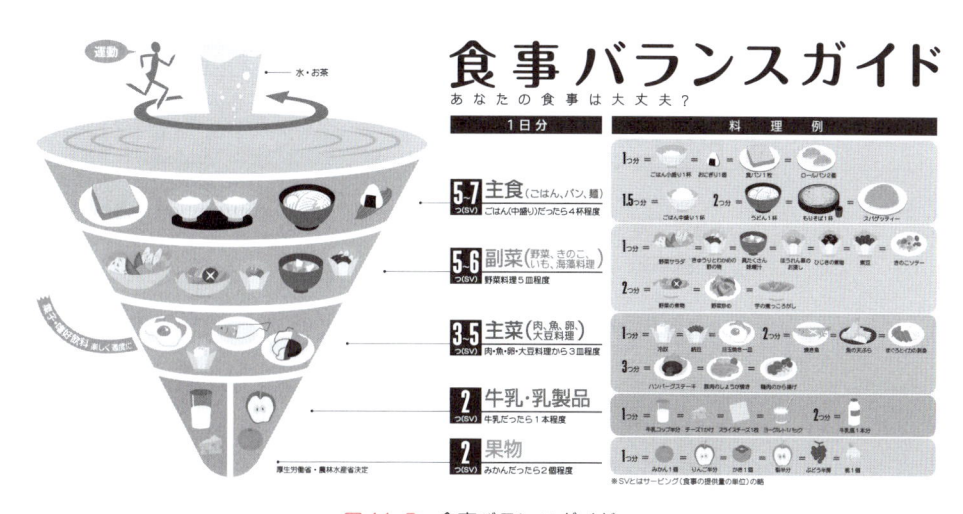

図11.5　食事バランスガイド
www.maff.go.jp/j/balance_guide/

食事バランスガイドの菓子，嗜好飲料

菓子（菓子パンも含む），嗜好飲料は食生活のなかで楽しみとして適度にとるという意味あいから，食事バランスガイドのコマの「ヒモ」として表し，1日200 kcal程度を目安にする．
200 kcalの目安を次に示す．
せんべい3～4枚，ショートケーキ1/2個，ビール500 mL（350 mL缶で1本半程度）

食生活指針

食生活指針とは普段の食生活をどのように組み立てればよいのかを示した指針である．食生活指針は栄養の専門家である栄養士などでなくても一般の人たちが簡単に活用できるようにわかりやすく策定されている．理想的な食生活を組み立てやすくするためではなく，糖尿病，心疾患，脳血管疾患など食生活と深い関係がある病気を予防するための目的としても策定されている．1章も参照．

ランスのよい食事ができるようになることを目標にしている．

現代人は忙しい生活を送るなかで朝食欠食，栄養の偏り，不規則な食事，肥満や生活習慣病の増加，過度のやせ志向，家族と一緒の食事の減少，などさまざまな問題が生じている．このような問題を解決するために自分自身や家族の食生活を見直すことで個人の問題解決だけではなく，日本全体の食料生産への理解や減少しつつある日本型食生活の復活などにもつながると考えられる．このため，2005（平成17）年に**食育基本法**が制定され，2006（平成18）年に内閣総理大臣を会長とする食育推進会議により**食育推進基本計画**が決定され，国全体で**食育**を進めていくこととなった．これは，子どもから成人，高齢者にいたるまで関係していることで，どの年代をとっても「食事バランスガイド」の活用により理想的な食生活を目指すことができるしくみになっている．個人の食生活の改善に始まり，日本全体の食文化や食糧生産の問題解決につなげていくことが，今後必要なことである．

（1）食事バランスガイドの特徴

食事バランスガイドの特徴を次にあげる．

- 「食事バランスガイド」は五つの料理グループ（主食，主菜，副菜，牛乳，乳製品，果物）から構成されており，どれだけ食べればよいのかを示している（図11.6, 11.7）．
- それぞれの料理グループをどれだけ食べたらよいかの量は1つ，2つ「つ（SV）」で数える．SVとは**サービング**（料理の単位）である．
- それぞれのSV数は，グループごとに数える．主菜をたくさん食べるために，副菜を減らす，といったことはできない．

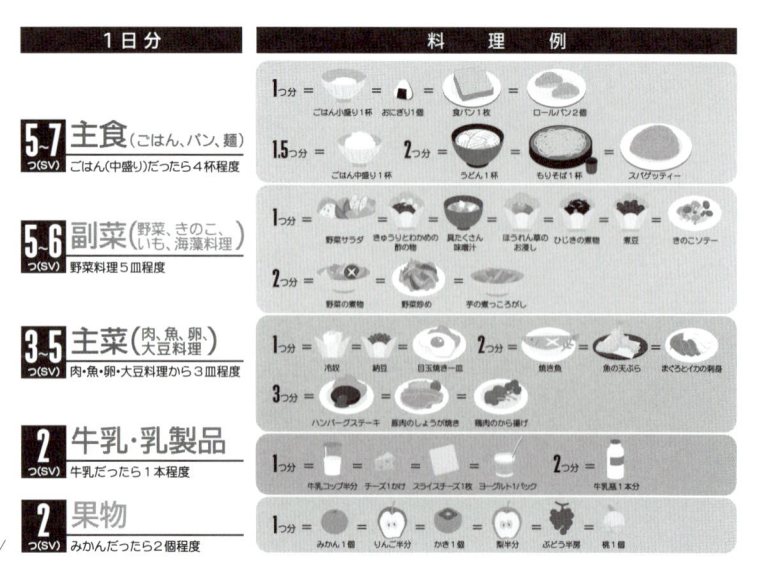

図11.6　1日分の適量
図11.5の右側を拡大して示す．
www.maff.go.jp/j/balance_guide/

- 食べる量の目安は「日本人の食事摂取基準（2005年版）」（厚生労働省）をもとに設定されている．このため，各料理グループの分類は**五大栄養素**（炭水化物，たんぱく質，脂質，ビタミン，ミネラル）とほぼ矛盾なく対応している．ただし，「食事バランスガイド」は，栄養素だけではなく実際に食べている状態の料理でグループ分類されており，たとえば「いも類」は栄養素的には「炭水化物」に分類されているが，サラダや煮物で食べられていることが多いので，「食事バランスガイド」では主食ではなく，副菜としてグループ分類されることが多い．
- 「食事バランスガイド」は健康な人が対象であり，糖尿病や高血圧などで医師の指導を受けている人はそちらの指示に従う．

（2）実際の五つの料理グループと数え方

次に，食事バランスガイドの五つの料理グループとそれぞれの数え方について述べる（図11.7参照）．

① **主食**
- 主食とは炭水化物の供給源である．ご飯，パン，麺，パスタなどを主材料とする料理である．
- おにぎり1個が「1つ」くらいと考える．ご飯大盛り1杯は「2つ」くらい，麺やパスタは1人前なら「2つ」くらいが目安になる．

② **主菜**
- 主菜とはたんぱく質の供給源となる魚，肉，卵，大豆および大豆製品などを主材料とする料理である．
- 卵1個の料理が「1つ」くらいと考える．魚料理（1人前）は「2つ」

食事バランスガイドの「水・お茶」

食事バランスガイドでは水やお茶をコマの軸として表している．水やお茶は飲料としてだけでなく，食品や料理などにも含まれているので，実際の摂取量の把握が難しい．よって量的な目安は示されていない．ここでのお茶とは，緑茶類・発酵茶類を示し，ジュースやアルコールなどの飲料は含まない．

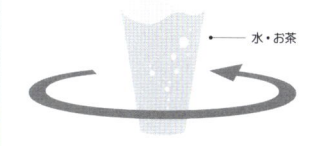

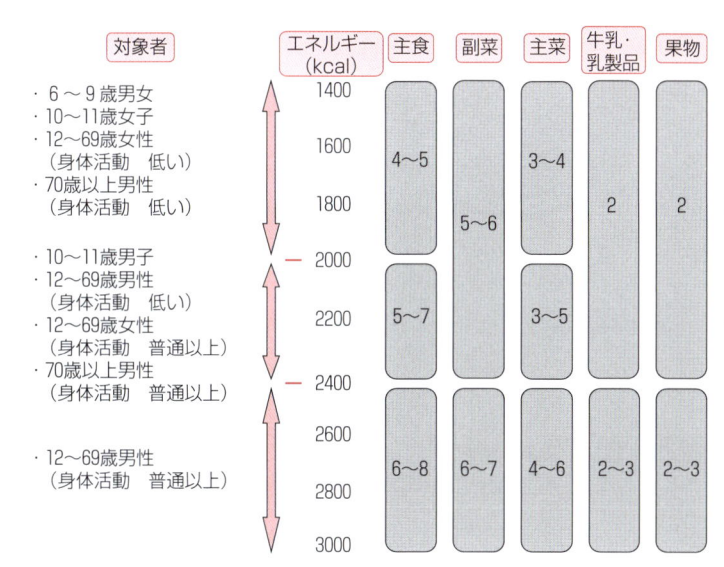

対象者	エネルギー(kcal)	主食	副菜	主菜	牛乳・乳製品	果物
・6〜9歳男女 ・10〜11歳女子 ・12〜69歳女性（身体活動 低い） ・70歳以上男性（身体活動 低い）	1400〜2000	4〜5	5〜6	3〜4	2	2
・10〜11歳男子 ・12〜69歳男性（身体活動 低い） ・12〜69歳女性（身体活動 普通以上） ・70歳以上男性（身体活動 普通以上）	2000〜2400	5〜7	5〜6	3〜5	2	2
・12〜69歳男性（身体活動 普通以上）	2400〜3000	6〜8	6〜7	4〜6	2〜3	2〜3

図11.7 「食事摂取基準（2010年版）」による対象者特性別，料理区分における摂取の目安
単位：つ（SV）

▼ 身体活動量の見方
「普通」：座位中心だが仕事・家事・通勤・余暇での歩行や立位作業を含む場合，または歩行や立作業が多い場合や活発な運動習慣をもっている場合
「低い」：生活の大部分が座位の場合
厚生労働省・農林水産省：フードガイド検討会報告書／食事バランスガイド．

くらい，肉料理は「3つ」くらいが目安になる．

③ **副菜**
- 副菜とはビタミン，ミネラルおよび食物繊維の供給源となる野菜，きのこ，いも，豆類（大豆を除く），海藻などを主材料とする料理である．
- 小皿や小鉢に入った野菜料理1皿分が「1つ」くらいと考える．中皿や中鉢に入ったものは「2つ」くらい，野菜100％ジュース1本（飲みきりサイズ）は「1つ」が目安になる．

④ **牛乳・乳製品**
- カルシウムの供給源となる牛乳，ヨーグルト，チーズなどである．
- ヨーグルト1パック（食べきりサイズ），プロセスチーズ1枚が「1つ」くらい，牛乳1本（約200 mL）は「2つ」くらいが目安になる．

⑤ **果物**
- ビタミンC，カリウムの供給源であるりんご，みかんなどの果物および，すいか，いちごなどの果実的な野菜である．
- みかん1個，もも1個，りんご半分が「1つ」くらいと考える．果汁100％ジュース1本（飲みきりサイズ）は「1つ」くらいが目安になる．

（3）1日に必要なエネルギーと食事の量

1日に必要な食事の量とバランスは，性別，年齢，どのくらい運動をするのかによって変わってくる（図11.7参照）．自分の適量を知ることが大切である．

朝食
- トースト（6枚切り1枚）
- ゆで卵（1個）
- サラダ
- 牛乳（200 mL）

昼食
- カレーライス（ご飯大盛り1杯）
- キウイフルーツ（1個）

夕食
- ご飯（中盛り）
- さけの塩焼き
- みそ汁（具たくさん）
- 野菜の煮物
- ほうれん草のお浸し

図11.8 食事バランスガイド活用方法（例）
実際に食べた料理を書きだしてみる．

4 食事バランスガイド

（4）食事バランスガイドを活用した料理グループの数え方

たとえば，16歳男子（活動量ふつう以上）のある日の食事バランスをチェックしてみる．

- 実際に食べた料理を書きだしてみる（図11.8）．
- 実際に食べた料理を，食事バランスガイドをもとにして料理グループに分類する（図11.9）．
- 実際に食べた料理グループのSV量と食事バランスガイドのSV量を比較してみることで，現在の食生活バランスの実態を把握する糸口をみつけることができる（表11.3）．

（5）食事バランスガイドを活用した食事指導の実践

食事バランスガイドは年代を選ばないため，どの年代にも活用できる形態となっている．したがって単身者向けの活用，若い女性向けの活用，高齢者向けの活用など，年代や性別，日々の活動量などを考慮し活用内容を検討していく．たとえば，単身者は20代が多いと考えられるので，食生活に関するアドバイスを受ける機会が少ないと予想される．年代的にも若年層が多くを占めるため，健康体であることが多いがその反面嗜好や便利性を優先する傾向が見られる．外食や出来合いの食品を利用する頻度が多くなりがちで食に対する関心も低くなりつつある．まずは，1日当たりの必要なエネルギー量を把握し各料理グループから摂取の目安を決定する．

目安は決定するが，必ずしも食事の目安量を守らなければいけないというものではない．食生活とは人にとって習慣的なものに形成されてお

> **知っておくと役に立つ！**
>
> **複合料理の数え方**
> 1つの料理に主食，主菜，副菜，などいろいろな種類が入っている場合は，「主食」「主菜」「副菜」に分けてそれぞれがどのくらい入っているか，SV数を数える．たとえば，カレーライスのように，ご飯も肉も野菜も入っている料理は「主食」「主菜」「副菜」に分けて数える．

表11.3 適量（2400〜3000 kcal）

	実際に食べたSV量	食事バランスガイドのSV量
主食	3つ	6〜8つ
副菜	4つ	6〜7つ
主菜	4つ	4〜6つ
牛乳・乳製品	2つ	2〜3つ
果物	1つ	2〜3つ

食事バランスガイドのSV数 →		主食 6〜8つ	主菜 4〜6つ	副菜 6〜7つ	牛乳・乳製品 2〜3つ	果物 2〜3つ
朝食	トースト ゆで卵 サラダ 牛乳	1	1	1	2	
昼食	カレーライス キウイフルーツ	2	2	2		1
夕食	ご飯 さけの塩焼き みそ汁（具だくさん） 野菜の煮物（中鉢） お浸し（小鉢）		1	1 2		
合計		3	4	4	2	1

図11.9 食事バランスのチェック表
図11.8の献立のSV量と食事バランスガイドのSV量を比較する．

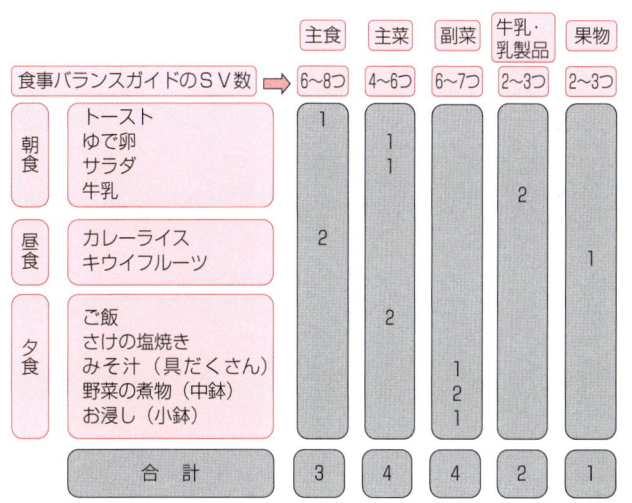

り，簡単に食生活を変えられるものではない．自分に適したエネルギー量，食事量を把握することで食生活の改善を意識する第一歩として食事バランスガイドを利用することである．

復習トレーニング

次の文章のカッコの部分に適切な言葉を入れなさい．

❶ ダンベルやチューブなどを用いて行う（　　　）トレーニングは，（　　　）や（　　　）を鍛えるトレーニングである．

❷ 有酸素性運動は（　　　）や（　　　）をエネルギー源にするため，生活習慣病の予防に有効な手段の一つである．

次について説明しなさい．

❸ 20歳で安静時心拍数が60拍/分の人で，心拍数が140拍/分の運動は，%HRmax および %HRR でそれぞれどの程度の強度に相当するか．

次の文章で，正しいものには○，誤っているものには×をつけなさい．

❹ 食事バランスガイドは特定の条件の人のみが使用するためつくられた．

❺ 食事バランスガイドとは栄養素別に食品を分類して作成された．

❻ 食事バランスガイドは性別や年齢別だけに対応した1日に必要なエネルギーを設定している．

❼ 食事バランスガイドの料理グループの数え方はSV（サービング）である．

❽ 食事バランスガイドはカレーライスなどの主食，主菜などのグループが合わさった料理には対応していない．

12章

生活習慣病予防のための運動と栄養

12章のPOINT

- ◆ 生活習慣病の概要を理解し，発症要因となる生活習慣とはどのようなものであるのかを学ぼう．
- ◆ 生活習慣病予防となる運動の実践を学ぼう．
- ◆ 生活習慣病予防となる食事とは，どのような食品を，どのくらいの量食べればよいのかを理解し，食品の効能まで理解を深めよう．

1 生活習慣病の概要と発症原因

生活習慣病とは名称の通り，生活習慣がおもな要因となり発生する諸疾患のことである．ここでいう生活習慣とはどのような食事を食べているのか，水分をどのように摂取しているのか，喫煙や非喫煙の習慣，運動習慣，アルコールの飲酒の習慣などのことである．具体的な病名は糖尿病，高血圧症，心臓病，脳卒中，がん，痛風など，その他多岐にわたる（図12.1）．かつては加齢とともに発症・進行すると考えられ「**成人病**」とよばれていたが，子どもの頃からの悪い生活習慣の蓄積が大きな要因となり発症するケースがあることがわかり，1996（平成8）年に生活習慣病というよび名に変わった．

悪い生活習慣とは一概に基準を決めることはできないが，その生活習慣を長期にわたって継続した場合，上記のような疾患にかかりやすくなる生活習慣と考えることができる．食生活だけに限らず運動習慣や飲酒の習慣も不摂生が継続して行われなければ問題はないが，これが長期にわたると体に問題が発生してくる．それが生活習慣病であるが，初期には自覚症状が認識しにくいこともあり，気がついたときには病気が進行していることも多々ある．生活習慣病は遺伝的な要因もあるが，言い換えれば普段の生活習慣を見直し生活習慣を改善することにより病気を予防し，症状が軽いうちに治すことも可能である．病気と原因との関係をよく理解し，生活の改善を試みることが生活習慣病を招かない重要なポイントである．それでは，生活習慣病を引き起こしやすい原因を確認していくこととする．

① **不規則な食生活**：現代人の多くは仕事中心に動いていることが多

図 12.1 生活習慣病と危険因子の関係
今後の生活習慣病対策の推進について（中間とりまとめ）2005（平成17）年9月15日厚生科学審議会健康増進栄養部会より抜粋して作成．

肥満者の多くが複数の危険因子をもっています

- 肥満のみ 約20%
- いずれか1疾患有病 約47%
- いずれか2疾患有病 約28%
- 3疾患すべて有病 約5%

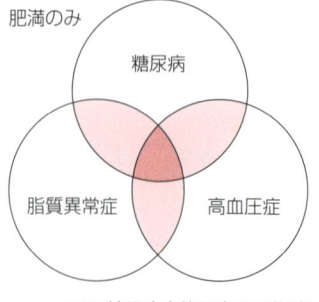

（H14糖尿病実態調査を再集計）

い．よって食事の時間や睡眠時間が不規則となったり，残業で夕食をとる時間が定まらず，夜遅くに大量の食事をとることが習慣になる場合もある．仕事のつき合いで遅くまでお酒を飲むなど，仕事に合わせた習慣ができている場合も少なくない．

　主婦であれば家にいることが多くなり，間食が多くなったり，運動不足になったりすることもあり，状況に違いはあれ，おのずと生活習慣病を引き起こす原因となる．

② **体の老化**：人間は年齢を重ねると体の機能が衰えてくる．たとえば，血管の老化により，血管が硬くなり血液が正常に流れにくくなる．これは誰にでも訪れるものであるが，この老化に加え生活が不規則になると，動脈硬化になりやすくなり脳卒中や心疾患などの生活習慣病発症のリスクが高まる．

③ **運動不足**：現在の日本の生活は豊かになり，人間が労力を使わなくても生活が可能な状態になりつつある．交通は便利であるので歩行時間は減り，家事も人の労力を使わず電化製品で処理することができる．その便利さと引き換えに現代人は運動する機会を確実に失っている．運動不足は肥満の原因になり，血糖値，血圧，コレステロール値，中性脂肪値などに変化を及ぼし，多くの生活習慣病の原因となる．

④ **飲酒，喫煙**：**アルコール**は適量であればストレス解消，精神的なリラックスといった効果があるといわれているが，適量を超えすぎるとやはり生活習慣病の原因となる．**喫煙**はがんの発生や動脈硬化の促進に関与しているため，非喫煙にすることが望ましい．

⑤ **食生活の欧米化**：日本人の食生活は1970（昭和45）年ごろから急

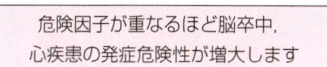

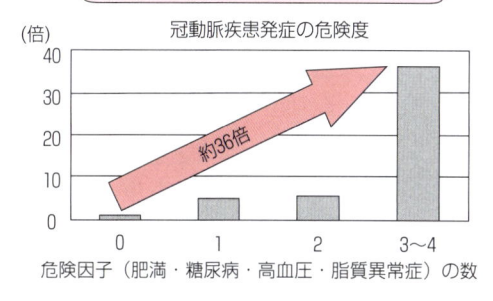

図12.2　**危険因子と脳卒中・心疾患の発症についての相関関係**

今後の生活習慣病対策の推進について（中間とりまとめ）2005（平成17）年9月15日厚生科学審議会健康増進栄養部会より抜粋して作成．
労働省作業関連疾患総合対策研究班の調査より：Nakamura, et al., Jpn. Cric. J., **65**, 11（2001）．

激に変化している．**食生活の欧米化**とよばれる変化で，それまでのご飯，焼き魚，みそ汁，野菜の煮物などの和食に替わり，肉類や卵，バター，乳製品が増え動物性脂肪の摂取が増加した．結果として，食生活の欧米化や，運動不足が原因で，糖尿病，脂質異常症，高血圧などの生活習慣病が増加している．

⑥ **遺伝，体質**：糖尿病，高血圧，がんなどが家系に見られる場合，同じような生活習慣病になりやすい人もいる．このように遺伝的な要因があることは否定できないが，病気を発症させるおもな要因は生活習慣であることは明らかである．

2 生活習慣病のおもな病気

（1）糖尿病

人間は活動をするために食物を食べてエネルギーをつくりだす．そのエネルギーになるおもな栄養素が糖質である．糖質は小腸で吸収され肝臓を通過しそして血液中に運ばれ，この血液中の糖質（**血糖**）が，代謝されエネルギーをつくりだす．

糖尿病にかかると糖質の代謝がうまくできず，血液中に糖質がどんどん増加してしまう．それは**インスリン**というホルモンが不足するためである．インスリンとは体のなかで唯一血糖を下げるホルモンで，食後に血糖値が上がり過ぎないように調整する働きがある．血糖を体の細胞に送り込み，活動エネルギーに変換したり，脂肪やグリコーゲンに変えてエネルギーとして蓄えておく働きもある．

- 腹八分目に食べて：
  脂肪を控えめ
  多様な食品をバランスよく

- もっと歩いて：
  1日10分間多く
  男性9,200歩，女性8,300歩以上を目標に

- 肥満を減らそう：
  自分の適正体重を知りましょう

肥満 → インスリンの働きを低下させる

図12.3　糖尿病発症予防のために
「健康日本21」の糖尿病対策検討委員会より作成．

糖尿病にかかるとインスリンの分泌が不足しているため，血糖値を下げて効率よくエネルギーをつくることができず，体はだるく体調不良に陥る．糖尿病は血糖値のコントロールを上手にすれば普通に日常生活をおくることができるが，糖尿病が悪化するとさまざまな合併症が全身に現れる．そのなかには，生命にかかわる病気もあるため初期のうちにくい止めることが重要である．

糖尿病にはいくつかのタイプがあり1型糖尿病，2型糖尿病，妊娠糖尿病などがある．**1型糖尿病**は，膵臓のα細胞というインスリンをつくる細胞が破壊され，体のなかのインスリン量が絶対的に不足し発病に至る．子どもの時期に発症することが多い．**2型糖尿病**は，インスリンの分泌量が少なくなる場合と，肝臓や筋肉などの細胞がインスリンの作用をあまり感じなくなるためにブドウ糖がうまく細胞に取り入れられなくなり起こるタイプである．食事や運動などの生活習慣が発症の原因になることが多く，わが国の糖尿病の95％以上はこのタイプである（図12.3）．

（2）脂質異常症

脂質異常症は血液中の脂質，具体的にはコレステロールや中性脂肪が多過ぎる疾患である（図12.4）．血液中にはさまざまな物質が溶け込んでおり，その物質の一つとして脂質がある．脂質とはコレステロール，中性脂肪，リン脂質，遊離脂肪酸の4種類である．血液中の脂質が異常に増加しても体に自覚症状はなく，そのまま放置してしまう場合が多い．しかし，そのまま放置すれば増加した脂質が血管の内側に蓄積し，動脈硬化を発症しやすくなる．動脈硬化になっても自覚症状はなく，さらに

知っておくと役に立つ！

生活習慣病予防のための食品
生活習慣病予防にはバランスのとれた食生活は欠かせないが，そのほかにも抗酸化物質を含む食品をとることも予防につながる．抗酸化作用とは身体の細胞を錆つかせることにより，さまざまな病気の原因となる活性酸素の働きを抑制する働きのことである．抗酸化物質はいろいろあるが，ナッツ類やごまに含まれるビタミンE，野菜や果物に含まれるビタミンC，レバーやにんじんに含まれるビタミンA，そのほか緑茶や赤ワインに含まれるポリフェノール類などがある．

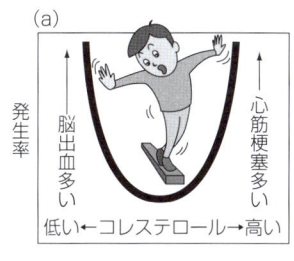

図12.4 （a）コレステロールと疾病の関係，（b）中性脂肪とは何か
厚生労働省健康局，「標準的な健診・保健指導プログラム（確定版）（平成19年4月）」より抜粋し作成．

進行すると心筋梗塞や脳梗塞の発作を起こし脂質異常症の重大さに気づくことになる．

血液中にある4種類の脂質のうち多すぎると問題になるのは，**コレステロール**と**中性脂肪**である．コレステロールにも**LDL（悪玉）コレステロール**と**HDL（善玉）コレステロール**があり，LDLコレステロールは多くなりすぎるとよくないが，HDLコレステロールは逆に少なすぎるとよくない．血液中のLDLコレステロールが多過ぎると動脈の壁に蓄積し，動脈硬化の原因になることは明らかであるが，中性脂肪はそれ自体としては動脈硬化の原因にはならない．しかし，中性脂肪が多いとHDLコレステロールが減り，LDLコレステロールが増えやすくなり，結果的に動脈硬化の原因になる．**動脈硬化**は心臓から体の各部分へ血液を運ぶ動脈が硬くなるもので，動脈の内側にコレステロールが蓄積し血管が盛り上がって狭くなり，それとともに血管が硬くなりもろくなることにより引き起こされる．そのため血液が流れにくくなり，血管に**血栓**（血管壁がはがれたものなど）が詰まりやすくなるのが問題となる．

（3）肥満

肥満とは，医学的な意味を考慮すると脂肪が一定以上に多くなった状態のことを示す．人の体はさまざまな物質で構成されており，おおまかには水分，脂肪，筋肉に多いたんぱく質・糖質，骨に多いカルシウムで構成されている．肥満はこの脂肪の割合が多い状態である．

単純に体重が多いからといって肥満になるわけではない．肥満の判定方法はいろいろあるが，身長と体重から計算される**BMI**（body mass index）がある（表12.1）．ただし，筋肉量の多いスポーツ選手や日常

BMI，肥満度については7章も参照．

表12.1 肥満とやせの判定表

	年代	20歳代				40歳代				60歳代			
	身長（センチ）	やせ気味	普通	太り気味	太り過ぎ	やせ気味	普通	太り気味	太り過ぎ	やせ気味	普通	太り気味	太り過ぎ
男性	162	52.6	56.9	61.6	66.2	55.8	60.5	65.6	70.6	52.6	57.6	63.2	68.6
	164	53.9	58.3	63.1	67.8	57.2	62.0	67.2	72.3	54.0	59.2	64.9	70.6
	166	55.1	59.7	64.6	69.4	58.6	63.5	68.9	74.1	55.5	60.9	66.8	72.5
	168	56.5	61.1	66.1	71.0	60.0	65.1	70.6	75.9	57.1	62.6	68.6	74.5
	170	57.8	62.6	67.7	72.7	61.5	66.7	72.3	77.8	58.7	64.3	70.5	76.6
	172	59.2	64.0	69.3	74.4	63.0	68.3	74.1	79.7	60.3	66.1	72.5	78.8
	174	60.6	65.6	71.0	76.2	64.6	70.0	75.9	81.7	62.0	68.0	74.5	81.0
	176	62.0	67.1	72.7	78.0	66.2	71.8	77.8	83.7	63.7	69.9	76.6	83.2
	178	63.5	68.7	74.4	79.9	67.8	73.5	79.7	85.7	65.5	71.8	78.7	85.5
	180	65.0	70.4	76.2	81.8	69.5	75.3	81.7	87.9	67.3	73.8	80.9	87.9
女性	152	44.7	48.7	53.0	57.2	48.8	52.7	57.4	62.0	47.3	52.6	58.5	64.4
	154	45.7	49.7	54.2	58.5	49.4	53.9	58.7	63.4	48.7	54.1	60.2	66.2
	156	46.7	50.9	55.4	59.8	50.6	55.1	60.0	64.8	50.1	55.7	61.9	68.1
	158	47.8	52.0	56.6	61.1	51.7	56.3	61.3	66.3	51.5	57.3	63.7	70.1
	160	48.8	53.1	57.9	62.5	52.8	57.6	62.7	67.7	53.0	58.9	65.5	72.1
	162	49.9	54.3	59.2	63.9	54.0	58.9	64.1	69.3	54.5	60.6	67.4	74.1
	164	51.0	55.5	60.5	65.3	55.2	60.2	65.5	70.8	56.1	62.3	69.3	76.3
	166	52.2	56.8	61.8	66.7	56.5	61.5	67.0	72.4	57.7	64.1	71.3	78.4
	168	53.3	58.0	63.2	68.2	57.7	62.9	68.5	74.0	59.3	66.0	73.3	80.7
	170	54.5	59.3	64.6	69.7	59.0	64.3	70.0	75.7	61.0	67.9	75.4	83.0

厚生労働省健康局，「標準的な健診・保健指導プログラム（確定版）（平成19年4月）」より抜粋．

的に強度の運動を習慣としており筋肉量の多い人には正しいデータが算出されないため，この方法は適していない．

BMI の求め方と判定基準を示す．

$$\text{BMI} = \frac{体重（kg）}{身長（m）× 身長（m）}$$

判定基準

低体重	普通体重	肥満			
		1度	2度	3度	4度
18.5 未満	18.5～25 未満	25～30 未満	30～35 未満	35～40 未満	40 以上

日本肥満学会が決めた判定基準で統計的に最も病気にかかりにくい BMI 22 を標準とし，25 以上を肥満としている．肥満に注意しなければならない理由は，肥満が命にかかわる多くの生活習慣病のもとになりやすいところにある．

(4) 高血圧

高血圧とは血管に強い圧力がかかりすぎていることである．血液が血管のなかを通るとき，血管にかかる圧力を**血圧**という．心臓はポンプのように毎分 60～70 回くらい血液を血管へと送りだしている．心臓が収縮して血液を押しだした瞬間が血管に一番強く圧力がかかる．これが**収縮期血圧（最高血圧）**である．そして収縮したあとに心臓が広がるときには血圧は一番低くなる．これが**拡張期血圧（最低血圧）**である．収縮期血圧，拡張期血圧のどちらが高くても高血圧という（表 12.2）．高血圧になる原因は大部分が特定できないものが多い．しかし，高血圧を放

表 12.2 成人における血圧値の分類

分類	収縮期血圧		拡張期血圧
至適血圧	＜ 120	かつ	＜ 80
正常血圧	＜ 130	かつ	＜ 85
正常高値血圧	130～139	または	85～89
Ⅰ度高血圧	140～159	または	90～99
Ⅱ度高血圧	160～179	または	100～109
Ⅲ度高血圧	≧ 180	または	≧ 110
（独立性）収縮期高血圧	≧ 140	かつ	＜ 90

「高血圧治療ガイドライン 2009」，日本高血圧学会（2009）．

置しておくと動脈硬化を引き起こしたり狭心症や心筋梗塞，脳卒中などの発作を起こす原因となることがある．

（5）脳卒中

脳梗塞，脳出血，くも膜下出血を総称して**脳卒中**という．**脳梗塞**は脳の血管が詰まり血液がスムーズに流れなくなるタイプで，**脳出血**は脳のなかの細い血管が破れて出血し神経細胞が死んでしまうタイプである．高血圧などにより脳の血管が弱くなり，血管がもろくなり破れることが原因となる場合が多い．**くも膜下出血**は脳を覆う3層の膜（内側から，軟膜，くも膜，硬膜）のうち，くも膜と軟膜の間にある動脈瘤が破れ，膜と膜の間にあふれた血液が脳全体を圧迫するものである．脳卒中は一度大きな発作が起きると，その後に麻痺や言葉の障害が後遺症として残ることが多い．

（6）その他

生活習慣が大きな原因となり引き起こす疾患は多い．現在，日本では生活習慣病を考えるうえで重要な概念となっているのが，**メタボリックシンドローム**である．メタボリックシンドロームとは脳卒中や高血圧，糖尿病などの生活習慣病を発症する大きな原因の一つとして，腹部の内臓に脂肪が蓄積した肥満（**内臓脂肪型肥満**）であることがわかってきた（図12.5）．このように，内臓脂肪型肥満によってさまざまな病気が引き起こされやすくなった状態をメタボリックシンドロームといい，治療の対象として考えられるようになってきた．

肥満は体のどの部分に脂肪がつくかで肥満のタイプが異なる．腰の周

*1 ウエスト周囲表は立位，軽呼気時，へそレベルで測定．へそが下方に偏位している場合は肋骨下縁と前上腸骨棘の中点の高さで測定．

*2 高TG血症，低HDL-C血症，高血圧，糖尿病に対する薬物治療を受けている場合は，それぞれの項目に含める．

内臓脂肪（腹腔内脂肪）蓄積	
ウエスト周囲長	男性≧ 85 cm
（内臓脂肪面積　男女とも≧ 100 cm^2 に相当）	女性≧ 90 cm
上記に加え以下のうち2項目以上	
高トリグリセライド（TG）血症	≧ 150 mg／dL
かつ／または	
低HDLコレステロール（HDL-C）血症	＜ 40 mg／dL（男女とも）
収縮期血圧	≧ 130 mmHg
かつ／または	
拡張期血圧	≧ 85 mmHg
空腹時高血糖	≧ 110 mg／dL

図12.5　メタボリックシンドロームの診断基準
厚生労働省健康局，「標準的な健診・保健指導プログラム（確定版）（平成19年4月）」より抜粋．

り，太ももなどの皮下につく脂肪が蓄積するタイプは皮下脂肪型肥満である．腹部の内臓周りに脂肪が蓄積するタイプは内臓脂肪型肥満である．

　問題となるのは内臓脂肪型肥満であり，簡単に調べる方法としてウエスト周囲長（へそ周り径）が男性では85 cm以上，女性では90 cm以上であれば内臓脂肪型肥満が疑われる．

　内臓脂肪と皮下脂肪はエネルギーの使われ方も異なる．内臓脂肪は日々の活動のエネルギーとして使用され，皮下脂肪はエネルギー不足のときのために蓄えられており，いざというときに使用される．内臓脂肪は比較的蓄積されやすいものの，日々の生活で容易にエネルギーとして燃焼されるので，食事や運動など生活習慣に注意すれば減らすことは十分可能な脂肪である．

3　生活習慣病を予防する食事

（1）糖尿病予防の食事

　糖尿病を予防するには個人の生活活動に見合った食事量をとり，栄養のバランスをとることが大切である（図12.6）．糖尿病予防に適した食事は一般の人にもすすめられる健康食といわれている．「栄養バランスよく腹八分目」が基本であるが，忙しい現代人の日常生活のなかでは意外と難しくもある．毎日，必ずきちんと実行しなければいけないと考えるのは大変であるが，実行できなかった日があれば後日調整して食事をとるという考え方も必要である．食生活の改善は短期で終わるものではなく，一生継続しなくては意味がないからである．

生活習慣病を予防する献立
15章も参照．

図12.6　糖尿病を予防する食生活
厚生労働省「糖尿病を防ぐ食事」より抜粋して作成．
http://www.mhlw.go.jp/topics/bukyoku/kenkou/seikatu/tounyou/prevention.html

標準体重
7章も参照.

　まず，自分に適したエネルギー量を考える．自分に適したエネルギーとは，自分の**標準体重**を維持するために必要な最小限のエネルギー量ということになる．次に適正な食事量をとるだけではなく栄養バランスを考える必要がある．栄養バランスのよい食事とは糖質，たんぱく質，脂質，ビタミン，ミネラルを適正な配分でとるということである．食品で考えれば，できるだけいろんな種類の食品を食べることである．三大栄養素である糖質，たんぱく質，脂質を適正な分量でとるが，一般には1日の総エネルギー量の 50～60 %を糖質，15～20%をたんぱく質，20～25 %を脂質からとるのが望ましいといわれている．糖質は主要なエネルギー源となり，たんぱく質は筋肉や血液その他体の構成成分となる．脂質はエネルギー源となるほか，細胞膜やホルモンの材料にもなる．

　三大栄養素に加えて，さらにビタミン，ミネラルの補給も大切である．ビタミンやミネラルの必要量は微量であるが，三大栄養素の働きを助ける栄養素として重要な役割を果たしており，体の調子を整える．また五大栄養素ではないが食物繊維の摂取は糖尿病予防だけでなく，生活習慣病予防全般に有効である．食物繊維は血糖値の上昇を緩やかにしてくれるうえ，コレステロールを体外に排出する働きもある．

（2）脂質異常症予防の食事

　脂質異常症には血中の中性脂肪が多くなるタイプとコレステロールが多くなるタイプがある．体内にあるコレステロールの7割前後は体内で合成されているので，食事からコレステロールをまったくとらなくても血中にはコレステロールが存在する．また，食事からコレステロールをとりすぎても健康な人であれば一定以上は吸収されない．しかし，高コ

脂質異常症を防ぐ食事の基本

1. 偏らず「栄養バランスのよい食事」を．
2. 摂取総エネルギー量を抑えて，適正な体重を保つ．
3. 飽和脂肪酸（おもに獣肉類の脂肪）1に対して不飽和脂肪酸（おもに植物性脂肪や魚の脂）を1.5～2の割合でとる．
4. ビタミンやミネラル，食物繊維もしっかりとる．
5. 高コレステロールの人は，コレステロールを多く含む食品を控える．
6. 中性脂肪が高い人は，砂糖や果物などの糖質と，お酒を減らす．

図 12.7　脂質異常症を予防する食生活
厚生労働省「脂質異常症を防ぐ食事」より抜粋して作成．
http://www.mhlw.go.jp/topics/bukyoku/kenkou/seikatu/kousi/meal.html

レステロールの人ではこのシステムが乱れ，コレステロールが蓄積しやすくなっている．コレステロールを多く含む食品やコレステロールを上げやすい食品を控える必要がある（図12.7）．

血中のコレステロールを増加させる食品としてあげられるのは飽和脂肪酸を多く含む食品で，動物性脂肪などがある．逆に，コレステロールを下げやすいのは，不飽和脂肪酸を多く含む食品であり，植物性油や魚油がそれに該当する．野菜や海藻類，きのこ類に多く含まれる食物繊維はコレステロールを排泄する働きがあるので，積極的にとるようにする．また野菜に含まれるβ-カロテンやビタミンCは，LDLコレステロールの酸化を防ぐなど脂質異常症の進行を防いでくれる．

その他，コレステロール自体を多く含む食品も大量には食べないようにするほうがよい．コレステロールを多く含む食品はレバーやモツなどの内臓類，魚のなかでも内臓と魚卵（たらこ，イクラ，数の子など），卵類などである．いずれもいろんな栄養素を含んだ食物であり，まったく食べてはいけないということではなく，食べすぎが脂質異常症を招く原因になる，ということである．

たんぱく質類は良質なものをとるように心がける．LDLコレステロールを減らし，HDLコレステロールを増やすためには脂質の多い肉類を減らし，魚や大豆製品を増やすとよい．

中性脂肪値が高い人は，エネルギー摂取を抑えながら栄養バランスをとる．飽和脂肪酸の多い動物性脂肪を控えるほか，炭水化物のとり方に注意をする．ご飯，パン，麺類などの主食は食事の基本としてとり，いも類や果物も食物繊維やビタミンを豊富に含むので，これらの食品も欠かせないものである（図12.8）．しかし，これら炭水化物を主体とした

知っておくと役に立つ！

食物繊維の上手なとり方
① 野菜は煮る・ゆでる・炒めるとかさが減り，たくさん食べられる．
② 野菜や果物をスープやジュースにすると無駄なくとれる．

干しひじき（10 g，4.3 g）　いりごま（8 g，1 g）　きりぼし大根（20 g，4.2 g）　スイートコーン（ゆで，30 g，0.9 g）　わかめ（素干し，1 g，0.3 g）　玄米ご飯（150 g，2.1 g）

あずき（乾，20 g，3.6 g）　いんげん豆（乾，20 g，3.9 g）　オクラ（生，40 g，2.1 g）　西洋かぼちゃ（ゆで，100 g，4.1 g）　干ししいたけ（乾，20 g，8.2 g）　ライ麦パン（60 g，3.4 g）

納豆（50 g，3.4 g）　枝豆（生，40 g，2 g）　パセリ（1 g，0.1 g）　ごぼう（生70 g，4.3 g）　ご飯（150 g，0.9 g）

図12.8　食物繊維を多く含む食品
カッコ内のスミ色の数字はその食品を1回に食べる適量，色の数字は1回適量で摂取できる食物繊維量を示す．
『新しい「日本食品標準成分表2010」による食品成分表（改訂最新版）』，女子栄養大学出版部（2011）より作成．

食品を多くとりすぎると中性脂肪を増やす原因にもなるため，適量を食べるように心がける．ご飯はおかわりを控える．いも類は1日じゃがいも1個程度，果物はみかんなら1～2個，りんごなら1/2個程度，バナナなら中1本程度などの量を目安にし，食べ過ぎたら次の日は控えめにするなどの調整をしていく．

とくに注意をしなければいけないのが砂糖や砂糖を含む菓子類，ジュース類である．砂糖は食べるとすぐにエネルギー源となる大切な栄養素であるが，これも食べ過ぎることにより，中性脂肪を増やす原因となる．甘い菓子類には大量の砂糖が使用されており，毎日菓子類を習慣的にたくさん食べないようにする．また，ご飯の替わりに菓子類を食べるということを習慣化させてもいけない．

（3）高血圧予防の食事

高血圧を予防するには，まず塩分過多を防ぐことである．塩分（塩化ナトリウム NaCl）は人の体には必要なものであるが，とりわけ塩分のなかのナトリウムが血圧と深く関係している．体内にナトリウムが多いと，体にはその濃度を薄めようとして大量の水分を溜め込む作用がある．その結果，血液量が増加し血圧も上昇する．そのため，塩分のとりすぎには注意する．日常の食事では塩分を多く含む既成食品を控え，味つけに使用する食塩の使用を減らすことが大切である．その他，ナトリウム排泄作用を促すカリウムをとることも高血圧予防になる（図12.9）．なおカリウムは果物や野菜に多く含まれる．

以上のように生活習慣病といってもさまざまな疾患があり，その疾患に適した食事がある．生活習慣病予防に共通する食生活の基本は「食べ

---

① 食塩は1日10 g以下に
塩分のとりすぎは，高血圧を促進します．
ふだんから塩分をとりすぎないようにしましょう．
・食卓に塩を置かない
・塩の代わりに酢やレモンを利用
・みそ汁は1日1杯
・漬け物は控える
・うどん・そばのつゆは残す
・だしをよくとり薄味に

② 肥満を解消する
肥満は心臓に負担をかけ，血圧を高くします．
標準体重をめざしましょう（p.149参照）．

③ 果物や野菜をとる
野菜・果物に多く含まれているカリウムはナトリウム（食塩はナトリウムと塩素の化合物）の排泄を促し，血圧を下げる作用があります．

《カリウムを多く含む食品》
りんご／枝豆／トマト／バナナ／かぼちゃ／ブロッコリー

③ アルコールは控えめに
アルコールは適度なら精神的な緊張を緩め，血管を広げる作用があります．ただし，習慣的な飲み過ぎは血圧を上げるので禁物です．
《適量のお酒》
日本酒では1合／日，ウイスキー（シングル）では2杯／日，ビールでは1本／日

⑤ 十分な睡眠をとる・ストレスをためない
睡眠不足は，ホルモンのバランスを乱し，血圧を上げる原因になります．

⑥ 運動を習慣づける
軽い運動を1日30分程度，ウォーキングが最適．

図12.9 高血圧を予防する食生活
厚生労働省健康局，「標準的な健診・保健指導プログラム（確定版）（平成19年4月）」より抜粋して作成．

過ぎない」，「栄養のバランスを考える」，の2点である．具体的には，

① いろいろな種類の食品を食べる．種類はできるだけ多いほうがよいが，主食，主菜，副菜をそろえると五大栄養素すべてがそろえやすい．ここでは食べすぎに注意をする．

② 食塩のとりすぎに意識する．調理に使用する食塩は控えめにし，食塩をたくさん含む練り製品，漬け物類，汁物などは毎食食べないようにする（表12.3）．

③ 脂肪のとりすぎに注意する．脂肪摂取は控えめにするが，脂肪の質も考える．動物性脂肪は控えめにし，植物性油や魚油の割合を増やすようにする．

④ 野菜，海藻類，きのこ類を積極的に食べる．これらの食品は毎食食べたい食品である．量もたっぷり食べるようにする．

⑤ 嗜好品の菓子類，アルコールは適量とる，などがあげられる．

いずれにせよ生活習慣病は1日食べ過ぎたからといって発症するものではなく，毎日の習慣が長期間にわたり継続された結果である．食べすぎたり，飲みすぎたりした日があればその前後で食生活や運動で調整をすればよい．毎日の食生活をカロリー計算きちんと実施することは現実的に困難であり，またそのような食生活では食事の楽しみというものも感じられない．それよりは自分自身の体をよく知り，それに適した食生活を送ることができるようになることが重要である．

4　生活習慣病を予防する運動

生活習慣病を予防するにあたり，運動は食事とならんで重要になる．

表12.3　食品の食塩含量

加工食品に含まれる食塩		外食（それぞれ1人分）に含まれるおよその食塩量			
加工食品	食塩相当量(g)	メニュー	食塩相当量(g)	メニュー	食塩相当量(g)
塩ます1切れ（80 g）	約4.6	天ぷらそば・山かけそば・月見そば	約6	お浸し（かけしょう油小さじ2/3含）	約0.5
焼きちくわ1本（100 g）	約2.4				
梅干し1個（10 g）	約2	ざるそば	約3	冷奴（かけしょう油小さじ2/3含）	約0.5
しらす（半乾燥）大さじ山盛り1（10 g）	約0.6	ラーメン	約4		
		みそラーメン	約6	納豆（しょう油小さじ1含）	約1
バター大さじ1（13 g）	約0.2	カツ丼	約4.5	だし風味調味料顆粒状1袋	約2〜3
プロセスチーズ1切れ（20 g）	約0.6	天丼	約4	固形ブイヨン1個（4g）	約2.5
ロースハムうす切り1枚（20 g）	約0.6	握りずし	約4		
焼き豚1切れ（25 g）	約0.6	さんまの塩焼き（しょう油はかけない）	約1.5		
食パン1枚（60 g）	約0.8	豚肉のしょうが焼き	約3		

『五訂　日本食品標準成分表』より算出．
厚生労働省HPから抜粋し作成．http://www.mhlw.go.jp/topics/bukyoku/kenkou/seikatu/kouketuatu/meal.html

12章 生活習慣病予防のための運動と栄養

知っておくと役に立つ！

予防医学

病気になったら治すという治療医学に対して，病気にならないように予防するのが予防医学である．広義の意味としては病気を予防するだけでなく，寿命の延長，身体的・精神的健康の増進も予防医学の一環といえる．生活習慣病は，高度に進んだ医学においても根本的な治療法は確立されていないため，病気の予防が何より重要になる．

肥満の予防，解消はもちろん高血圧，糖尿病などにも好影響を与える．

運動にもいろいろな種類があるが，生活習慣病には酸素を体内に取り入れ消費する有酸素性運動が効果的である．運動には有酸素性運動と無酸素性運動があり，**有酸素性運動**は酸素を取り入れながらエネルギー源をゆっくり燃焼し，消費していく運動である（図12.10）．有酸素性運動を15分以上継続すると，脂質がエネルギー源として使われ始める．**無酸素性運動**は酸素をあまり体内に取り入れないで瞬間的にエネルギーをつくる運動であり，エネルギー源は糖質であり脂質はほとんど使われない．無酸素性運動は筋肉を緊張させる瞬間的な運動なので，血圧を急上昇させ，それにより心臓への負担も大きくなる．運動強度が強いわりに脂肪の消費量が少ない．その点，有酸素性運動はおもに脂質をエネルギー源とし，体への負担も少なく生活習慣病予防に適しているといえる．

有酸素性運動といっても種類はたくさんある．運動の種目を選択するときのポイントは，① エネルギー供給機構が有酸素系である，② 無理なく長く継続できる，③ 手軽にできる，の3点を条件に選択する．有酸素性運動はウォーキング，ジョギング，水泳，縄跳び，エアロビクスなどで，汗がじんわりでる程度の強さでよい．無理なく長く続けるためには，「運動を楽しむ」という要素も加えることで運動が継続しやすくなる．運動の内容については柔軟に考え，最初に決めた種目が自分に合わないようであれば変更しながら運動をしていくとよい．大がかりな器具や場所の予約が必要なものであったりすると，条件が揃わなければ運動も続けにくくなるので，手軽にできる運動がよい．

1日の運動量はどれくらいがよいのか，週に何回行えば効果があるのかという点であるが，一般的には1日に300～400 kcalを運動で消費

図12.10　1エクササイズに相当する活発な身体活動

「健康づくりのための運動指針2006—生活習慣病予防のために—」，運動所要量・運動指針の策定検討会（2006）より改変．

運動		強度	生活活動	
軽い筋力トレーニング：20分	バレーボール：20分	3メッツ	歩行：20分	
速歩：15分	ゴルフ：15分	4メッツ	自転車：15分	子供と遊ぶ：15分
軽いジョギング：10分	エアロビクス：10分	6メッツ	階段昇降：10分	
ランニング：7～8分	水泳：7～8分	8メッツ	重い荷物を運ぶ：7～8分	

するのが最適といわれている．毎日運動できないのであれば週3日運動すると考え，運動時間を2〜3倍に増やし，これを1回で済ませずに，朝，夕2回に振り分けるなどして工夫してもよい．ただし，1回の運動時間は15分以上として脂質をエネルギー源に変え，脂肪が燃えるようにする必要がある．

　生活習慣病予防の効果を持続させるには週単位で考えた場合，いろいろなデータから，やはり週3日以上の運動が一般的な基準となる．運動する日数が多ければ1回の運動時間が短くて済み，1回当たりの負担は少なくなる．ただ，週3日で行う場合，3日連続で行い，あとの4日はまったく運動しないという実施の仕方は運動効果も薄れる．2日に1回は運動するほうが，同じ日数の運動をするにしても効果は上がる．

　肥満解消や，高血圧や脂質異常症の改善の成果は最低でも3か月はかかる．成果は序々にでて，急激に変化が見られるということではないが，生活習慣予防という視点から見ればかなりの効果が期待できる．成果がでないからといって運動量を急に増やすなど無理をしないことも，健康維持には必要である．

　運動は強すぎると害があり，弱すぎては効果がない，ということになり「ほどほどの強さ」が最大の効果をもたらす．運動の強さを**運動強度**というが，これは個人によって体力や筋力，健康の状態が異なるため一概には決められない．一般的な目安としては早めのウォーキング（速歩）で「分速80 m」といわれている．この速度で気持ちよく歩ける人もいれば，息も上がらないという人もいるので，その人に適した運動強度で行うことが効果を上げる条件になる．軽く汗ばむ程度，体に負荷を感じながらも楽に続けられる，などをめやすにするとよい．

❶ 頭は揺らさずしっかりと！
❷ 目線はまっすぐ
❸ 呼吸は自分のリズムで
❹ 肩は力を抜いてリラックス
❺ ひじはやや曲げて．腕を大きく振りましょう！
❻ 腰の回転で歩幅を広げて
❼ 膝を伸ばしてかかとから着地
❽ しっかり大地をキック

図12.11　ウォーキングフォームのポイント
厚生労働科学研究循環器疾患等総合研究事業「糖尿病予防のための戦略研究」から抜粋改変．

生活習慣予防，健康づくりの運動として誰にでも比較的に適しているのは**ウォーキング**である．散歩のようにぶらぶら歩くような歩き方は，体への負担が軽すぎて効果は期待できないので，普通に歩くよりはやや速度を上げた歩き方を考える．ウォーキングは手軽さはもちろん，時間や運動強度を自分自身で決め，調整できるのがメリットであり，1人でも複数の人たちとも一緒に行える．

　ウォーキングとジョギングは同じ種類の運動のような印象があるが，体にかかる負担は大きく違う．運動を始めたばかりの頃は，ウォーキングのほうが体に負担がかからず続けやすい．ウォーキングの大切なポイントは，正しい姿勢である（図12.11）．あごを引き，背中，腰を伸ばし胸をはり，腕はひじを直角に曲げ前後に大きな幅で振る．姿勢が悪いまま歩き続けていると，疲れやすく腰やひざを悪くする原因にもなりうる．姿勢が保持できるようになれば，15分ほど早足で歩いてみて強度の強さや体調を感じとるようにする．

　肥満の人，足や腰が弱く普通の運動がしにくい人に適しているのが，体に負荷がかかりにくい水中での運動である．水中では浮力が働くため，肩まで水に浸かると体重は約1/10にまで軽くなる．このため足やひざ，腰にかかる負担が軽くなり運動がしやすくなる．水中ウォーキングは水のなかを歩く運動で，水の抵抗が体に適度な負荷をかける有酸素性運動となる．

復習トレーニング

下記の文章で正しいものには○，誤っているものには×をつけなさい．
1. 生活習慣病とは細菌やウイルスによって感染し発症した疾患である．
2. 生活習慣病には食生活，運動習慣などが深く関係している．
3. 生活習慣病を予防するための運動は強度が強ければ強いほどよい．

13章

スポーツ・健康とサプリメント

13章のPOINT

◆ サプリメントは，基本的に食品であり，医薬品と大きく区別されている．食品と医薬品の違いを知り，サプリメントの正しい利用方法を学ぼう．

◆ スポーツ選手がサプリメントを利用する際には，十分な注意が必要である．誤った利用では，競技能力の低下や健康障害，ドーピング問題が起こることを理解しよう．

◆ 近年，健康の保持・増進のためのサプリメントの開発もさかんに行われるようになり，数多くのサプリメントが利用されている．サプリメントを利用するにあたって，どのような注意が必要かを学ぼう．

13章 スポーツ・健康とサプリメント

1　サプリメントとは

（1）食品と医薬品

サプリメントというよび方は，日本では栄養補助食品や健康食品，健康補助食品という言葉で訳されることが多く，保健機能食品や機能性食品とよばれるものも含めて，数多くある．

日本では，海外や国内でのサプリメント事情を受けて，2001（平成13）年に規制されたサプリメントの位置づけとして，ほうれん草やトマトといった一般食品のなかに，"**いわゆる健康食品**" が含まれ，特定保健用食品と栄養機能食品を合わせた**保健機能食品**は，一般食品と区別された．これは本来，保健機能食品も食品として医薬品とは区別されるものだが，より医薬品に近い機能をもつ食品として法的に規制が整備されたということになる．

"いわゆる健康食品" は一般の食品と同じく，病気を治すなどの効果・効能はない．サプリメントはあくまでも食品であり，医薬品とは大きく区別される（表13.1）．病気を治すなどの効果・効能が表記できるのは，医薬品だけであって，食品が表示できるのは，栄養成分表示のみである（図13.1）．"いわゆるサプリメント" を含む一般食品が，効果・効能を表記すると薬事法違反になり，処罰される．サプリメントの形状が，粉末や錠剤など医薬品と似た形をしているため，利用者は何らかの効果を期待してしまいがちであるが，一般食品と同じ成分であることを理解しておく必要がある．そのうえで，日常の食生活ではどうしても摂取が困難な栄養成分だけを補う目的で摂取することが，本来のサプリメントの

医薬品，医薬部外品
医薬品とは，薬事法で日本薬局方に収められているもので，人または動物の疾病の診断，治療または予防に使用されることが目的とされるもの，器具機械（歯科材料，医療用品および衛生用品を含む）でないものと定められている．医薬品と化粧品の中間的な分類で，人体に対する作用の緩やかなもので機械器具でないものを医薬部外品という．どちらも医薬品成分を含み，効果・効能を表示することができる．

表13.1　食品と医薬品区分と表示

分類	食品				医薬品 医薬部外品
	一般食品・いわゆる 健康食品	保健機能食品			
		栄養機能食品	機能性表示食品	特定保健用食品	
成分	栄養素	栄養素	栄養素と機能性の ある成分	栄養素と機能性のある成分	医薬品成分
表示	栄養成分含有表示	栄養成分含有表示 栄養機能表示 注意喚起表示	栄養成分含有表示 機能性表示 注意喚起表示	栄養成分含有表示 保健用途表示（機能性表示） 疾病リスク低減表示 注意喚起表示	効果・効能 処方（とり方）

正しい利用法になる．

（2）保健機能食品

保健機能食品には，**規格基準型**の栄養機能食品と**個別評価型**の特定保健用食品，事業者の責任において科学的根拠に基づいた機能を表示した機能性表示食品がある．**栄養機能食品**は，6種類のミネラル（亜鉛，カリウム，カルシウム，鉄，銅，マグネシウム）と，13種類のビタミン（ビタミン B_1，B_2，B_6，B_{12}，ナイアシン，葉酸，パントテン酸，ビオチン，ビタミンC，A，D，E，K），n-3系脂肪酸のうち1種類でも定められた上限，下限値の範囲内の量が含まれていれば，個別に検査・評価されなくても栄養機能食品として，栄養機能表示ができる．上限値は，医薬部外品の最大量を超えないものであり，下限値は栄養など表示基準値の30％に設定されている（表13.2）．**栄養機能表示**は，栄養成分の補給を目的とし，身体の健全な成長・発達，健康の維持に必要な栄養成分の生理的機能が，ヒトで科学的に検証され，過去の食経験からも確立されている内容の表示である（表13.3）．

特定保健用食品は，食品そのものに特定の保健機能をもつ成分を含み，それを摂取することで，健康の維持・増進のための身体の生理機能や組織機能の維持・手助けに役立つことが，ヒトで科学的根拠として裏づけられているうえ，商品個別に審査を受け安全性が認められると，高度機能強調表示である，**「保健の用途表示」**が許可される．以前は，厚生労働省が認可をしていたが，現在は消費者庁が行っている（図13.2）．商品個別に安全性と機能の審査が行われる点で，食品でもより医薬品に近い分類がされるようになったといえる（表13.4）．

図13.2 （a）特定保健用食品マーク，（b）条件付き特定保健用食品マーク

図13.1 栄養成分表示（例）
東京都福祉保健局HPより改変．
http://www.fukushihoken.metro.tokyo.jp/anzen/hoei/hoei_001/hoei_001.html

2015年から栄養機能食品と特定保健用食品に加えて，**機能性表示食品**が保健機能食品に加えられた．食品の安全性と機能性の根拠に関する情報が企業から消費者庁へ届けられているもので，機能性表示ができる．特定保健用食品との違いは，消費者庁の個別の許可を受けていないことである．

2 スポーツとサプリメント

（1）スポーツ選手が利用するサプリメント

スポーツ選手がサプリメントを利用する目的としては，厳しい減量や海外遠征，高地合宿など普段とは異なった生活環境でトレーニングをしなければならない場合に，食事ではどうしても摂取できない栄養素を補給するために利用する．近年，スポーツ選手の競技力向上を目的としたサプリメント（**栄養エルゴジェニック**）が数多く開発されている．このようなサプリメントには，効果が実証されているものもあれば，科学的な検証データや科学的な根拠が明確になっていないもの，ドーピング禁止薬物が含まれている危険性があるものもあり，生理的な機能が確立されているものはスポーツの現場で実際に検証し，利用には十分に注意する必要がある．

スポーツ選手が利用するサプリメントには，大きく分けて，① エネルギー補給のための，エネルギーゼリーなど，② エネルギー代謝を円滑に行うための，ビタミン・ミネラルサプリメント，クエン酸，カルニチンなど，③ 体成分の材料となる，プロテイン，アミノ酸，炭水化物など，④ 免疫機能強化などコンディショニングのためのプロテイン，

> **栄養エルゴジェニック**
> スポーツ科学の観点から，勝つことを目的に開発された手段を総称してエルゴジェニックエイズ（エルゴジェニックス）とよぶ．とくに，食品を含めた栄養素の補給を目的として開発されたものを栄養エルゴジェニック（栄養学的エルゴジェニックエイズ）といい，さまざまなものがあげられる．

表13.2 栄養機能食品に含まれる成分と上限値，下限値

栄養成分	上限値	下限値	栄養成分	上限値	下限値
ナイアシン	60 mg	3.9 mg	ビタミンE	150 mg	1.89 mg
パントテン酸	30 mg	1.44 mg	ビタミンK	150 μg	45 μg
ビオチン	500 μg	15 μg	葉酸	200 μg	72 μg
ビタミンA	600 μg	231 μg	亜鉛	15 mg	2.64 mg
ビタミンB_1	25 mg	0.36 mg	カリウム*	2800 mg	840 mg
ビタミンB_2	12 mg	0.42 mg	カルシウム	600 mg	204 mg
ビタミンB_6	10 mg	0.39 mg	鉄	10 mg	2.04 mg
ビタミンB_{12}	60 μg	0.72 μg	銅	60 mg	0.27 mg
ビタミンC	1000 mg	30 mg	マグネシウム	300 mg	96 mg
ビタミンD	50 μg	1.65 μg	n-3系脂肪酸	2.0 g	0.6 g

＊カリウムについては過剰症のリスク（腎機能低下において最悪の場合心停止）を回避するため，錠剤・カプセル菜剤等の食品を対象外とする．

内閣府：食品表示基準 別表11 内閣府令第10号 より

表 13.3　栄養機能食品の許可されている表示（例）

食品成分	栄養機能表示	注意喚起表示
ビタミン A	ビタミン A は夜間の視力の維持を助ける栄養素です． ビタミン A は皮膚や粘膜の健康維持を助ける栄養素です．	本品は多量摂取により疾病が治癒したり，より健康が増進したりするものではありません． 1 日の摂取目安量を守って下さい． 妊娠 3 か月以内または妊娠を希望する女性は過剰摂取にならないように注意して下さい．
ビタミン E	ビタミン E は抗酸化作用により，体内の脂質を酸化から守り，細胞の健康維持を助ける栄養素です．	本品は多量摂取により疾病が治癒したり，より健康が増進したりするものではありません． 1 日の摂取目安量を守って下さい．
ビタミン B_1	ビタミン B_1 は炭水化物からのエネルギー産生と皮膚や粘膜の健康維持を助ける栄養素です．	同上
葉酸	葉酸は赤血球の形成を助ける栄養素です． 葉酸は胎児の正常な発育に寄与する栄養素です．	同上 本品は胎児の正常な発育に寄与する栄養素であるが，多量摂取により胎児の発育がよくなるものではありません．
ビタミン C	ビタミン C は皮膚や粘膜の健康増進を助けるとともに，抗酸化作用をもつ栄養素です．	本品は多量摂取により疾病が治癒したり，より健康が増進したりするものではありません． 1 日の摂取目安量を守って下さい．
カルシウム	カルシウムは骨や歯の形成に必要な栄養素です．	同上
亜鉛	亜鉛は味覚を正常に保つのに必要な栄養素です． 亜鉛は皮膚や粘膜の健康を助ける栄養素です． 亜鉛はたんぱく質・核酸の代謝に関与して健康の維持に役立つ栄養素です．	同上 亜鉛の取りすぎは，銅の吸収を阻害する恐れがあるので，過剰摂取にならないよう注意して下さい． 乳幼児・小児は本品の摂取をさけて下さい．
マグネシウム	マグネシウムは骨や歯の形成に必要な栄養素です． マグネシウムは多くの体内酵素の正常な働きを，またエネルギー産生を助けるとともに，血液循環を正常に保つのに必要な栄養素です．	本品は多量摂取により疾病が治癒したり，より健康が増進するものではありません． 多量に摂取すると軟便（下痢）になることがあります． 1 日の摂取目安量を守って下さい． 幼児・小児は本品の摂取をさけて下さい．
鉄	鉄は赤血球をつくるのに必要な栄養素です．	本品は多量摂取により疾病が治癒したり，より健康が増進したりするものではありません． 1 日の摂取目安量を守って下さい．

表 13.4　特定保健用食品の許可されている表示と関与成分（例）

関与成分	保健機能表示例
オリゴ糖，ガラクトオリゴ糖，キシロオリゴ糖，大豆オリゴ糖，グァーガム分解物，ポリデキストロース，難消化性デキストリン	・オリゴ糖が腸内のビフィズス菌を増やしておなかの調子を整えるよう工夫されている食品です． ・生きたまま腸内に届く○○○菌の働きで，おなかのなかのよい菌を増やし，悪い菌を減らし，腸内環境を改善し，おなかの健康を守ります． ・○○からつくられた食物繊維を主原料におなかの調子を保ち，お通じを良好にするよう工夫された食品です．
食物繊維，大豆たんぱく質，大豆ペプチド，ジアシルグリセロール，植物性ステロール	・本食品はコレステロールが高めの方に適する食品です．
ラクトトリペプチド，サーディンペプチド，かつお節オリゴペプチド	・本食品は血圧が高めの方に適する食品です．
難消化性デキストラン，L-アラビノース，小麦アルブミン，豆鼓エキス，グァバ葉ポリフェノール	・本品は血糖値が気になる方に適する食品です．
ジアシルグリセロール，中鎖脂肪酸，茶カテキン	・本品は体に脂肪がつきにくい食品です．

アミノ酸, ビタミン・ミネラルサプリメント, ⑤ 水分補給のためのスポーツドリンクなどがある（表13.5, 図13.3）.

（2）サプリメントとドーピング

ドーピングとは, 競技能力を高めるために使用を禁止されている薬物などを使用することである. ドーピングが禁止されている理由は, ① 選手の健康を害する, ② スポーツの精神（フェアプレー）に反する, ③ 反社会的行為である, ④ 選手の存在やスポーツ自体の価値を損ねる, といったことがあげられる.

現状では, いまだにオリンピック大会や世界大会に出場する一流のスポーツ選手が, ドーピング検査に陽性を示し, メダルをはく奪されることが絶えない. 選手自身が禁止薬物だと知っていて, 利用する場合もあるが, 禁止薬物が含まれていると知らずに摂取したサプリメントが原因で失格になる（うっかりドーピング）選手もいる.

そのほかに注意が必要なのが, 風邪薬や痛み止めなどの医薬品である. 大会期間中に風邪気味なので, 症状がひどくならないようにと気軽に風邪薬を服用してしまうと, 禁止薬物が含まれている場合がある.

日本では, 漢方薬も普段からよく利用される医薬品だが, 多くの漢方薬に「麻黄（まおう）」という生薬が含まれている. 麻黄の主成分はエフェドリンという禁止薬物で, 咳を鎮め, 解熱作用がある.

また, 滋養強壮としてよく利用される栄養ドリンクにも禁止薬物が含まれるものもあり, とくに医薬部外品として販売されているものは, 医薬品成分が含まれているということを認識しておく必要がある. スポーツ選手が持病の治療のために, 普段から利用している医薬品のなかにも

> **知っておくと役に立つ！**
>
> **カルニチン**
> アミノ酸から生合成される誘導体で, 生体内で脂質を燃焼してエネルギーを産生する際に, 脂肪酸を燃焼の場であるミトコンドリア内部に運搬する必須の役割を担う. カルニチンはおもに肝臓, 腎臓において, アミノ酸のリジンにメチオニンがメチル基を供与し, 数段階の反応過程を経て生合成され, この際にビタミンC, 鉄, ビタミンB_6, ナイアシンが必要となる.
>
> **ドーピング陽性反応の例**
> 2014年, ロシアの組織的なドーピング違反行為が明らかになり, 2016年リオパラリンピック出場が認められず, 2017年よりロシアオリンピック委員会が資格停止となった.
> 日本でも2017年カヌー選手が後輩選手の飲料水にドーピング禁止成分を混入させ, 資格停止処分を受けた. 2018年平昌オリンピックスピードスケートの選手は, コンタクトレンズの保存液によって陽性反応が出て, 暫定的に出場資格停止処分を受けているほか, 日本人アスリートもサプリメント摂取による出場資格停止が相次いでいる.

表13.5 スポーツ選手が利用するサプリメント

栄養成分など	利用の目的	代表的なサプリメント
水分と電解質, 糖質	運動中の水分と電解質, エネルギーの補給	スポーツドリンク
糖質	エネルギー補給	エネルギーゼリー
たんぱく質	体たんぱくの材料, 酵素・ホルモンなどの材料	プロテイン
ビタミン	エネルギー代謝, ホルモン様作用, コンディショニング	ビタミンサプリメント
ミネラル	各種酵素活性, 神経・筋肉活動の調節, 体成分	ミネラルサプリメント
アミノ酸	筋肉活動のためのエネルギー, 体たんぱくの修復	BCAA, 必須アミノ酸
コエンザイムQ10	抗酸化作用, 心肺機能増強	CoQ10
クレアチン	瞬発系エネルギー源	クレアチン
カルニチン	脂肪酸の酸化, 持久力の増強	L-カルニチン

禁止薬物が含まれるものもあるが，事前に申請していれば許可が下りるものもある（TUE申請）．

ドーピング問題に悩まされずに，安心してサプリメントを利用するためには，必ず成分名を見て，禁止薬物が含まれていないかを確認する必要がある．試供品や素性のわからない製品，海外のサプリメントなど，選手自身で成分が確認できないものは使用しないようにする．サプリメントを使用する前に，トレーナーや指導者，チームドクターや栄養士に相談するのもよい．また，選手自身も日ごろからアンチドーピングについて正しい知識を持つよう情報を収集する必要がある．

（3）スポーツ選手がサプリメントを利用するときの注意点

スポーツ選手を対象に行ったアンケートによれば，サプリメントを利用する目的として，不足栄養素の補給，疲労回復，筋力増強などが上位にあげられる．これらは，毎日の食事を見直し，改善することで簡単に目的を果たすことができる．

食事の見直し・改善とは，選手自身が自分にとって必要なエネルギー・栄養素量を摂取するためには，どの食品をどれくらい食べたらよいかを把握し，毎日の食事にうまく取り入れていくことである．

実際に，スポーツ選手の体づくりにとって必要なたんぱく質の量は，普段の食事で十分に摂取することが可能である．しかし，エネルギー源である炭水化物の摂取量が少ないと，スポーツ活動のためのエネルギーが不足し，たんぱく質がエネルギーとして利用されてしまうため，体の材料として利用できず効率よく体が大きくならない．この場合，エネルギー効率が非常に悪く，スポーツ活動時も疲れやすいなどの弊害も起こ

> **知っておくと役に立つ！**
>
> **TUE申請**
> TUEとは，治療使用特例（Therapeutic Use Exemptions）のことで，病気やけがの治療のために，禁止物質や禁止方法を使用せざるを得ない場合には，特例として申請をし，アンチドーピング機関で審査され承認を得ると使用が可能となる．使用の必要性を認める診断をした医師と選手の両者からの申請が必要．クリーンスポーツ・アスリートサイト：https://www.realchampion.jp/what/health/tue/
>
> **アンチドーピング**
> 公益社団法人日本アンチ・ドーピング機構（JADA）：https://www.playtruejapan.org/
>
> **必要なエネルギー・栄養素量の把握**
> 5章参照．

図13.3 スポーツ選手が摂取するサプリメント

りやすくなる．

　このように，食事の見直しがされていなければ，不足している栄養素が把握されず，サプリメントを摂取しても効果的に利用できず，無駄になったり，健康障害やドーピング問題を招いたりする恐れがある．

　スポーツ選手がサプリメントを利用するときには，競技能力の向上を期待して利用することも多いが，サプリメントは食品であり，医薬品ではないため効果は期待できない．競技能力は，効果的なトレーニングと理想的な食事・休養のバランスが取れてはじめて向上するものである．

　食事情や衛生状態で問題があるような海外遠征や合宿，減量のため厳しい食事制限が必要な場合など，どうしてもサプリメントを利用する必要がある場合には，まず食事内容や食事環境を見直したうえで，不足する栄養成分だけを，安心のおけるサプリメントで利用するようにする．

3　健康とサプリメント

（1）注目のサプリメント

　サプリメントは利用する目的によってバランスサプリメントとリスクリダクションサプリメントの2種類に分類される．

　バランスサプリメントは，不足している栄養素を補う目的で利用するもので，たとえば，ビタミンサプリメントやミネラルサプリメント，栄養機能食品などがある．

　リスクリダクションサプリメントは，疾病の予防のために利用するもので，代表的なものとしては，特定保健用食品がある（図13.4，

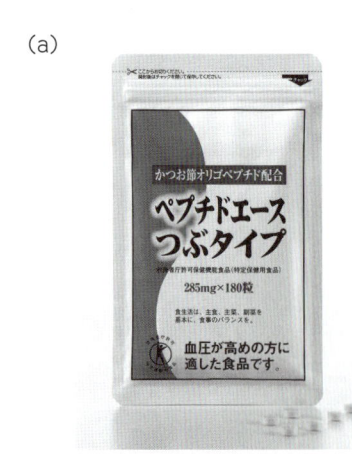

図13.4　特定保健用食品（例）　かつおぶしペプチド
(a) 血圧の上昇をおだやかにする働きがある．
(b) サプリメントと説明が記載されているパッケージの裏面．サプリメントは水などで服用する．

13.5）．とくに，カルシウムについては骨粗鬆症との関係，葉酸については神経管閉鎖障害との関係について，**「疾病リスク低減表示」**が認められた（表 13.1 参照）．また，リスクリダクションサプリメントは，治療の補助として利用される場合もある．たとえば，さまざまな疾病により，低栄養状態の人には濃厚流動食として機能性食品の利用や，褥瘡の予防や改善のため，亜鉛や銅などのミネラルを含むサプリメントを利用している例も見られる．血糖値のコントロールのため，薬の服用が難しい場合に特定保健用食品である豆鼓エキス（図 13.5）を利用してコントロールができるようになったという症例もある．

注目されるサプリメントとしては，イチョウ葉，ドコサヘキサエン酸（DHA），ホスファジルセリン（PS），アスタキサンチン，ケルセチン，コエンザイム Q10（CoQ10），エキナセア，セントジョーンズワート（セイヨウオトギリソウ）などがある．

イチョウ葉は，血管拡張作用，血小板凝集抑制作用により脳血流をよくして記憶改善，抗認知症作用があるとされている．イチョウ葉に含まれるギンコール酸は有害で製造過程で取り除かれる．ヨーロッパでは医薬品成分として利用される．

ドコサヘキサエン酸（DHA）は，細胞膜の流動性を高め，抗酸化作用により脳機能全般の改善，抗認知症作用があるとされる．

ホスファジルセリンは，細胞膜を構成するリン脂質，とくに脳に多く存在し，細胞膜の安定化により脳機能全般の改善があるとされる．

アスタキサンチンは，抗酸化作用により，動脈硬化，血栓予防，皮膚の老化予防などの作用があるとされる．

ケルセチンは，これまで医薬品成分だったが，2001（平成 13）年の

褥瘡（じょくそう）
患者が長期にわたり同じ体勢で寝たきりなどになった場合，体と支持面（多くはベッド）との接触局所で血行が悪くなり，周辺組織に壊死を起こすものをいう．床ずれ（とこずれ）ともよばれる．加齢，低栄養，麻痺，乾皮症などの皮膚の状態などに影響される．褥瘡のケアの基本は，除・減圧（支持面の調整と体位変換），皮膚面の保湿と保清（清潔），栄養管理が主体となる．

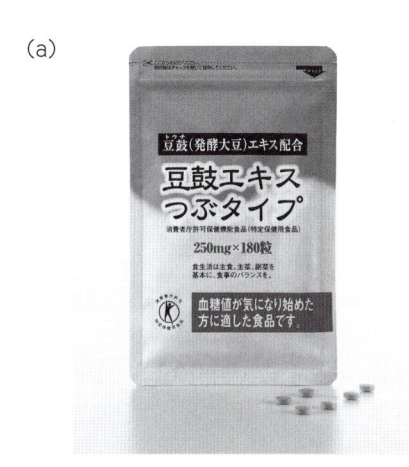

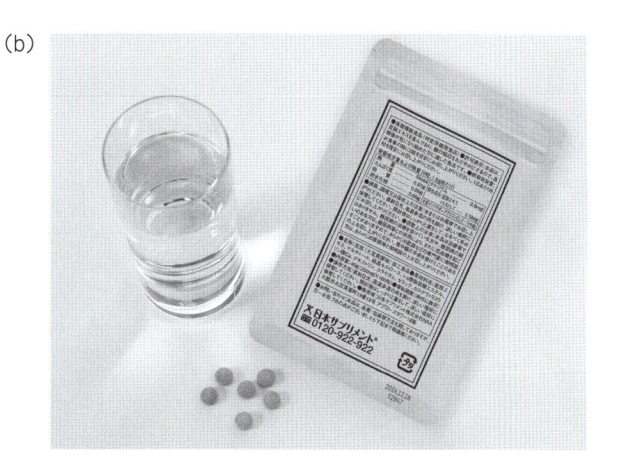

図 13.5　特定保健用食品（例）　豆鼓エキス
（a）糖の吸収をおだやかにして，食後の急激な血糖値の上昇を抑える．
（b）サプリメントと説明が記載されているパッケージの裏面．サプリメントは水などで服用する．

食薬区分改正で食品成分になった．抗酸化作用，花粉症予防などの作用があるとされる．

コエンザイムQ10 もケルセチンと同様に食品成分になった．ミトコンドリアでのATP産生に関与し，抗酸化作用により心機能を健康に保つ作用があるとされる．

エキナセアは，ヨーロッパでは医薬品として利用され，免疫・抗菌作用・抗ウイルス，炎症抑制などが報告されている．

セントジョーンズワートも，ヨーロッパでは医薬品として利用され，脳内セロトニン濃度を上昇させ，抗うつ薬と同等の作用があるとの報告がある．ほかの薬と併用すると，薬の効果を現弱させる副作用のあるハーブである．

（2）サプリメントを利用するときの注意点

サプリメントに含まれるのは食品成分だが，同じ材料でも部位によって医薬品成分に認められているものと食品成分に認められているものがある（表13.6）．医薬品成分になるものとしては，生薬としてなじみの深いものや，以前は医薬品として使用されていたものが食品成分として利用できるようになったものもある．日本では食品成分として利用されているものでも，海外では医薬品として利用されているもの，その逆の場合もある．

実際に日本で，過去にタイから「やせ薬」として輸入されたサプリメントで，内容成分に日本では認められていない劇物などが入っていたため，心不全による死亡事故が発生したり，マジンドールという医薬品がサプリメントとして海外から輸入され，健康被害が多く発生したりした．

セロトニン
セロトニンはヒトを含む動植物に一般的に含まれる化学物質で，トリプトファンから産生される．脳内セロトニンの不足から，いろいろな病気の原因の一つとして知られている．不眠症，睡眠障害，冷え性，偏頭痛，うつ病，更年期障害，月経前症候群などのさまざまな病気が誘発されていると考えられていて，セロトニンに関与する成分が注目されるようになった．

マジンドール
日本で唯一承認されている食欲抑制薬で，高度肥満症のみに保健適応されている．食欲中枢への直接作用と脳内でのアドレナリン，ドーパミン，セロトニンの神経細胞による再取り込み抑制という2種類の機序により，消費エネルギー促進とともに食欲を抑制する交感神経作用があり，覚醒剤であるアンフェタミンと類似している．依存性や，短期間での耐性発現があるため投与は3か月が限度とされ，副作用として依存性のほか，肺高血圧症，各種精神神経症状などがある．

表13.6 医薬品成分と非医薬品成分

医薬品	非医薬品
アロエ（葉の液汁）	アロエ（根・葉肉・キダチアロエの葉）
アサ（発芽防止処理されていない種子）	アサ（発芽防止処理されている種子）
胆汁・胆嚢（ウシ・ブタ）	肝臓（ウシ・トリ・ブタの肝臓・エキス）
セイヨウトチノキ（種子）	セイヨウトチノキ（樹皮・葉・花・芽）
トチュウ（樹皮）	トチュウ（果実・葉・葉柄・木部）
クコ（根皮）	クコ（果実・葉）
クワ（根皮）	クワ（葉・花・実）
センナ（果実・小葉・葉柄・葉軸）	センナ（茎）
アンズ（クキョウニン種子）	アンズ（カンキョウニン種子）

これらの問題を解決するため，保健機能食品制度を始め，サプリメントに関するさまざまな検討が行われているが，現在でも健康被害を含む多くの問題が起こっている．

サプリメントを利用する場合の大きな問題の一つとして，医薬品やそのほかの食品との相互作用（**食べ合わせ，飲み合わせ**）がある．たとえば，セントジョーンズワートやイチョウ葉，グリチルリチン（甘草），ニンニクエキスなどは，一部の薬の作用を弱めてしまう．反対にグレープフルーツジュースやチーズ・ワイン・チョコレートなどに多く含まれるチラミンという成分は，薬の作用を強めてしまう（表13.7）．セントジョーンズワートは，リラックス効果のあるサプリメントやハーブティーなどに含まれていて，成分名を確認しないと含まれていることを知らずにとっていることもある．セントジョーンズワートに限らず，数種類のサプリメント成分が含まれているサプリメントも少なくないため，サプリメントを利用する場合は，必ずどのような成分が含まれているかを確認し，とくに医薬品を服用している場合は，かかりつけの医師や薬剤師に相談する必要がある．

健康は，十分な休養と適度な運動，バランスのとれた栄養の3つの要素がそろって，維持・増進につながる．この3つの要素をおろそかにして，サプリメントを利用したとしても，効果的に作用しない．また，サプリメントについての知識を十分にもたず，安易に利用することで健康被害につながる危険性もある．まずは，自身の体を知り，食事を含めてバランスのとれた生活を基本として，利用しようと考えているサプリメントが本当に必要かどうかを見極めることが大切である．

表13.7 食品成分と医薬品との相互作用

食品・成分	影響を受ける医薬品	薬効への影響
カルシウム・マグネシウム	ジプロフロキサシン，テトラサイクリン（抗菌薬）	薬物の吸収を阻害し，薬効減弱
タンニン（茶・コーヒー）	ハロペリドール（精神安定剤）	吸収低下
オオバコ種子，カモミール，バレリアン，フィーバーフュー	鉄剤	吸収低下
グレープフルーツジュース	アンチピリン，ニカルジピン，サキナビル，タクロリムス，シサプリド，ロバスタチン，シロスタゾール	薬物代謝酵素を阻害し，作用と副作用を増強
セントジョーンズワート（セイヨウオトギリソウ）	アミノフィリン，アミオダロン，カルバマゼピン，ジゴキシン	薬物代謝酵素を誘導し，薬効を減弱
キャベツ，メキャベツ（インドール）	フェナセチン，ワルファリン	薬物代謝酵素を誘導し，薬効を減弱
ガーリック（ニンニク）	サキナビル	薬効減弱
	クロルゾキサン	薬効増強
イチョウ葉	オメプラゾール	薬効減弱
チラミン（チーズ，ワイン，バナナ，チョコレート）	イソニアジド，ペチジン，プロカルバジン	チラミンの交感神経興奮作用を増強
ビタミンK（納豆，ブロッコリー）	ワルファリン	ワルファリンの作用に拮抗
グリチルリチン（甘草）	ジゴキシン	強心作用を増強
	アセタゾラミド，エシドライ	利尿，高血圧治療を減弱
イチョウ葉エキス	ワルファリン，アスピリン	出血傾向促進
カモミール	ワルファリン，アスピリン	出血傾向促進

日本サプリメントアドバイザー認定機構 編，『サプリメントアドバイザー必携（第3版増補）』，薬事日報社(2010)，p.157, 158 より改変．

復習トレーニング

次の文章のカッコの部分に適切な言葉を入れなさい．

❶ 食品には，保健機能食品である（　　　）と（　　　）や，一般食品があり，いわゆる健康食品は（　　　）に含まれ，食品と医薬品は区別されている．

❷ 特定保健用食品は，（　　　）で個別に評価され，認可されると（　　　）表示が認められる．栄養機能食品は，決められたビタミン・ミネラルについて基準の範囲内であれば（　　　）表示が認められる．一般食品に表示が許されているのは（　　　）表示のみで，医薬品は（　　　）や（　　　）が表示できる．

❸ サプリメントの利用を考える前に，まずは日常の（　　　）や（　　　）を見直し，自分にとって必要な栄養量を知り，どうしても摂取が難しい場合に，不足している（　　　）のみを補う目的で利用する．

スポーツ選手と健康のために摂取する場合のサプリメンの問題点と，利用する場合にはどのような注意が必要かをまとめなさい．

14章

スポーツ選手の献立作成

14章のPOINT

◆ スポーツ選手は，スポーツをしていない人よりも身体活動量が増えるぶん，より多くのエネルギー・栄養素量が必要になる．また，期分けや各年齢別，体格別，スポーツ種目別により食事摂取のポイントが異なることを理解しよう．

◆ これまで各章で学んできた内容を考慮しながら，スポーツ選手にとって理想的な食事のための献立作成について学ぼう．

◆ 献立を作成するためには，食事摂取基準と食品構成が必要で，この2つをもとに毎日の献立に変化をつけて展開していくことを学ぼう．

1 食事摂取基準と食品構成

食事摂取基準は，標準となるエネルギーや栄養素の摂取量を示すもので，**食品構成**は，エネルギー・栄養素の目標量が摂取できるよう食品群別に量を示したものである．どちらも献立を作成する際の料理や，食品の選択や分量を決める目安になる．食品群の種類は穀類，いも類，砂糖・甘味料類，種実類，緑黄色野菜，その他の野菜，果実類，きのこ類，海藻類，豆類，魚介類，肉類，卵類，乳類，油脂類などがあり，各群からまんべんなく食品を選択すれば必要なエネルギー・栄養素をおおむね摂取できる．5 章でも述べているが，14 章では体づくり期（3500 kcal），試合期（グリコーゲンローディング，3500 kcal），重量級（4500 kcal），減量時（2000 kcal）の摂取エネルギー量で献立を作成する．

食品構成の分量を，3 食（場合によっては補食を含めて 4〜5 食）に振り分け，**主食**（ご飯，パン，麺類），**主菜**（肉，魚，卵，大豆製品が主になるおかず），**副菜**（野菜が主になるおかず），牛乳・乳製品，果物を 3 食に均等に組み込む．各食品群の食品は，いろいろな栄養素を多く含む食品を選ぶようにする．旬の食材は，栄養量も多くなるので，各食品の旬を知り積極的に使用する．各群のなかで，同じ食品群の食品どうしで変更することにより，毎日の献立を展開していくことができる（表 14.1，表 14.2）．

スポーツ選手はスポーツをしない人よりも多くのエネルギー・栄養素を必要とする．スポーツ選手にとって必要なエネルギー・栄養素を摂取しやすくするため，食品群を虹の色の 7 色に色分けした食品群がある（表 14.3）．7 色の食品を 3 食に均等に組み込むことで，簡単にバランスよ

> スポーツ選手の食事摂取基準
> 5 章も参照．

表 14.1 スポーツ選手の食事摂取基準

	体づくり期	試合期 （グリコーゲンローディング）	重量級	減量時
エネルギー（kcal）	3500	3500	4500	2000
たんぱく質（g）	130〜175	87.5〜130	169〜225	75〜100
脂質（g）	80〜115	40〜60	125〜150	33〜44
炭水化物（g）	480〜530	610〜700	619〜675	300〜350
たんぱく質エネルギー比率（％）	15〜20	10〜15	15〜20	15〜20
脂質エネルギー比率（％）	20〜25	10〜15	25〜30	15〜20
炭水化物エネルギー比率（％）	55〜60	70〜80	55〜60	60〜70
カルシウム（mg）	1200	1200	1500	1000
鉄（mg）	10〜15	10〜15	12〜18	10〜12
ビタミン A（μgRE）	1300	1300	1500	1000
ビタミン B_1（mg）	2	3	3.5	1.5
ビタミン B_2（mg）	2.3	3.4	3.9	1.65
ビタミン C（mg）	200〜300	200〜300	200〜300	200〜300

く食品をとることができるようになる．

（1）体づくり期

スポーツ選手の食事の基本ともいえる．トレーニングに必要なエネルギー量を摂取しながら，それぞれの栄養素をバランスよくとる必要がある．とくに体の材料になるたんぱく質，ミネラル（構成素）は多く摂取する必要がある．また，たんぱく質の必要量が増加するぶん，たんぱく質・アミノ酸の代謝に必要なビタミン B_6，B_{12}，葉酸といったビタミンの必要量も増える．

（2）試合期（グリコーゲンローディング）

炭水化物の摂取割合を増やすぶん，脂質の割合を減らす．スポーツ選手の体を維持し，コンディショニングを整えるためのたんぱく質は不足しないように摂取する．炭水化物の摂取量が増えるため，糖質の代謝に必要なビタミン B_1 の必要量も増える．コンディショニングを整えるためのビタミン，ミネラルは不足しないように摂取し，とくに抗ストレスビタミンであるビタミンCは毎食の食事でしっかりと補給する．

（3）重量級

スポーツ選手の基本の食事から，すべての栄養素の摂取量が増える．必要なエネルギーを確保するため，食欲が落ちているときなど，たくさんの量を食べるのが難しいときは，脂質の摂取割合を30%まで引き上げてもよい．香辛料や薬味をふんだんに使って，味に変化をもたせ，食欲をだすような工夫も必要となる．

表14.2　スポーツ選手の食品構成

	体づくり期 (3500 kcal)	試合期 (グリコーゲンローディング) (3500 kcal)	重量級 (4500 kcal)	減量時 (2000 kcal)
穀類	520	600	600	240
肉類	130	80	180	50
魚介類	100	80	150	40
卵類	70	50	100	50
豆類	100	80	120	60
乳類	600	300	700	250
いも類	100	200	100	70
緑黄色野菜	200	200	200	200
その他の野菜	300	300	300	300
藻類	乾燥 4	乾燥 4	乾燥 5	乾燥 5
きのこ類	15	15	20	20
果実類	300	400	300	150
砂糖類	30	50	40	10
油脂類	30	10	45	10

（4）減量時

食事全体の量を減らすのではなく，摂取エネルギーを減らすように工夫する．エネルギーが少なく，ビタミン，ミネラルを多く含む海藻類やきのこ類，緑黄色野菜が多くとることができる献立にする．ドレッシングや調理は油を使わない献立にし，使用する食材も油脂が少ないものを選ぶ．香辛料や薬味をふんだんに使い，食塩や油を多く使った調味料は控える．

表14.3 虹色分類による食品と栄養素

色	食品	栄養素
赤	肉・卵	たんぱく質・ミネラル・ビタミン
だいだい	魚・大豆・豆腐・納豆	たんぱく質・ミネラル・ビタミン
黄	ご飯・パン・麺類・コーン	炭水化物
緑	いも類・緑黄色野菜・海藻類・きのこ類	ビタミン・ミネラル
青	淡色野菜	ビタミン・食物繊維
藍	牛乳・チーズ・ヨーグルト	たんぱく質・ミネラル
紫	果物	ビタミン・ミネラル

2 体づくり期の献立

	献立名	食品名	重量(g)	エネルギー(kcal)	たんぱく質(g)	脂質(g)	炭水化物(g)	カルシウム(mg)	鉄(mg)	ビタミンA(μgRE)	ビタミンB₁(mg)	ビタミンB₂(mg)	ビタミンC(mg)	食物繊維総量(g)
朝食	ご飯	米・精白米	110	392	6.7	1.0	84.8	6	0.9	0	0.09	0.02	0	0.6
	魚の南蛮漬	あじ・まあじ-生	100	121	20.7	3.5	0.1	27	0.7	10	0.10	0.20	0	0.0
		食塩	0.8	0	0.0	0.0	0.0	0	0.0	0	0.00	0.00	0	0.0
		かたくり粉	10	33	0.0	0.0	8.2	1	0.1	0	0.00	0.00	0	0.0
		調合油(吸油量)	8	74	0.0	8.0	0.0	0	0.0	0	0.00	0.00	0	0.0
		〈つけ汁〉												
		こいくちしょう油	15	11	1.2	0.0	1.5	4	0.3	0	0.01	0.03	0	0.0
		清酒・上撰	5	5	0.0	0.0	0.2	0	0.0	0	0.00	0.00	0	0.0
		穀物酢	15	4	0.0	0.0	0.4	0	0.0	0	0.00	0.00	0	0.0
		車糖・上白糖	3	12	0.0	0.0	3.0	0	0.0	0	0.00	0.00	0	0.0
		かつおだし	25	1	0.1	0.0	0.0	1	0.0	0	0.00	0.00	0	0.0
		鷹の爪	1本	2	0.1	0.1	0.3	0	0.0	8	0.00	0.01	0	0.2
		たまねぎ・りん-茎	30	11	0.3	0.0	2.6	6	0.1	0	0.01	0.00	2	0.5
		にんじん・根	10	4	0.1	0.0	0.9	3	0.0	76	0.01	0.01	0	0.3
		さやいんげん・若ざや	10	2	0.2	0.0	0.5	5	0.1	5	0.01	0.01	1	0.2
	野菜炒め	ロースハム	25	49	4.1	3.5	0.3	3	0.1	0	0.15	0.03	13	0.0
		ピーマン	30	7	0.3	0.1	1.5	3	0.1	10	0.01	0.01	23	0.7
		にんじん・根	15	6	0.1	0.0	1.4	4	0.0	114	0.01	0.01	1	0.4
		たまねぎ・りん茎	70	26	0.7	0.1	6.2	15	0.1	0	0.02	0.01	6	1.1
		ぶなしめじ	20	4	0.5	0.1	1.0	0	0.1	0	0.03	0.03	1	0.7
		にんにく・りん茎	1かけ	3	0.1	0.0	0.5	0	0.0	0	0.00	0.00	0	0.1
		調合油	4	37	0.0	4.0	0.0	0	0.0	0	0.00	0.00	0	0.0
		料理酒	3	3	0.0	0.0	0.1	0	0.0	0	0.00	0.00	0	0.0
		砂糖	0.5	2	0.0	0.0	0.5	0	0.0	0	0.00	0.00	0	0.0
		食塩	2	0	0.0	0.0	0.0	0	0.0	0	0.00	0.00	0	0.0
	じゃがいものみそ汁	じゃがいも	20	15	0.3	0.0	3.5	1	0.1	0	0.02	0.01	7	0.3
		たまねぎ・りん茎	20	7	0.2	0.0	1.8	4	0.0	0	0.01	0.00	2	0.3
		葉ねぎ	3	1	0.0	0.0	0.2	2	0.0	5	0.00	0.00	1	0.1
		カットわかめ	1	1	0.2	0.0	0.4	8	0.1	2	0.00	0.00	0	0.4
		煮干しだし	180	2	0.2	0.2	0.0	5	0.0	0	0.02	0.00	0	0.0
		米みそ・赤色辛みそ	12	22	1.6	0.7	2.5	16	0.5	0	0.00	0.01	0	0.5
	牛乳	普通牛乳	200	134	6.6	7.6	9.6	220	0.0	76	0.08	0.30	2	0.0
	果物	キウイフルーツ	100	53	1.0	0.1	13.5	33	0.3	6	0.01	0.02	69	2.5
		朝食合計	1050	1042	45.3	29.0	145.6	368	3.6	310	0.58	0.7	127	8.9
昼食	とろろそば	やまのいも・ながいも	70	46	1.5	0.2	9.7	12	0.3	0	0.07	0.01	4	0.7
		〈錦糸卵〉												
		鶏卵・全卵	25	38	3.1	2.6	0.1	13	0.5	38	0.02	0.11	0	0.0
		かつお・昆布だし	7	0	0.0	0.0	0.0	0	0.0	0	0.00	0.00	0	0.0
		食塩	0.2	0	0.0	0.0	0.0	0	0.0	0	0.00	0.00	0	0.0
		うすくちしょう油	0.5	0	0.0	0.0	0.0	0	0.0	0	0.00	0.00	0	0.0
		調合油	少々											
		蒸しかまぼこ	10	10	1.2	0.1	1.0	3	0.0	0	0.00	0.00	0	0.0
		〈しいたけ含め煮〉												
		干ししいたけ	2	4	0.4	0.1	1.3	0	0.0	0	0.01	0.03	0	0.8
		しいたけだし	25	1	0.0	0.0	0.2	0	0.0	0	0.00	0.00	0	0.0
		砂糖	1	4	0.0	0.0	1.0	0	0.0	0	0.00	0.00	0	0.0
		こいくちしょう油	2	1	0.2	0.0	0.2	1	0.0	0	0.00	0.00	0	0.0
		削り昆布	2	2	0.1	0.0	1.0	13	0.1	1	0.01	0.01	0	0.6
		根みつば・葉	5	1	0.1	0.0	0.2	3	0.1	7	0.00	0.01	1	0.1
		葉ねぎ・葉-生	2	1	0.0	0.0	0.1	1	0.0	3	0.00	0.00	1	0.1
		ゆでそば	200	264	9.6	2.0	52.0	18	1.6	0	0.10	0.04	0	4.0

つづく.

	献立名	食品名	重量(g)	エネルギー(kcal)	たんぱく質(g)	脂質(g)	炭水化物(g)	カルシウム(mg)	鉄(mg)	ビタミンA(μgRE)	ビタミンB₁(mg)	ビタミンB₂(mg)	ビタミンC(mg)	食物繊維総量(g)
昼食		〈かけ汁〉												
		かつお・昆布だし	250	5	0.8	0.0	0.8	8	0.0	0	0.03	0.03	0	0.0
		うすくちしょう油	15	8	0.9	0.0	1.2	4	0.2	0	0.01	0.02	0	0.0
		みりん・本みりん	15	36	0.0	0.0	6.5	0	0.0	0	0.00	0.00	0	0.0
	レバーと野菜炒め物	牛・肝臓	40	53	7.8	1.5	1.5	2	1.6	440	0.09	1.20	12	0.0
		たまねぎ・りん茎	15	6	0.2	0.0	1.3	3	0.0	0	0.00	0.00	1	0.2
		食塩	0.5	0	0.0	0.0	0	0	0.0	0	0.00	0.00	0	0.0
		こしょう・白,粉	少々											
		たまねぎ・りん茎	40	15	0.4	0.0	3.5	8	0.1	0	0.01	0.00	3	0.6
		ピーマン	30	7	0.3	0.1	1.5	3	0.1	10	0.01	0.01	23	0.7
		にんにく・りん茎	1	1	0.1	0.0	0.3	0	0.0	0	0.00	0.00	0	0.1
		とうがらし-乾	0.1	2	0.1	0.1	0.3	0	0.0	8	0.00	0.01	0	0.2
		調合油	3	28	0.0	3.0	0	0	0.0	0	0.00	0.00	0	0.0
		〈合わせ調味料〉												
		車糖・上白糖	4	15	0.0	0.0	4.0	0	0.0	0	0.00	0.00	0	0.0
		こいくちしょう油	6	4	0.5	0.0	0.6	2	0.1	0	0.00	0.01	0	0.0
		清酒・上撰	7	8	0.0	0.0	0.3	0	0.0	0	0.00	0.00	0	0.0
		ケチャップ	6	7	0.1	0.0	1.6	1	0.0	3	0.00	0.00	1	0.1
	豆腐の田楽	木綿豆腐	100	72	6.6	4.2	1.6	120	0.9	0	0.07	0.03	0	0.4
		調合油	2	18	0.0	2.0	0	0	0.0	0	0.00	0.00	0	0.0
		〈練りみそ〉												
		米みそ・赤色辛みそ	15	28	2.0	0.8	3.2	20	0.6	0	0.00	0.02	0	0.6
		車糖・上白糖	3	12	0.0	0.0	3.0	0	0.0	0	0.00	0.00	0	0.0
		みりん・本みりん	5	12	0.0	0.0	2.2	0	0.0	0	0.00	0.00	0	0.0
		かつおだし	10	0	0.1	0.0	0	0	0.0	0	0.00	0.00	0	0.0
		いりごま	0.5	3	0.1	0.3	0.1	6	0.0	0	0.00	0.00	0	0.1
	オレンジジュース	100%オレンジジュース	200	84	1.4	0.2	21.4	18	0.2	8	0.14	0.04	84	0.4
		昼食合計	1120.2	794	37.4	17.1	121.6	259	6.6	518	0.59	1.6	130	9.7
間食	ミックスサンド	〈ゆで卵とレタス〉												
		鶏卵・全卵	45	68	5.5	4.6	0.1	23	0.8	68	0.03	0.19	0	0.0
		マヨネーズ	5	34	0.1	3.6	0.1	1	0.0	3	0.00	0.01	0	0.0
		レタス	20	2	0.1	0.0	0.6	4	0.1	4	0.01	0.01	1	0.2
		〈チーズとトマト〉												
		プロセスチーズ	10	34	2.3	2.6	0.1	63	0.0	26	0.00	0.04	0	0.0
		トマト	30	6	0.2	0.0	1.4	2	0.1	14	0.02	0.01	5	0.3
		食塩	0.2	0	0.0	0.0	0	0	0.0	0	0.00	0.00	0	0.0
		きゅうり	10	1	0.1	0.0	0.3	3	0.0	3	0.00	0.00	1	0.1
		食塩	0.1	0	0.0	0.0	0	0	0.0	0	0.00	0.00	0	0.0
		食パン	120	317	11.2	5.3	56.0	35	0.7	0	0.08	0.05	0	2.8
		有塩バター	4	30	0.0	3.2	0.0	1	0.0	20	0.00	0.00	0	0.0
		からし・粉	0.4	2	0.1	0.1	0.2	1	0.0	0	0.00	0.00	0	0.0
		パセリ	2	1	0.1	0.0	0.2	6	0.2	12	0.00	0.00	2	0.1
	スムージー	バナナ	100	86	1.1	0.2	22.5	6	0.3	5	0.05	0.04	16	1.1
		ヨーグルト・脱脂加糖	70	47	3.0	0.1	8.3	84	0.1	0	0.02	0.11	0	0.0
		普通牛乳	50	34	1.7	1.9	2.4	55	0.0	19	0.02	0.08	1	0.0
		間食合計	467	660	25.5	21.7	92.2	283	2.3	173	0.24	0.5	26	4.6
夕食	ご飯	米・精白米	110	392	6.7	1.0	84.8	6	0.9	0	0.09	0.02	0	0.6
	豚肉のにんにくしょうが焼き	豚肉 肩ロース	60	103	11.8	5.6	0.1	2	0.2	2	0.43	0.15	1	0.0
		しょうが・根茎	3	1	0.0	0.0	0.2	0	0.0	0	0.00	0.00	0	0.1
		こいくちしょう油	6	4	0.5	0.0	0.6	2	0.1	0	0.00	0.01	0	0.0
		料理酒	6	7	0.0	0.0	0.3	0	0.0	0	0.00	0.00	0	0.0
		砂糖	2	8	0.0	0.0	2.0	0	0.0	0	0.00	0.00	0	0.0
		にんにく・りん茎	2	3	0.1	0.0	0.5	0	0.0	0	0.00	0.00	0	0.1
		調合油	3	28	0.0	3.0	0	0	0.0	0	0.00	0.00	0	0.0

つづく.

	献立名	食品名	重量（g）	エネルギー（kcal）	たんぱく質（g）	脂質（g）	炭水化物（g）	カルシウム（mg）	鉄（mg）	ビタミンA（μgRE）	ビタミンB$_1$（mg）	ビタミンB$_2$（mg）	ビタミンC（mg）	食物繊維総量（g）
夕食		〈付け合わせ〉												
		レタス	50	7	0.9	0.1	1.1	28	1.2	90	0.03	0.07	7	0.9
		しょうが甘酢漬け	3	1	0.0	0.0	0.1	2	0.0	0	0.00	0.00	0	0.1
	白菜の煮浸し	はくさい	50	7	0.4	0.1	1.6	22	0.2	4	0.02	0.02	10	0.7
		干しえび	5	12	2.4	0.1	0.0	355	0.8	1	0.01	0.01	0	0.0
		カットわかめ	3	4	0.5	0.1	1.3	25	0.2	5	0.00	0.00	0	1.1
		調合油	3	28	0.0	3.0	0.0	0	0.0	0	0.00	0.00	0	0.0
		水	15											
		砂糖	2	8	0.0	0.0	2.0	0	0.0	0	0.00	0.00	0	0.0
		料理酒	8	9	0.0	0.0	0.4	0	0.0	0	0.00	0.00	0	0.0
		こいくちしょう油	5	4	0.4	0.0	0.5	1	0.1	0	0.00	0.01	0	0.0
	かぼちゃのチーズ焼き	西洋かぼちゃ	80	73	1.5	0.2	16.5	12	0.4	264	0.06	0.07	34	2.8
		たまねぎ・りん茎	30	11	0.3	0.0	2.6	6	0.1	0	0.01	0.00	2	0.5
		食塩	0.2	0	0.0	0.0	0.0	0						
		こしょう・白，粉	少々											
		ピザ用チーズ	12	51	3.3	4.0	0.2	144	0.0	26	0.00	0.06	0	0.0
		パセリ	2	1	0.1	0.0	0.2	6	0.2	12	0.00	0.00	2	0.1
	野菜のみそ汁	なす	30	7	0.3	0.0	1.5	5	0.1	2	0.02	0.02	1	0.7
		えのきたけ	10	2	0.3	0.0	0.8	0	0.1	0	0.02	0.02	0	0.4
		葉ねぎ	5	2	0.1	0.0	0.4	3	0.0	8	0.00	0.00	2	0.1
		煮干しだし	180	2	0.2	0.2	0.0	5	0.0	0	0.02	0.02	0	0.0
		米みそ・赤色辛みそ	12	22	1.6	0.7	2.5	16	0.5	0	0.00	0.01	0	0.5
	牛乳	普通牛乳	200	134	6.6	7.6	9.6	220	0.0	76	0.08	0.30	2	0.0
	果物	グレープフルーツ	100	38	0.9	0.1	9.6	15	0.0	0	0.07	0.03	36	0.6
		はちみつ	21	62	0.0	0.0	16.7	0	0.2	0	0.00	0.00	1	0.0
	夕食合計		1018.2	1026	38.9	25.9	156.1	876	5.3	490	0.86	0.8	99	9.1
	1日合計		3655	3523	147.2	93.9	515.6	1785	17.8	1492	2.27	3.61	382	32.3

食事摂取基準	体づくり期（3500 kcal）	作成献立
エネルギー（kcal）	3500	3521
たんぱく質（g）	130〜175	147.1
脂質（g）	80〜115	93.8
炭水化物（g）	480〜530	515
たんぱく質エネルギー比率（%）	15〜20	16.7
脂質エネルギー比率（%）	20〜25	24
炭水化物エネルギー比率（%）	55〜60	59.3
カルシウム（mg）	1200	1785
鉄（mg）	10〜15	17.8
ビタミンA（μgRE）	1300	1492
ビタミンB$_1$（mg）	2	2.27
ビタミンB$_2$（mg）	2.3	3.61
ビタミンC（mg）	200〜300	382

食品構成（g）	体づくり期	作成献立
穀類	520	540
肉類	130	125
魚介類	100	115
卵類	70	70
豆類	100	100
乳類	600	542
いも類	100	100
緑黄色野菜	200	274
その他の野菜	300	325
藻類	乾燥4	6
きのこ類	15	32
果実類	300	500
砂糖類	30	37
油脂類	30	27

3 試合期の献立（グリコーゲンローディング）

	献立名	食品名	重量 (g)	エネルギー (kcal)	たんぱく質 (g)	脂質 (g)	炭水化物 (g)	カルシウム (mg)	鉄 (mg)	ビタミンA (μgRE)	ビタミンB1 (mg)	ビタミンB2 (mg)	ビタミンC (mg)	食物繊維総量 (g)
朝食	ひじきご飯	米・はいが精米	120	425	7.8	2.4	90.4	8	1.1	0	0.28	0.04	0	1.6
		にんじん・根	30	11	0.2	0.0	2.7	8	0.1	204	0.01	0.01	1	0.8
		いわし・しらす干し-半乾燥品	5	10	2.0	0.2	0.0	26	0.0	12	0.01	0.01	0	0.0
		干しひじき	4	6	0.4	0.1	2.2	56	2.2	11	0.01	0.04	0	1.7
		いりごま	2	12	0.4	1.1	0.4	24	0.2	0	0.01	0.00	0	0.3
		うすくちしょう油	3	2	0.2	0.0	0.2	1	0.0	0	0.00	0.00	0	0.0
		みりん	3	7	0.0	0.0	1.6	0	0.0	0	0.00	0.00	0	0.0
		食塩	0.1	0	0.0	0.0	0.0	0	0.0	0	0.00	0.00	0	0.0
	鶏レバーのしょうが煮	鶏・肝臓	60	67	11.3	1.9	0.4	3	5.4	8400	0.23	1.08	12	0.0
		しょうが・根茎	6	2	0.1	0.0	0.4	1	0.0	0	0.00	0.00	0	0.1
		〈煮汁〉												
		水	20											
		みりん	5	12	0.0	0.0	2.2	0	0.0	0	0.00	0.00	0	0.0
		料理酒	4	4	0.0	0.0	0.2	0	0.0	0	0.00	0.00	0	0.0
		砂糖	2	8	0.0	0.0	2.0	0	0.0	0	0.00	0.00	0	0.0
		こいくちしょう油	8	6	0.6	0.0	0.8	2	0.1	0	0.00	0.01	0	0.0
	青菜のお浸し	ほうれん草・葉	80	16	1.8	0.3	2.5	39	1.6	280	0.09	0.16	28	2.2
		うすくちしょう油	5	3	0.3	0.0	0.4	1	0.1	0	0.00	0.01	0	0.0
		かつおだし	7.5	0	0.0	0.0	0.0	0	0.0	0	0.00	0.00	0	0.0
		かつお節	0.5	2	0.4	0.0	0.0	0	0.0	0	0.00	0.00	0	0.0
	豆腐のサラダ	木綿豆腐	40	29	2.6	1.7	0.6	48	0.4	0	0.03	0.01	0	0.2
		食塩	0.2	0	0.0	0.0	0.0	0	0.0	0	0.00	0.00	0	0.0
		こしょう・白, 粉	少々											
		えのきたけ	15	3	0.4	0.0	1.1	0	0.2	0	0.04	0.03	0	0.6
		トマト	10	2	0.1	0.0	0.5	1	0.0	5	0.01	0.00	2	0.1
		セロリー・葉柄	10	2	0.1	0.0	0.3	4	0.0	0	0.00	0.00	1	0.2
		きゅうり	10	1	0.1	0.0	0.3	3	0.0	3	0.00	0.00	1	0.1
		干しぶどう	3	9	0.1	0.0	2.4	2	0.1	0	0.00	0.00	0	0.1
		〈ソース〉												
		穀物酢	7	2	0.0	0.0	0.2	0	0.0	0	0.00	0.00	0	0.0
		こいくちしょう油	7	5	0.5	0.0	0.7	2	0.1	0	0.00	0.01	0	0.0
		食塩	0.5	0	0.0	0.0	0.0	0	0.0	0	0.00	0.00	0	0.0
		こしょう・白, 粉	少々											
		くるみ	3	20	0.4	2.1	0.4	3	0.1	0	0.01	0.00	0	0.2
		にんにく・りん茎	0.5	1	0.0	0.0	0.1	0	0.0	0	0.00	0.00	0	0.0
	じゃがいものみそ汁	じゃがいも	30	23	0.5	0.0	5.3	1	0.1	0	0.03	0.01	11	0.4
		たまねぎ・りん茎	20	7	0.2	0.0	1.8	4	0.0	0	0.01	0.00	2	0.3
		えのきたけ	10	2	0.3	0.0	0.8	0	0.1	0	0.02	0.02	0	0.4
		葉ねぎ・葉	3	1	0.0	0.0	0.2	2	0.0	5	0.00	0.00	1	0.1
		煮干しだし	180	2	0.2	0.2	0.0	5	0.0	0	0.02	0.00	0	0.0
		米みそ・赤色辛みそ	12	22	1.6	0.7	2.5	16	0.5	0	0.00	0.01	0	0.5
	いちごミルク	いちご	100	34	0.9	0.1	8.5	17	0.3	1	0.03	0.02	62	1.4
		加糖練乳	15	50	1.2	1.2	8.4	45	0.0	9	0.01	0.06	0	0.0
		朝食計	841.3	806	34.7	12.0	140.5	322	12.9	8929	0.87	1.55	121	11.2
昼食	煮込みうどん	うなぎ-かば焼	40	117	9.2	8.4	1.2	60	0.3	600	0.30	0.30	0	0.0
		生しいたけ	10	2	0.3	0.0	0.5	0	0.0	0	0.01	0.02	1	0.4
		蒸しかまぼこ	7	7	0.8	0.1	0.7	2	0.0	0	0.00	0.00	0	0.0
		根深ねぎ・葉	15	4	0.1	0.0	1.1	5	0.0	0	0.01	0.01	2	0.3
		にんじん・根	20	7	0.1	0.0	1.8	5	0.0	136	0.01	0.01	1	0.5
		ゆでうどん	300	315	7.8	1.2	64.8	18	0.6	0	0.06	0.03	0	2.4
		もち	100	235	4.2	0.8	50.3	7	0.2	0	0.05	0.02	0	0.8

つづく.

3 試合期の献立（グリコーゲンローディング）

	献立名	食品名	重量 (g)	エネルギー (kcal)	たんぱく質 (g)	脂質 (g)	炭水化物 (g)	カルシウム (mg)	鉄 (mg)	ビタミンA (μgRE)	ビタミンB$_1$ (mg)	ビタミンB$_2$ (mg)	ビタミンC (mg)	食物繊維総量 (g)
昼食		削り昆布	2	2	0.1	0.0	1.0	13	0.1	1	0.01	0.01	0	0.6
		かつお・昆布だし	300	6	0.9	0.0	0.9	9	0.1	0	0.03	0.03	0	0.0
		食塩	1.5	0	0.0	0.0	0.0	0	0.0	0	0.00	0.00	0	0.0
		うすくちしょう油	8	4	0.5	0.0	0.6	2	0.1	0	0.00	0.01	0	0.0
		みりん	13	31	0.0	0.0	5.6	0	0.0	0	0.00	0.00	0	0.0
	あさりの酒蒸し	あさり	40	12	2.4	0.1	0.2	26	1.5	2	0.01	0.06	0	0.0
		白ワイン	25	18	0.0	0.0	0.5	2	0.1	0	0.00	0.00	0	0.0
		ロースハム	20	39	3.3	2.8	0.3	2	0.1	0	0.12	0.02	10	0.0
		タイム・粉	少々											
		あさつき・葉	10	3	0.4	0.0	0.6	2	0.1	6	0.02	0.02	3	0.3
		食塩	0.5	0	0.0	0.0	0.0	0	0.0	0	0.00	0.00	0	0.0
		こしょう・白，粉	少々											
	ふろふき大根	大根・根	200	36	1.0	0.2	8.2	48	0.4	0	0.04	0.02	24	2.8
		米のとぎ汁												
		だし昆布	3	4	0.2	0.1	1.7	23	0.1	2	0.01			0.9
		〈練りみそ〉												
		かつおだし	7.5	0	0.0	0.0	0.0	0	0.0	0	0.00	0.00	0	0.0
		米みそ・赤色辛みそ	9	17	1.2	0.5	1.9	12	0.4	0	0.00	0.01	0	0.4
		砂糖	2	8	0.0	0.0	2.0	0	0.0	0	0.00	0.00	0	0.0
		みりん	2	5	0.0	0.0	0.9	0	0.0	0	0.00	0.00	0	0.0
		いりごま	3	18	0.6	1.6	0.6	36	0.3	0	0.01	0.01	0	0.4
	ミックスジュース	みかん・缶詰	15	10	0.1	0.0	2.3	1	0.1	5	0.01	0.00	2	0.1
		もも・缶詰	20	17	0.1	0.0	4.1	1	0.0	0	0.00	0.01	0	0.3
		バナナ	20	17	0.2	0.0	4.5	1	0.1	1	0.01	0.01	3	0.2
		りんご	20	11	0.0	0.0	2.9	1	0.0	0	0.00	0.00	1	0.3
		レモン・果汁	5	1	0.0	0.0	0.4	0	0.0	0	0.00	0.00	3	0.0
		低脂肪牛乳	200	92	7.6	2.0	11.0	260	0.2	26	0.08	0.36	0	0.0
		みかん・缶詰・液汁	25	16	0.1	0.0	3.8	1	0.1	0	0.01	0.01	4	0.0
	昼食計		1443.5	1055	41.4	18.0	174.3	538	4.8	780	0.82	0.96	54	10.6
間食	焼きいも	さつまいも	150	198	1.8	0.3	47.3	60	1.1	3	0.17	0.05	44	3.5
		オレンジ・マーマレード	15	38	0.0	0.0	9.5	2	0.0	0	0.00	0.00	1	0.1
	フルーツゼリー	温州みかん・缶詰	50	32	0.3	0.1	7.7	4	0.2	17	0.03	0.01	8	0.3
		レモン・果汁	5	1	0.0	0.0	0.4	0	0.0	0	0.00	0.00	3	0.0
		角寒天	1.5	2	0.0	0.0	1.1	10	0.1	0	0.00	0.00	0	1.1
		水	50											
		砂糖	15	58	0.0	0.0	14.9	0	0.0	0	0.00	0.00	0	0.0
	オレンジジュース	100％オレンジジュース	200	84	1.4	0.2	21.4	18	0.2	8	0.14	0.04	84	0.4
	間食計		486.5	413	3.5	0.6	102.2	95	1.5	28	0.33	0.10	138	5.3
夕食	ご飯	米・はいが精米	120	425	7.8	2.4	90.4	8	1.1	0	0.28	0.04	0	1.6
	肉じゃが	豚・もも・皮下脂肪なし	50	74	10.8	3.0	0.1	2	0.4	2	0.47	0.11	1	0.0
		じゃがいも	80	61	1.3	0.1	14.1	2	0.3	0	0.07	0.02	28	1.0
		たまねぎ・りん茎	50	19	0.5	0.1	4.4	11	0.1	0	0.02	0.01	4	0.8
		にんじん・根	30	11	0.2	0.0	2.7	8	0.1	228	0.02	0.01	1	0.8
		しらたき	50	3	0.1	0.0	1.5	38	0.3	0	0.00	0.00	0	1.5
		グリーンピース	5	5	0.3	0.0	0.8	1	0.1	2	0.02	0.01	1	0.4
		調合油	4	37	0.0	4.0	0.0	0	0.0	0	0.00	0.00	0	0.0
		砂糖	5	19	0.0	0.0	5.0	0	0.0	0	0.00	0.00	0	0.0
		こいくちしょう油	20	14	1.5	0.0	2.0	6	0.3	0	0.01	0.03	0	0.0
		みりん	18	43	0.1	0.0	7.8	0	0.0	0	0.00	0.00	0	0.0
		料理酒	7.5	8	0.0	0.0	0.4	0	0.0	0	0.00	0.00	0	0.0
	納豆	糸引き納豆	50	100	8.3	5.0	6.1	45	1.7	0	0.04	0.28	0	3.4
		こいくちしょう油	5	4	0.4	0.0	0.5	1	0.1	0	0.00	0.01	0	0.0
		葉ねぎ・葉	5	2	0.1	0.0	0.4	3	0.0	8	0.00	0.00	2	0.1
	落とし卵のみそ汁	鶏卵・全卵	50	76	6.2	5.2	0.2	26	0.9	75	0.03	0.22	0	0.0

つづく．

14章　スポーツ選手の献立作成

	献立名	食品名	重量（g）	エネルギー（kcal）	たんぱく質（g）	脂質（g）	炭水化物（g）	カルシウム（mg）	鉄（mg）	ビタミンA（μgRE）	ビタミンB₁（mg）	ビタミンB₂（mg）	ビタミンC（mg）	食物繊維総量（g）
夕食		葉ねぎ・葉	10	3	0.2	0.0	0.7	5	0.1	15	0.01	0.01	3	0.3
		煮干しだし	200	2	0.2	0.2	0.0	6	0.0	0	0.02	0.00	0	0.0
		米みそ・赤色辛みそ	15	28	2.0	0.8	3.2	20	0.6	0	0.00	0.02	0	0.6
	野菜の酢の物	大根・根	50	9	0.3	0.1	2.1	12	0.1	0	0.01	0.01	6	0.7
		にんじん・根	20	7	0.1	0.0	1.8	5	0.0	136	0.01	0.01	1	0.5
		食塩	0.5	0	0.0	0.0	0.0	0	0.0	0	0.00	0.00	0	0.0
		いわし・しらす干し-半乾燥品	8	16	3.2	0.3	0.0	42	0.1	19	0.02	0.00	0	0.0
		カットわかめ	2	2	0.3	0.0	0.8	16	0.1	13	0.01	0.02	1	0.7
		〈三杯酢〉												
		┌ 穀物酢	10	3	0.0	0.0	0.2	0	0.0	0	0.00	0.00	0	0.0
		│ 砂糖	3	12	0.0	0.0	3.0	0	0.0	0	0.00	0.00	0	0.0
		│ 食塩	0.3	0	0.0	0.0	0.0	0	0.0	0	0.00	0.00	0	0.0
		└ うすくちしょう油	1	1	0.1	0.0	0.1	0	0.0	0	0.00	0.00	0	0.0
	フルーツヨーグルト	バナナ	100	86	1.1	0.2	22.5	6	0.3	5	0.05	0.04	16	1.1
		グレープフルーツ	100	38	0.9	0.1	9.6	15	0.0	0	0.07	0.03	36	0.6
		プレーンヨーグルト	100	67	4.3	0.2	11.9	120	0.1	0	0.03	0.15	0	0.0
		はちみつ	21	62	0.0	0.0	16.7	0	0.2	0	0.00	0.00	1	0.0
		夕食計	1190.3	1235	50.0	21.7	208.7	399	6.8	502	1.17	1.02	99	14.0
		1日計	3961.6	3509	129.7	52.3	625.7	1354	26.0	10239	3.19	3.63	412	41.2

食事摂取基準	試合期（グリコーゲンローディング）	作成献立
エネルギー（kcal）	3500	3509
たんぱく質（g）	87.5～130	129.7
脂質（g）	40～60	52.3
炭水化物（g）	610～700	625.7
たんぱく質エネルギー比率（％）	10～15	14.8
脂質エネルギー比率（％）	10～15	13.4
炭水化物エネルギー比率（％）	70～80	71.8
カルシウム（mg）	1200	1354
鉄（mg）	10～15	26
ビタミンA（μgRE）	1300	10239
ビタミンB₁（mg）	3	3.19
ビタミンB₂（mg）	3.4	3.63
ビタミンC（mg）	200～300	412

食品構成（g）	試合期（グリコーゲンローディング）	作成献立
穀類	600	640
肉類	100	130
魚介類	80	101
卵類	50	50
豆類	80	90
乳類	300	315
いも類	200	310
緑黄色野菜	200	218
その他の野菜	300	367
藻類	乾燥4	13
きのこ類	15	35
果実類	400	663
砂糖類	50	63
油脂類	10	4

4 重量級の献立

	献立名	食品名	重量(g)	エネルギー(kcal)	たんぱく質(g)	脂質(g)	炭水化物(g)	カルシウム(mg)	鉄(mg)	ビタミンA(μgRE)	ビタミンB₁(mg)	ビタミンB₂(mg)	ビタミンC(mg)	食物繊維総量(g)
朝食	炊き込みご飯	米・精白米	160	570	9.8	1.4	123.4	8	1.3	0	0.13	0.03	0	0.8
		水	200											
		うすくちしょう油	6	3	0.3	0.0	0.5	1	0.1	0	0.00	0.01	0	0.0
		食塩	1	0	0.0	0.0	0.0	0	0.0	0	0.00	0.00	0	0.0
		料理酒	20	22	0.1	0.0	1.0	1	0.0	0	0.00	0.00	0	0.0
		若鶏・むね, 皮なし	25	27	5.6	0.4	0.0	1	0.1	2	0.02	0.03	1	0.0
		油揚げ	6	23	1.1	2.0	0.2	18	0.3	0	0.00	0.00	0	0.1
		にんじん・根	20	7	0.1	0.0	1.8	6	0.0	152	0.01	0.01	1	0.5
		生しいたけ	20	4	0.6	0.1	1.0	1	0.1	0	0.02	0.04	2	0.7
		しらたき	30	2	0.1	0.0	0.9	23	0.2	0	0.00	0.00	0	0.9
		さやいんげん	10	2	0.2	0.0	0.5	5	0.1	5	0.01	0.01	1	0.2
		干しひじき	4	6	0.4	0.1	2.2	56	2.2	11	0.01	0.04	0	1.7
	肉のみそ付け焼き	豚・もも・脂身つき	60	110	12.3	6.1	0.1	2	0.4	2	0.54	0.13	1	0.0
		〈みそ床〉												
		米みそ・赤色辛みそ	(400g)											
		みりん	(200g)											
		にんにく・りん茎	(1片)											
		料理酒	(100g)											
		青ピーマン	20	4	0.2	0.0	1.0	2	0.1	7	0.01	0.01	15	0.5
		根深ねぎ	40	11	0.2	0.0	2.9	12	0.1	0	0.02	0.02	4	0.9
	豆腐ステーキ	木綿豆腐	100	72	6.6	4.2	1.6	120	0.9	0	0.07	0.03	0	0.4
		小麦粉	4	15	0.3	0.1	3.0	1	0.0	0	0.01	0.00	0	0.1
		調合油	3	28	0.0	3.0	0.0	0	0.0	0	0.00	0.00	0	0.0
		葉ねぎ	5	2	0.1	0.0	0.4	3	0.1	8	0.00	0.01	2	0.1
		しょうが	5	2	0.0	0.0	0.3	1	0.0	0	0.00	0.00	0	0.1
		料理酒	5	5	0.0	0.0	0.2	0	0.0	0	0.00	0.00	0	0.0
		こいくちしょう油	6	4	0.5	0.0	0.6	2	0.1	0	0.00	0.01	0	0.0
		大根・根	25	5	0.1	0.0	1.0	6	0.1	0	0.01	0.00	3	0.4
		かつお節	1	4	0.8	0.0	0.0	0	0.1	0	0.01	0.00	0	0.0
	野菜サラダ	キャベツ	60	14	0.8	0.1	3.1	26	0.2	2	0.02	0.02	25	1.1
		鶏卵・全卵	50	76	6.2	5.2	0.2	26	0.9	75	0.03	0.22	0	0.0
		トマト	50	10	0.4	0.1	2.4	4	0.1	23	0.03	0.01	8	0.5
		きゅうり	30	4	0.3	0.1	0.9	8	0.1	8	0.01	0.01	4	0.3
		セロリー	30	5	0.3	0.1	1.0	12	0.1	1	0.01	0.01	2	0.5
		アスパラガス	30	7	0.8	0.1	1.2	6	0.2	9	0.04	0.05	5	0.5
		たまねぎ・りん茎	20	7	0.2	0.0	1.8	4	0.0	0	0.01	0.00	2	0.3
		ドレッシングタイプ和風調味料	15	12	0.5	0.0	2.4	2	0.0	0	0.00	0.00	0	0.0
	果物	グレープフルーツ	100	38	0.9	0.1	9.6	15	0.0	0	0.07	0.03	36	0.6
		はちみつ	20	59	0.0	0.0	15.9	0	0.2	0	0.00	0.00	1	0.0
	牛乳	普通牛乳	200	134	6.6	7.6	9.6	220	0.0	76	0.08	0.30	2	0.0
		朝食計	1381	1291	56.2	30.7	190.6	589	7.8	381	1.16	1.01	112	11.2
昼食	シーフードスパゲッティ	するめいか	40	35	7.2	0.5	0.1	6	0.0	5	0.02	0.02	0	0.0
		しばえび	30	25	5.6	0.1	0.0	17	0.3	1	0.01	0.02	1	0.0
		あさり	40	12	2.4	0.1	0.2	26	1.5	2	0.01	0.06	0	0.0
		マッシュルーム	30	3	0.9	0.1	0.6	1	0.1	0	0.02	0.09	0	0.6
		にんにく・りん茎	2	3	0.1	0.0	0.5	0	0.0	0	0.00	0.00	0	0.1
		葉ねぎ	10	3	0.2	0.0	0.7	5	0.1	15	0.01	0.01	3	0.3
		有塩バター	8	60	0.0	6.5	0.0	1	0.0	41	0.00	0.00	0	0.0
		食塩	1	0	0.0	0.0	0.0	0	0.0	0	0.00	0.00	0	0.0
		こしょう・白, 粉	少々											
		洋風だし(固形コンソメ, 水)	100	6	1.3	0.0	0.3	5	0.1	0	0.02	0.05	0	0.0

つづく

	献立名	食品名	重量(g)	エネルギー(kcal)	たんぱく質(g)	脂質(g)	炭水化物(g)	カルシウム(mg)	鉄(mg)	ビタミンA(μgRE)	ビタミンB₁(mg)	ビタミンB₂(mg)	ビタミンC(mg)	食物繊維総量(g)
昼食	ほうれん草のチーズグラタン	スパゲッティ・乾	120	454	15.6	2.6	86.6	22	1.7	1	0.23	0.07	0	3.2
		じゃがいも	100	76	1.6	0.1	17.6	3	0.4	0	0.09	0.03	35	1.3
		食塩	0.5	0	0.0	0.0	0.0	0	0.0	0	0.00	0.00	0	0.0
		こしょう・白,粉	少々											
		ほうれん草	80	16	1.8	0.3	2.5	39	1.6	280	0.09	0.16	28	2.2
		有塩バター	3	22	0.0	2.4	0.0	0	0.0	15	0.00	0.00	0	0.0
		食塩	0.3	0	0.0	0.0	0.0	0	0.0	0	0.00	0.00	0	0.0
		こしょう・白,粉	少々											
		ロースハム	40	78	6.6	5.6	0.5	4	0.2	0	0.24	0.05	20	0.0
		有塩バター	2	15	0.0	1.6	0.0	0	0.0	10	0.00	0.00	0	0.0
		〈チーズソース〉												
		卵黄	10	39	1.7	3.4	0.0	15	0.6	48	0.02	0.05	0	0.0
		ナチュラルチーズ・エメンタール	15	64	4.1	5.0	0.2	180	0.0	33	0.01	0.07	0	0.0
		植物性クリーム	12	47	0.8	4.7	0.3	4	0.0	0	0.00	0.01	0	0.0
		ナツメグ・粉	少々											
	わかめスープ	カットわかめ	2	2	0.3	0.0	0.8	16	0.1	13	0.01	0.02	1	0.7
		たまねぎ・りん茎	10	4	0.1	0.0	0.9	2	0.0	0	0.00	0.00	1	0.2
		葉ねぎ	5	2	0.1	0.0	0.4	3	0.1	8	0.00	0.00	2	0.1
		中華だし	200	6	1.6	0.0	0.0	6	0.0	0	0.30	0.06	0	0.0
		食塩	1	0	0.0	0.0	0.0	0	0.0	0	0.00	0.00	0	0.0
		うすくちしょう油	4	2	0.2	0.0	0.3	1	0.1	0	0.00	0.01	0	0.0
		料理酒	4	4	0.0	0.0	0.2	0	0.0	0	0.00	0.00	0	0.0
		こしょう・白,粉	少々											
		ごま油	1	9	0.0	1.0	0.0	0	0.0	0	0.00	0.00	0	0.0
	オレンジジュース	オレンジ・バレンシア・濃縮還元ジュース	200	84	1.4	0.2	21.4	18	0.2	8	0.14	0.04	84	0.4
	昼食計		1071	1071	53.6	34.4	134.3	375	7.1	480	1.21	0.82	175	9.1
間食	バナナトースト	バナナ	100	86	1.1	0.2	22.5	6	0.3	5	0.05	0.04	16	1.1
		ライ麦パン	100	264	8.4	2.2	52.7	16	1.4	0	0.16	0.06	0	5.6
		ピーナッツバター	10	64	2.5	5.1	2.1	5	0.2	0	0.02	0.01	0	0.6
		メープルシロップ	21	54	0.0	0.0	13.9	16	0.1	0	0.00	0.00	0	0.0
		シナモン・粉	少々											
	ヨーグルトドリンク	ヨーグルト	100	62	3.6	3.0	4.9	120	0.0	33	0.04	0.14	1	0.0
		普通牛乳	200	134	6.6	7.6	9.6	220	0.0	76	0.08	0.30	2	0.0
		みかん・缶詰	30	19	0.2	0.0	4.6	2	0.1	10	0.02	0.01	5	0.2
		もも・缶詰	30	26	0.2	0.0	6.2	1	0.1	0	0.00	0.01	1	0.4
	間食計		591	709	22.6	18.1	116.4	386	2.2	124	0.37	0.57	24	7.9
夕食	ご飯	米・精白米	200	712	12.2	1.8	154.2	10	1.6	0	0.16	0.04	0	1.0
	焼きとり	若鶏・むね,皮つき	50	96	9.8	5.8	0.0	2	0.2	16	0.04	0.05	1	0.0
		鶏・心臓	50	104	7.3	7.8	0.0	3	2.6	350	0.11	0.55	3	0.0
		〈たれ〉												
		こいくちしょう油	5	4	0.4	0.0	0.5	1	0.1	0	0.00	0.01	0	0.0
		料理酒	5	5	0.0	0.0	0.2	0	0.0	0	0.00	0.00	0	0.0
		砂糖	1	4	0.0	0.0	1.0	0	0.0	0	0.00	0.00	0	0.0
	付け合わせ	レタス	50	6	0.3	0.1	1.4	10	0.2	10	0.03	0.02	3	0.6
		トマト	50	10	0.4	0.1	2.4	4	0.1	23	0.03	0.01	8	0.5
		レモン	30	16	0.3	0.2	3.8	20	0.1	1	0.02	0.02	30	1.5
	かつおのたたき	かつお・春獲り	70	80	18.1	0.4	0.1	8	1.3	4	0.09	0.12	0	0.0
		〈薬味〉												
		大根・根	20	4	0.1	0.0	0.8	5	0.0	0	0.00	0.00	2	0.3
		葉ねぎ	5	2	0.1	0.0	0.4	3	0.1	8	0.00	0.00	2	0.1
		大葉	1	0	0.0	0.0	0.1	2	0.0	9	0.00	0.00	0	0.1
		しょうが	2	1	0.0	0.0	0.1	0	0.0	0	0.00	0.00	0	0.0
		にんにく・りん茎	1	1	0.1	0.0	0.3	0	0.0	0	0.00	0.00	0	0.1

つづく

4 重量級の献立

	献立名	食品名	重量(g)	エネルギー(kcal)	たんぱく質(g)	脂質(g)	炭水化物(g)	カルシウム(mg)	鉄(mg)	ビタミンA(μgRE)	ビタミンB$_1$(mg)	ビタミンB$_2$(mg)	ビタミンC(mg)	食物繊維総量(g)
夕食		〈二杯酢〉												
		穀物酢	10	3	0.0	0.0	0.2	0	0.0	0	0.00	0.00	0	0.0
		うすくちしょう油	12	6	0.7	0.0	0.9	3	0.1	0	0.01	0.01	0	0.0
		〈つま〉												
		大根・根	20	4	0.1	0.0	0.8	5	0.0	0	0.00	0.00	2	0.3
		みょうが	10	1	0.1	0.0	0.3	3	0.1	0	0.01	0.01	0	0.2
		大葉	0.5	0	0.0	0.0	0.0	1	0.0	4	0.00	0.00	0	0.0
	納豆モロヘイヤ	糸引き納豆	50	100	8.3	5.0	6.1	45	1.7	0	0.04	0.28	0	3.4
		モロヘイヤ	20	8	1.0	0.1	1.3	52	0.2	168	0.04	0.08	13	1.2
		こいくちしょう油	6	4	0.5	0.0	0.6	2	0.1	0	0.00	0.01	0	0.0
		かつお節	0.5	2	0.4	0.0	0.0	0	0.0	0	0.00	0.00	0	0.0
		くきわかめ	10	2	0.1	0.0	0.6	9	0.0	1	0.00	0.00	0	0.5
	かきたま汁	鶏卵・全卵	50	76	6.2	5.2	0.2	26	0.9	75	0.03	0.22	0	0.0
		みつば・葉	3	0	0.0	0.0	0.1	1	0.0	8	0.00	0.00	0	0.1
		かつお・昆布だし	150	3	0.5	0.0	0.5	5	0.0	0	0.02	0.02	0	0.0
		食塩	1	0	0.0	0.0	0.0	0	0.0	0	0.00	0.00	0	0.0
		うすくちしょう油	1.5	1	0.1	0.0	0.1	0	0.0	0	0.00	0.00	0	0.0
	牛乳	普通牛乳	200	134	6.6	7.6	9.6	220	0.0	76	0.08	0.30	2	0.0
	果物	パインアップル	100	51	0.6	0.1	13.4	10	0.2	3	0.08	0.02	27	1.5
		夕食計	1185	1437	73.9	34.1	199.7	448	9.6	754	0.78	1.78	93	11.3
		1日計	4227	4508	206.2	117.3	641.0	1798	26.6	1741	3.52	4.17	404	39.5

食事摂取基準	重量級(4500 kcal)	作成献立
エネルギー(kcal)	4500	4508
たんぱく質(g)	169〜225	206.2
脂質(g)	125〜150	117.3
炭水化物(g)	619〜675	641
たんぱく質エネルギー比率(%)	15〜20	18.3
脂質エネルギー比率(%)	25〜30	23.4
炭水化物エネルギー比率(%)	55〜60	58.3
カルシウム(mg)	1500	1798
鉄(mg)	12〜18	26.6
ビタミンA(μgRE)	1500	1741
ビタミンB$_1$(mg)	3.5	3.5
ビタミンB$_2$(mg)	3.9	3.9
ビタミンC(mg)	200〜300	404

食品構成(g)	重量級	作成献立
穀類	600	584
肉類	180	225
魚介類	150	182
卵類	100	110
豆類	120	156
乳類	700	727
いも類	100	100
緑黄色野菜	200	310
その他の野菜	300	325
藻類	乾燥5	16
きのこ類	20	50
果実類	300	590
砂糖類	40	42
油脂類	45	17

5 減量時の献立

	献立名	食品名	重量 (g)	エネルギー (kcal)	たんぱく質 (g)	脂質 (g)	炭水化物 (g)	カルシウム (mg)	鉄 (mg)	ビタミンA (μgRE)	ビタミンB₁ (mg)	ビタミンB₂ (mg)	ビタミンC (mg)	食物繊維総量 (g)
朝食	きのこの炊き込みご飯	生しいたけ	15	3	0.5	0.1	0.7	0	0.0	0	0.02	0.03	2	0.5
		ぶなしめじ	20	4	0.5	0.1	1.0	0	0.1	0	0.03	0.03	1	0.7
		まいたけ	10	2	0.4	0.1	0.3	0	0.1	0	0.03	0.05	0	0.3
		干しひじき	2	3	0.2	0.0	1.1	28	1.1	5	0.01	0.02	0	0.9
		米・はいが精米	65	230	4.2	1.3	48.9	5	0.6	0	0.15	0.02	0	0.8
		だし汁（または水）	120											
		うすくちしょう油	12	6	0.7	0.0	0.9	3	0.1	0	0.01	0.01	0	0.0
		料理酒	7	8	0.0	0.0	0.3	0	0.0	0	0.00	0.00	0	0.0
		みりん	4	10	0.0	0.0	1.7	0	0.0	0	0.00	0.00	0	0.0
		みつば・葉	3	0	0.0	0.0	0.1	1	0.0	8	0.00	0.00	0	0.1
	豆腐の卵とじ	木綿豆腐	40	29	2.6	1.7	0.6	48	0.4	0	0.03	0.01	0	0.2
		鶏卵・全卵	50	76	6.2	5.2	0.2	26	0.9	75	0.03	0.22	0	0.0
		にら	40	8	0.7	0.1	1.6	19	0.3	116	0.02	0.05	8	1.1
		たまねぎ・りん茎	40	15	0.4	0.0	3.5	8	0.1	0	0.01	0.00	3	0.6
		ボンレスハム	10	12	1.9	0.4	0.2	1	0.1	0	0.09	0.03	5	0.0
		うすくちしょう油	3	2	0.2	0.0	0.2	1	0.0	0	0.00	0.00	0	0.0
		みりん	3	7	0.0	0.0	1.3	0	0.0	0	0.00	0.00	0	0.0
		かつおだし	125	4	0.6	0.1	0.0	3	0.0	0	0.01	0.01	0	0.0
	大根のサラダ	大根・根	40	7	0.2	0.0	1.6	10	0.1	0	0.01	0.00	5	0.6
		にんじん・根	30	11	0.2	0.0	2.7	8	0.1	204	0.01	0.01	1	0.8
		かいわれ大根	15	3	0.3	0.1	0.5	8	0.1	24	0.01	0.02	7	0.3
		いわし・しらす干し-半乾燥品	5	10	2.0	0.2	0.0	26	0.0	12	0.00	0.01	0	0.0
		かつお節	0.5	2	0.4	0.0	0.0	0	0.0	0	0.00	0.00	0	0.0
		ドレッシングタイプ和風調味料	15	12	0.5	0.0	2.4	2	0.1	0	0.00	0.00	0	0.0
	とろろ昆布汁	みつば・葉	5	1	0.0	0.0	0.1	2	0.0	14	0.00	0.01	1	0.1
		すだち・薄切り1枚	1枚											
		うすくちしょう油	5	3	0.3	0.0	0.4	1	0.1	0	0.00	0.00	0	0.0
		削り昆布	4	5	0.3	0.0	2.0	26	0.1	3	0.01	0.01	1	1.1
		かつお節	1	4	0.8	0.0	0.0	0	0.1	0	0.01	0.00	0	0.0
		熱湯	150											
	牛乳	低脂肪牛乳	150	69	5.7	1.5	8.3	195	0.2	20	0.06	0.27	0	0.0
	果物	みかん	50	23	0.4	0.1	6.0	11	0.1	42	0.05	0.02	16	0.5
		朝食計	1039.5	566	30.1	11.1	86.9	432	4.6	522	0.62	0.85	49	8.6
昼食	かけそば	蒸しかまぼこ	10	10	1.2	0.1	1.0	3	0.0	0	0.00	0.00	0	0.0
		蒸しあなご	15	29	2.6	1.9	0.0	10	0.1	134	0.01	0.02	0	0.0
		根深ねぎ	25	7	0.1	0.0	1.8	8	0.1	0	0.01	0.01	3	0.6
		ゆでそば	180	238	8.6	1.8	46.8	16	1.4	0	0.09	0.04	0	3.6
		〈かけ汁〉												
		かつお・昆布だし	250	5	0.8	0.0	0.8	8	0.0	0	0.03	0.03	0	0.0
		うすくちしょう油	11	6	0.6	0.0	0.9	3	0.1	0	0.01	0.01	0	0.0
		食塩	1.5	0	0.0	0.0	0.0	0	0.0	0	0.00	0.00	0	0.0
		みりん	11	27	0.0	0.0	4.8	0	0.0	0	0.00	0.00	0	0.0
		しょうが	3	1	0.0	0.0	0.2	0	0.0	0	0.00	0.00	0	0.1
		カットわかめ	2	3	0.4	0.1	0.8	16	0.1	3	0.00	0.01	0	0.7
	鶏肉とトマトのおろしあえ	アスパラガス	30	7	0.8	0.1	1.2	6	0.2	9	0.04	0.05	5	0.5
		トマト	30	6	0.2	0.0	1.4	2	0.1	14	0.02	0.01	5	0.3
		若鶏・ささみ	20	21	4.6	0.2	0.0	1	0.1	1	0.02	0.02	0	0.0
		いわし・しらす干し-半乾燥品	5	10	2.0	0.2	0.0	26	0.0	12	0.01	0.00	0	0.0
		食塩	0.1	0	0.0	0.0	0.0	0	0.0	0	0.00	0.00	0	0.0
		こしょう・白, 粉	少々											

つづく.

5 減量時の献立

	献立名	食品名	重量（g）	エネルギー（kcal）	たんぱく質（g）	脂質（g）	炭水化物（g）	カルシウム（mg）	鉄（mg）	ビタミンA（μgRE）	ビタミンB₁（mg）	ビタミンB₂（mg）	ビタミンC（mg）	食物繊維総量（g）
昼食		料理酒	5	5	0.0	0.0	0.2	0	0.0	0	0.00	0.00	0	0.0
		大根・根	40	7	0.2	0.0	1.6	10	0.1	0	0.01	0.00	5	0.6
		〈合わせ酢〉												
		穀物酢	8	2	0.0	0.0	0.2	0	0	0	0.00	0.00	0	0.0
		砂糖	3	12	0.0	0.0	3.0	0	0	0	0.00	0.00	0	0.0
		食塩	1	0	0.0	0.0	0.0	0	0	0	0.00	0.00	0	0.0
		しょうが	1	0	0.0	0.0	0.1	0	0	0	0.00	0.00	0	0.0
	さといも田楽	さといも	80	46	1.2	0.1	10.5	8	0.4	0	0.06	0.02	5	1.8
		かつおだし	70	2	0.4	0.1	0	1	0	0	0.01	0.01	0	0.0
		調合油	2	18	0.0	2.0	0	0	0	0	0.00	0.00	0	0.0
		（練り味そ）												
		米みそ・赤色辛みそ	12	22	1.6	0.7	2.5	16	0.5	0	0.00	0.01	0	0.5
		砂糖	3	12	0.0	0.0	3.0	0	0	0	0.00	0.00	0	0.0
		みりん	4	10	0.0	0.0	1.7	0	0	0	0.00	0.00	0	0.0
		かつおだし	10	0	0.1	0.0	0	0	0	0	0.00	0.00	0	0.0
		白ごま	0.5	3	0.1	0.3	0.1	6	0	0	0.00	0.00	0	0.1
	ヨーグルト	ヨーグルト	80	54	3.4	0.2	9.5	96	0.1	0	0.02	0.12	0	0.0
	果物	オレンジ	50	23	0.5	0.1	5.9	12	0.1	6	0.04	0.02	30	0.5
		昼食計	963.1	585	29.4	7.7	97.9	248	3.5	178	0.36	0.36	52	9.2
間食	牛乳ゼリー	低脂肪牛乳	40	18	1.5	0.4	2.2	52	0.0	5	0.02	0.07	0	0.0
		角寒天	1.2	2	0.0	0.0	0.9	8	0.1	0	0.00	0.00	0	0.9
		水	100											
		砂糖	10	38	0.0	0.0	9.9	0	0	0	0.00	0.00	0	0.0
		いちご	20	7	0.2	0.0	1.7	3	0.1	0	0.01	0.00	12	0.3
	オレンジジュース	オレンジ100%ジュース	150	63	1.1	0.2	16.1	14	0.2	6	0.11	0.03	63	0.3
		間食計	321.2	128	2.8	0.6	30.8	77	0.3	11	0.13	0.11	75	1.5
夕食	ご飯	米・はいが精米	65	230	4.2	1.3	48.9	5	0.6	0	0.15	0.02	0	0.8
	レバーのケチャップ炒め	牛・肝臓	40	53	7.8	1.5	1.5	2	1.6	440	0.09	1.20	12	0.0
		食塩	0.5	0	0.0	0.0	0	0	0	0	0.00	0.00	0	0.0
		こしょう・白，粉	少々											
		かたくり粉	3	10	0.0	0.0	2.4	0	0.0	0	0.00	0.00	0	0.0
		調合油（吸油量）	5	46	0.0	5.0	0	0	0	0	0.00	0.00	0	0.0
		青ピーマン	30	7	0.3	0.1	1.5	3	0.1	10	0.01	0.01	23	0.7
		たまねぎ・りん茎	30	11	0.3	0.0	2.6	6	0.1	0	0.01	0.00	2	0.5
		にんにく・りん茎	1	1	0.1	0.0	0.3	0	0	0	0.00	0.00	0	0.1
		とうがらし・乾	0.5	2	0.1	0.1	0.3	0	0	8	0.00	0.01	0	0.2
		調合油	3	28	0.0	3.0	0	0	0	0	0.00	0.00	0	0.0
		〈合わせ調味料〉												
		こいくちしょう油	6	4	0.5	0.0	0.6	2	0.1	0	0.00	0.01	0	0.0
		砂糖	5	19	0.0	0.0	5.0	0	0	0	0.00	0.00	0	0.0
		料理酒	7	8	0.0	0.0	0.3	0	0	0	0.00	0.00	0	0.0
		ケチャップ	6	7	0.1	0.0	1.6	1	0.0	3	0.00	0.00	1	0.1
	れんこんの煮物	れんこん	80	53	1.5	0.1	12.4	16	0.4	0	0.08	0.01	38	1.6
		水	100											
		砂糖	5	19	0.0	0.0	5.0	0	0	0	0.00	0.00	0	0.0
		みりん	5	12	0.0	0.0	2.2	0	0	0	0.00	0.00	0	0.0
		こいくちしょう油	10	7	0.8	0.0	1.0	3	0.2	0	0.01	0.02	0	0.0
		かつお節	5	18	3.9	0.1	0	1	0.3	0	0.03	0.03	0	0.0
	なます	大根・根	50	9	0.3	0.1	2.1	12	0.1	0	0.01	0.01	6	0.7
		にんじん・根	20	7	0.1	0.0	1.8	6	0.0	152	0.01	0.01	1	0.5
		食塩	0.7	0	0.0	0.0	0.0	0	0	0	0.00	0.00	0	0.0
		〈合わせ酢〉		3	0.0	0.0	0.2	0	0	0	0.00	0.00	0	0.0
		穀物酢	10	3	0.0	0.0	0.2	0	0	0	0.00	0.00	0	0.0
		砂糖	3	12	0.0	0.0	3.0	0	0	0	0.00	0.00	0	0.0

つづく．

14章　スポーツ選手の献立作成

献立名		食品名	重量(g)	エネルギー(kcal)	たんぱく質(g)	脂質(g)	炭水化物(g)	カルシウム(mg)	鉄(mg)	ビタミンA(μgRE)	ビタミンB₁(mg)	ビタミンB₂(mg)	ビタミンC(mg)	食物繊維総量(g)
夕食		食塩	1	0	0.0	0.0	0.0	0	0.0	0	0.00	0.00	0	0.0
		いりごま	3	18	0.6	1.6	0.6	36	0.3	0	0.01	0.01	0	0.4
	豆腐のみそ汁	木綿豆腐	20	14	1.3	0.8	0.3	24	0.2	0	0.01	0.01	0	0.1
		カットわかめ	2	2	0.3	0.0	0.8	16	0.1	13	0.01	0.02	1	0.7
		根深ねぎ	5	1	0.0	0.0	0.4	2	0.0	0	0.00	0.00	1	0.1
		煮干しだし	180	2	0.2	0.2	0.0	5	0.0	0	0.02	0.00	0	0.0
		米みそ・赤色辛みそ	12	22	1.6	0.7	2.5	16	0.5	0	0.00	0.01	0	0.5
	フルーツヨーグルト	ヨーグルト	80	50	2.9	2.4	3.9	96	0.0	26	0.03	0.11	1	0.5
		パインアップル	30	15	0.2	0.0	4.0	3	0.1	1	0.02	0.01	8	0.5
		バナナ	30	26	0.3	0.1	6.8	2	0.1	2	0.02	0.01	5	0.3
	夕食計		853.7	718	27.3	17.1	112.3	258	4.8	655	0.53	1.48	98	7.7
	1日計		3177.8	1997	89.6	36.4	327.9	1014	13.2	1366	1.64	2.80	275	27.0

食事摂取基準	減量時(2000 kcal)	作成献立
エネルギー（kcal）	2000	1997
たんぱく質（g）	75～100	89.6
脂質（g）	33～44	36.4
炭水化物（g）	300～350	327.9
たんぱく質エネルギー比率(%)	15～20	17.9
脂質エネルギー比率（%）	15～20	16.4
炭水化物エネルギー比率（%）	60～70	65.7
カルシウム（mg）	1000	1014
鉄（mg）	10～12	13.2
ビタミンA（μgRE）	1000	1366
ビタミンB₁（mg）	1.5	1.64
ビタミンB₂（mg）	1.65	2.8
ビタミンC（mg）	200～300	275

食品構成（g）	減量時	作成献立
穀類	240	310
肉類	50	70
魚介類	40	42
卵類	50	50
豆類	60	60
乳類	250	350
いも類	70	83
緑黄色野菜	200	203
その他の野菜	300	316
藻類	乾燥5	11
きのこ類	20	45
果実類	150	330
砂糖類	10	29
油脂類	10	10

復習トレーニング

これまでの各章の内容を参考にして，それぞれに理想的な献立を考えなさい．

❶ 貧血対策
❷ 骨の強化
❸ 試合前
❹ 運動前の補食

食事摂取基準と食品構成を参考にして，それぞれの献立を考えなさい．

❺ 体づくり期
❻ 試合期（グリコーゲンローディング）
❼ 減量時
❽ 重量級

15章 生活習慣病予防の献立

15章のPOINT

- 生活習慣病予防の食事とは，個人の生活活動量に適応したエネルギー量であり，栄養バランスのとれたものである．その具体例を確認し，応用できるようにしよう．
- 生活習慣病にもさまざまな病態があるが，それぞれの特徴をつかみ，病態と食事内容を関連させて考慮できるようにしよう．

1 高血圧食の献立

高血圧の原因となる塩分のとり方を理解し，塩分排泄を促す献立を考える．高血圧を予防するための食事として，まず大切であるのが塩分摂取量を控える，ということである．具体的には味つけをするための調味

高血圧食	献立名	食品名	重量 (g)	廃棄率 (%)	エネルギー (kcal)	水分 (g)	たんぱく質 (g)	脂質 (g)	炭水化物 (g)	灰分 (g)	ナトリウム (mg)	カリウム (mg)	カルシウム (mg)	マグネシウム (mg)
朝食	ご飯	めし・精白米（水稲）	170	0	286	102.0	4.3	0.5	63.1	0.2	2	49	5	12
	みそ汁	大根・根，皮つき-生	30	10	5	28.4	0.2	0.0	1.2	0.2	6	69	7	3
		生揚げ	20	0	30	15.2	2.1	2.3	0.2	0.2	1	24	48	11
		乾燥わかめ-素干し	0.2	0	0	0.0	0.0	0.0	0.1	0.1	13	10	2	2
		かつお・昆布だし	150	0	3	148.8	0.5	0.0	0.5	0.3	51	95	5	6
		米みそ・甘みそ	10	0	22	4.3	1.0	0.3	3.8	0.7	240	34	8	3
	中華酢の物	キャベツ-生	60	15	14	55.6	0.8	0.1	3.1	0.3	3	120	26	8
		かつお・缶詰・油漬け,フレーク	30	0	88	16.7	5.6	7.3	0.0	0.4	105	69	2	7
		えのきたけ-生	10	15	2	8.9	0.3	0.0	0.8	0.1	0	34	0	2
		ごま油	2	0	18	0.0	0.0	2.0	0.0	0.0	0	0	0	0
		穀物酢	1	0	0	0.9	0.0	0.0	0.0	0.0	0	0	0	0
		車糖・上白糖	1	0	4	0.0	0.0	0.0	1.0	0.0	0	0	0	0
		こいくちしょう油	1	0	1	0.7	0.1	0.0	0.1	0.2	57	4	0	1
	ヨーグルト	ヨーグルト・全脂無糖	80	0	50	70.2	2.9	2.4	3.9	0.6	38	136	96	10
		いちご・ジャム・低糖度	5	0	10	2.5	0.0	0.0	2.4	0.0	1	4	1	0
	朝食計 合計		570.2		533	454.1	17.7	14.9	80.2	3.2	516	648	199	65
昼食	パン	ロールパン	60	0	190	18.4	6.1	5.4	29.2	1.0	294	66	26	13
	かきのクリーム煮	かき・養殖-生	80	75	48	68.0	5.3	1.1	3.8	1.8	416	152	70	59
		にんじん・根，皮つき-生	15	3	6	13.4	0.1	0.0	1.4	0.1	4	42	4	2
		チンゲンサイ・葉-生	30	15	3	28.8	0.2	0.0	0.6	0.2	10	78	30	5
		たまねぎ・りん茎-生	30	6	11	26.9	0.3	0.0	2.6	0.1	1	45	6	3
		パセリ・葉-生	0.2	10	0	0.2	0.0	0.0	0.0	0.0	0	2	1	0
		普通牛乳	150	0	101	131.1	5.0	5.7	7.2	1.1	62	225	165	15
		薄力粉・1等	10	0	37	1.4	0.8	0.2	7.6	0.0	0	12	2	1
		調合油	3	0	28	0.0	0.0	3.0	0.0	0.0	0	0	0	0
		固形コンソメ	1	0	2	0.0	0.1	0.0	0.4	0.5	170	2	0	0
	サラダ	トマト-生	20	3	4	18.8	0.1	0.0	0.9	0.1	1	42	1	2
		レタス-生	50	2	6	48.0	0.3	0.1	1.4	0.2	1	100	10	4
		きゅうり-生	10	2	1	9.5	0.1	0.0	0.3	0.1	0	20	3	2
		鶏卵・全卵-生	25	15	38	19.0	3.1	2.6	0.1	0.3	35	33	13	3
		フレンチドレッシング	10	0	41	4.8	0.0	4.2	0.6	0.3	120	1	0	0
	昼食計 合計		494.2		514	388.3	21.4	22.4	56.1	5.8	1112	819	332	108
夕食	ご飯	めし・精白米（水稲）	170	0	286	102.0	4.3	0.5	63.1	0.2	2	49	5	12
	治部煮風	若鶏・もも，皮なし-生	80	0	93	61.0	15.0	3.1	0.0	0.8	55	272	4	18
		生しいたけ-生	10	25	2	9.1	0.3	0.0	0.5	0.1	0	28	0	1
		にんじん・根，皮つき-生	15	3	6	13.4	0.1	0.0	1.4	0.1	4	42	4	2
		湯葉-干し	5	0	26	0.3	2.7	1.4	0.4	0.2	1	43	10	10
		葉ねぎ・葉-生	20	6	6	18.1	0.3	0.1	1.4	0.1	0	44	11	4
		かつお・昆布だし	50	0	1	49.6	0.2	0.0	0.2	0.1	17	32	2	2
		こいくちしょう油	4	0	3	2.7	0.3	0.0	0.4	0.6	228	16	1	3
		みりん・本みりん	2	0	5	0.9	0.0	0.0	0.9	0.0	0	0	0	0
		清酒・純米酒	3	0	3	2.5	0.0	0.0	0.1	0.0	0	0	0	0
		車糖・上白糖	2	0	8	0.0	0.0	0.0	2.0	0.0	0	0	0	0
		わさび・練り	0.1	0	0	0.0	0.0	0.0	0.0	0.0	2	0	0	0
	ゆず浸し	ほうれん草・葉-生	50	10	10	46.2	1.1	0.2	1.6	0.9	8	345	25	35
	〈錦糸卵〉	鶏卵・全卵-生	25	15	38	19.0	3.1	2.6	0.1	0.3	35	33	13	3
		かつお・昆布だし	10	0	0	9.9	0.0	0.0	0.0	0.0	3	6	0	0
		こいくちしょう油	1	0	1	0.7	0.1	0.0	0.1	0.2	57	4	0	1
		みりん・本みりん	2	0	5	0.9	0.0	0.0	0.9	0.0	0	0	0	0
		ゆず・果皮-生	0.1	0	0	0.1	0.0	0.0	0.0	0.0	0	0	0	0
	果物	りんご-生	80	15	43	67.9	0.2	0.1	11.7	0.2	0	88	2	2
	夕食計 合計		529.2		534	404.6	27.6	8.0	84.6	3.6	412	1001	78	92
	1日合計 合計		1593.6		1580	1247.0	66.6	45.3	220.9	12.6	2041	2469	608	265

1 高血圧食の献立

料（塩，しょう油，みそ，ケチャップ，ソースなど，ナトリウムを多く含むもの）を控えめにする．その他，ナトリウムを排泄するためのカリウムを多く含む食品である，野菜，果物を献立に多く取り入れることである．

高血圧食	リン(mg)	鉄(mg)	亜鉛(mg)	銅(mg)	マンガン(mg)	レチノール(μg)	αカロテン(μg)	βカロテン(μg)	βクリプトキサンチン(μg)	βカロテン当量(μg)	レチノール当量(μg)	ビタミンD(μg)	αトコフェロール(mg)	βトコフェロール(mg)	γトコフェロール(mg)	δトコフェロール(mg)
朝食	58	0.2	1.0	0.17	0.60	0	0	0	0	0	0	0.0	0.0	0.0	0.0	0.0
	5	0.1	0.1	0.01	0.01	0	0	0	0	0	0	0.0	0.0	0.0	0.0	0.0
	30	0.5	0.2	0.04	0.17	0	0	0	0	0	0	0.0	0.2	0.0	1.1	0.4
	1	0.0	0.0	0.00	0.00	0	0	15	0	16	1	0.0	0.0	0.0	0.0	0.0
	20	0.0	0.0	0.00	0.00	0	0	0	0	0	0	0.0	0.0	0.0	0.0	0.0
	13	0.3	0.1	0.02	0.00	0	0	0	0	0	0	0.0	0.0	0.0	0.3	0.2
	16	0.2	0.1	0.01	0.09	0	0	29	1	30	2	0.0	0.1	0.0	0.0	0.0
	48	0.3	0.2	0.02	0.01	0	0	0	0	0	0	1.2	0.8	0.1	4.5	1.8
	11	0.1	0.1	0.01	0.01	0	0	0	0	0	0	0.1	0.0	0.0	0.9	0.0
	0	0.0	0.0	0.00	0.00	0	0	0	0	0	0	0.0	0.0	0.0	0.0	0.0
	0	0.0	0.0	0.00	0.00	0	0	0	0	0	0	0.0	0.0	0.0	0.0	0.0
	2	0.0	0.0	0.00	0.00	0	0	0	0	0	0	0.0	0.0	0.0	0.0	0.0
	80	0.0	0.3	0.01	0.00	26	0	2	0	2	26	0.0	0.1	0.0	0.0	0.0
	1	0.0	0.0	0.00	0.01	0	0	0	0	0	0	0.0	0.0	0.0	0.0	0.0
	284	1.7	2.1	0.30	0.89	26	0	47	1	48	30	1.3	1.1	0.2	6.8	2.4
昼食	58	0.4	0.5	0.07	0.17	0	0	9	0	9	1	0.1	0.3	0.1	0.4	0.1
	80	1.5	10.6	0.71	0.30	18	0	5	0	5	18	0.0	1.0	0.0	0.0	0.0
	4	0.0	0.0	0.01	0.02	0	420	1155	0	1365	114	0.0	0.1	0.0	0.0	0.0
	8	0.3	0.1	0.02	0.04	0	0	600	0	600	51	0.0	0.2	0.0	0.0	0.0
	10	0.1	0.1	0.02	0.05	0	0	0	0	0	0	0.0	0.0	0.0	0.0	0.0
	0	0.0	0.0	0.00	0.00	0	0	15	0	15	1	0.0	0.0	0.0	0.0	0.0
	140	0.0	0.6	0.02	0.00	57	0	9	0	9	57	0.5	0.2	0.0	0.0	0.0
	7	0.1	0.0	0.01	0.05	0	0	0	0	0	0	0.0	0.0	0.0	0.0	0.0
	0	0.0	0.0	0.00	0.00	0	0	0	0	0	0	0.0	0.4	0.0	1.7	0.3
	1	0.0	0.0	0.00	0.00	0	0	0	0	0	0	0.0	0.0	0.0	0.0	0.0
	5	0.0	0.0	0.01	0.02	0	1	108	0	108	9	0.0	0.2	0.0	0.0	0.0
	11	0.2	0.1	0.02	0.07	0	0	120	0	120	10	0.0	0.2	0.0	0.1	0.0
	4	0.0	0.0	0.01	0.01	0	0	33	0	33	3	0.0	0.0	0.0	0.0	0.0
	45	0.5	0.3	0.02	0.01	35	0	1	7	4	38	0.5	0.3	0.0	0.2	0.0
	0	0.0	0.0	0.00	0.00	0	0	0	0	0	0	0.0	0.6	0.0	1.8	0.2
	372	3.1	12.3	0.91	0.72	110	421	2055	7	2268	301	1.0	3.4	0.1	4.2	0.7
夕食	58	0.2	1.0	0.17	0.60	0	0	0	0	0	0	0.0	0.0	0.0	0.0	0.0
	152	0.6	1.6	0.04	0.02	14	0	0	0	0	14	0.0	0.2	0.0	0.1	0.0
	7	0.0	0.0	0.01	0.02	0	0	0	0	0	0	0.0	0.2	0.0	0.0	0.0
	4	0.0	0.0	0.01	0.02	0	420	1155	0	1365	114	0.0	0.1	0.0	0.0	0.0
	30	0.4	0.3	0.08	0.00	0	0	0	0	2	0	0.0	0.1	0.0	0.2	0.0
	6	0.1	0.0	0.01	0.04	0	0	380	0	380	30	0.0	0.2	0.0	0.0	0.0
	7	0.0	0.0	0.00	0.00	0	0	0	0	0	0	0.0	0.0	0.0	0.0	0.0
	6	0.1	0.0	0.00	0.00	0	0	0	0	0	0	0.0	0.0	0.0	0.0	0.0
	0	0.0	0.0	0.00	0.00	0	0	0	0	0	0	0.0	0.0	0.0	0.0	0.0
	0	0.0	0.0	0.00	0.01	0	0	0	0	0	0	0.0	0.0	0.0	0.0	0.0
	0	0.0	0.0	0.00	0.00	0	0	0	0	0	0	0.0	0.0	0.0	0.0	0.0
	24	1.0	0.4	0.06	0.16	0	0	2100	17	2100	175	0.0	1.1	0.0	0.1	0.0
	45	0.5	0.3	0.02	0.01	35	0	1	7	4	38	0.5	0.3	0.0	0.2	0.0
	1	0.0	0.0	0.00	0.00	0	0	0	0	0	0	0.0	0.0	0.0	0.0	0.0
	2	0.0	0.0	0.00	0.00	0	0	0	0	0	0	0.0	0.0	0.0	0.0	0.0
	0	0.0	0.0	0.00	0.00	0	0	0	0	0	0	0.0	0.0	0.0	0.0	0.0
	0	0.0	0.0	0.00	0.00	0	0	0	0	0	0	0.0	0.0	0.0	0.0	0.0
	8	0.0	0.0	0.03	0.02	0	0	14	6	17	2	0.0	0.2	0.0	0.0	0.0
	350	2.9	3.7	0.42	0.88	49	420	3650	30	3868	373	0.7	2.0	0.0	0.5	0.0
	1006	7.7	18.1	1.62	2.49	185	841	5752	38	6184	704	2.9	6.4	0.3	11.5	3.0

15章 生活習慣病予防の献立

高血圧食	献立名	食品名	トコフェロール当量 (mg)	ビタミンK (μg)	ビタミンB₁ (mg)	ビタミンB₂ (mg)	ナイアシン (mg)	ビタミンB₆ (mg)	ビタミンB₁₂ (μg)	葉酸 (μg)	パントテン酸 (mg)	ビタミンC (mg)	飽和脂肪酸 (g)	一価不飽和脂肪酸 (g)
朝食	ご飯	めし・精白米（水稲）	0	0	0.03	0.02	0.3	0.03	0.0	5	0.43	0	0.17	0.12
	みそ汁	大根・根，皮つき-生	0	0	0.01	0.00	0.1	0.01	0.0	10	0.04	4	0.00	0.00
		生揚げ	0.28	5	0.01	0.01	0.0	0.02	0.0	5	0.03	0	0.42	0.47
		乾燥わかめ-素干し	0.002	1	0.00	0.00	0.0	0.00	0.0	1	0.00	0	0.00	0.00
		かつお・昆布だし	0	0	0.02	0.02	1.4	0.02	0.5	2	0.06	0	0.00	0.00
		米みそ・甘みそ	0.07	1	0.01	0.01	0.2	0.00	0.0	2	0.00	0	0.05	0.05
	中華酢の物	キャベツ-生	0.06	47	0.02	0.01	0.1	0.07	0.0	47	0.13	25	0.01	0.01
		かつお・缶詰・油漬け,フレーク	1.29	0	0.04	0.03	4.5	0.12	0.8	2	0.07	0	1.04	1.64
		えのきたけ-生	0	0	0.02	0.02	0.7	0.01	0.0	8	0.14	0	0.00	0.00
		ごま油	0.096	0	0.00	0.00	0.0	0.00	0.0	0	0.00	0	0.30	0.75
		穀物酢	0	0	0.00	0.00	0.0	0.00	0.0	0	0.00	0	0.00	0.00
		車糖・上白糖	0	0	0.00	0.00	0.0	0.00	0.0	0	0.00	0	0.00	0.00
		こいくちしょう油	0	0	0.00	0.00	0.0	0.00	0.0	0	0.00	0	0.00	0.00
	ヨーグルト	ヨーグルト・全脂無糖	0.08	1	0.03	0.11	0.1	0.03	0.1	9	0.39	1	1.46	0.57
		いちご・ジャム・低糖度	0.01	0	0.00	0.00	0.0	0.00	0.0	1	0.00	1	0.00	0.00
	朝食計 合計		1.888	55	0.19	0.23	7.4	0.31	1.4	91	1.30	30	3.46	3.61
昼食	パン	ロールパン	0.36	0	0.06	0.04	0.8	0.02	0.0	23	0.37	0	0.00	0.00
	牡蠣のクリーム煮	牡蠣・養殖-生	0.96	0	0.03	0.11	1.1	0.06	22.5	32	0.47	2	0.18	0.14
		にんじん・根，皮つき-生	0.075	0	0.01	0.01	0.1	0.02	0.0	4	0.06	1	0.00	0.00
		チンゲンサイ・葉-生	0.21	25	0.01	0.02	0.1	0.02	0.0	20	0.05	7	0.00	0.00
		たまねぎ・りん茎-生	0.03	0	0.01	0.00	0.0	0.05	0.0	5	0.06	2	0.00	0.00
		パセリ・葉-生	0.0068	2	0.00	0.00	0.0	0.00	0.0	0	0.00	0	0.00	0.00
		普通牛乳	0.15	3	0.06	0.23	0.1	0.05	0.5	8	0.83	2	3.50	1.31
		薄力粉・1等	0.04	0	0.01	0.00	0.0	0.00	0.0	1	0.05	0	0.04	0.02
		調合油	0.57	5	0.00	0.00	0.0	0.00	0.0	0	0.00	0	0.33	1.23
		固形コンソメ	0.007	0	0.00	0.00	0.0	0.00	0.0	0	0.00	0	0.02	0.02
	サラダ	トマト-生	0.18	1	0.01	0.00	0.1	0.02	0.0	4	0.03	3	0.00	0.00
		レタス-生	0.15	15	0.03	0.02	0.1	0.03	0.0	37	0.10	3	0.01	0.00
		きゅうり-生	0.03	3	0.00	0.00	0.0	0.01	0.0	3	0.03	1	0.00	0.00
		鶏卵・全卵-生	0.275	3	0.02	0.11	0.0	0.02	0.2	11	0.36	0	0.71	0.92
		フレンチドレッシング	0.79	6	0.00	0.00	0.0	0.00	0.0	0	0.00	0	0.36	2.20
	昼食計 合計		3.8338	63	0.24	0.54	2.6	0.29	23.2	147	2.42	21	5.15	5.84
夕食	ご飯	めし・精白米（水稲）	0	0	0.03	0.02	0.3	0.03	0.0	5	0.43	0	0.17	0.12
	治部煮風	若鶏・もも，皮なし-生	0.16	29	0.06	0.18	4.5	0.18	0.3	11	1.65	3	0.86	1.28
		生しいたけ-生	0	0	0.01	0.02	0.4	0.01	0.0	4	0.11	1	0.00	0.00
		にんじん・根，皮つき-生	0.075	0	0.01	0.01	0.1	0.02	0.0	4	0.06	1	0.00	0.00
		湯葉-干し	0.095	2	0.01	0.00	0.1	0.02	0.0	2	0.04	0	0.20	0.29
		葉ねぎ・葉-生	0.18	19	0.01	0.02	0.1	0.02	0.0	22	0.05	6	0.01	0.00
		かつお・昆布だし	0	0	0.01	0.01	0.5	0.01	0.2	1	0.02	0	0.00	0.00
		こいくちしょう油	0	0	0.00	0.01	0.1	0.01	0.0	1	0.02	0	0.00	0.00
		みりん・本みりん	0	0	0.00	0.00	0.0	0.00	0.0	0	0.00	0	0.00	0.00
		清酒・純米酒	0	0	0.00	0.00	0.0	0.00	0.0	0	0.00	0	0.00	0.00
		車糖・上白糖	0	0	0.00	0.00	0.0	0.00	0.0	0	0.00	0	0.00	0.00
		わさび・練り	0	0	0.00	0.00	0.0	0.00	0.0	0	0.00	0	0.00	0.00
	ゆず浸し	ほうれん草・葉-生	1.05	135	0.06	0.10	0.3	0.07	0.0	105	0.10	18	0.02	0.01
		〈錦糸卵〉												
		鶏卵・全卵-生	0.275	3	0.02	0.11	0.0	0.02	0.2	11	0.36	0	0.71	0.92
		かつお・昆布だし	0	0	0.01	0.01	0.5	0.01	0.0	1	0.02	0	0.00	0.00
		こいくちしょう油	0	0	0.00	0.00	0.0	0.00	0.0	0	0.00	0	0.00	0.00
		みりん・本みりん	0	0	0.00	0.00	0.0	0.00	0.0	0	0.00	0	0.00	0.00
		ゆず・果皮-生	0.0035	0	0.00	0.00	0.0	0.00	0.0	0	0.00	0	0.00	0.00
	果物	りんご-生	0.16	0	0.02	0.01	0.1	0.02	0.0	4	0.07	3	0.01	0.00
	夕食計 合計		1.9985	189	0.23	0.47	6.5	0.41	0.7	171	2.91	32	1.99	2.62
	1日合計 合計		7.7203	307	0.67	1.24	16.5	1.01	25.3	409	6.63	83	10.60	12.07

1 高血圧食の献立

高血圧食	多価不飽和脂肪酸 (g)	コレステロール (mg)	食物繊維水溶性 (g)	食物繊維不溶性 (g)	食物繊維総量 (g)	食塩 (g)
朝食	0.17	0	0.0	0.5	0.5	0.0
	0.01	0	0.2	0.3	0.4	0.0
	1.19	0	0.0	0.1	0.1	0.0
	0.00	0	0.0	0.0	0.1	0.0
	0.00	0	0.0	0.0	0.0	0.2
	0.18	0	0.0	0.5	0.6	0.6
	0.01	0	0.2	0.8	1.1	0.0
	4.03	12	0.0	0.0	0.0	0.3
	0.01	0	0.0	0.4	0.4	0.0
	0.82	0	0.0	0.0	0.0	0.0
	0.00	0	0.0	0.0	0.0	0.0
	0.00	0	0.0	0.0	0.0	0.0
	0.00	0	0.0	0.0	0.0	0.1
	0.08	10	0.0	0.0	0.0	0.1
	0.00	0	0.0	0.0	0.1	0.0
	6.51	**22**	**0.5**	**2.6**	**3.2**	**1.3**
昼食	0.00	0	0.6	0.6	1.2	0.7
	0.26	41	0.0	0.0	0.0	1.0
	0.00	0	0.1	0.3	0.4	0.0
	0.00	0	0.1	0.3	0.4	0.0
	0.01	0	0.2	0.3	0.5	0.0
	0.00	0	0.0	0.0	0.0	0.0
	0.18	18	0.0	0.0	0.0	0.2
	0.09	0	0.1	0.1	0.3	0.0
	1.23	0	0.0	0.0	0.0	0.0
	0.00	0	0.0	0.0	0.0	0.4
	0.01	0	0.1	0.1	0.2	0.0
	0.02	0	0.1	0.5	0.6	0.0
	0.00	0	0.0	0.1	0.1	0.0
	0.42	105	0.0	0.0	0.0	0.1
	1.34	0	0.0	0.0	0.0	0.3
	3.54	**164**	**1.2**	**2.4**	**3.6**	**2.8**
夕食	0.17	0	0.0	0.5	0.5	0.0
	0.44	74	0.0	0.0	0.0	0.2
	0.01	0	0.1	0.3	0.4	0.0
	0.00	0	0.1	0.3	0.4	0.0
	0.73	0	0.0	0.1	0.2	0.0
	0.02	0	0.1	0.5	0.6	0.0
	0.00	0	0.0	0.0	0.0	0.1
	0.00	0	0.0	0.0	0.0	0.6
	0.00	0	0.0	0.0	0.0	0.0
	0.00	0	0.0	0.0	0.0	0.0
	0.00	0	0.0	0.0	0.0	0.0
	0.00	0	0.0	0.0	0.0	0.0
	0.09	0	0.4	1.1	1.4	0.0
	0.42	105	0.0	0.0	0.0	0.1
	0.00	0	0.0	0.0	0.0	0.0
	0.00	0	0.0	0.0	0.0	0.1
	0.00	0	0.0	0.0	0.0	0.0
	0.00	0	0.0	0.0	0.0	0.0
	0.02	0	0.2	1.0	1.2	0.0
	1.89	**179**	**0.9**	**3.8**	**4.6**	**1.1**
	11.94	**365**	**2.6**	**8.7**	**11.4**	**5.1**

食事摂取基準	高血圧食	作成献立
エネルギー (kcal)	1600	1580
たんぱく質 (g)	80	66
脂質 (g)	40	45
炭水化物 (g)	230	220
Pエネルギー比率 (%)	15	16
Fエネルギー比率 (%)	25	25
Cエネルギー比率 (%)	60	55
カルシウム (mg)	550	607
鉄 (mg)	6	7
ビタミンA (μgRE)	600	702
ビタミンB_1 (mg)	1	0.6
ビタミンB_2 (mg)	1	1
ビタミンC (mg)	100	83

食品構成	高血圧食	作成献立
穀類	340	400
肉類	80	80
魚介類	110	110
卵類	50	50
豆類	120	25
乳類	150	230
いも類	50	0
緑黄色野菜	100	150.2
その他の野菜	250	180
藻類 (干)	3	0.2
きのこ類	10	20
果実類	100	80

2 糖尿病食の献立

個人に適応するエネルギー量を把握し，栄養バランスを整えた食事を考える．1日に必要なエネルギー量を考慮し，エネルギー過多にならないような献立を作成する．五大栄養素がバランスよく摂取できるように，

糖尿病食	献立名	食品名	重量(g)	廃棄率(%)	エネルギー(kcal)	水分(g)	たんぱく質(g)	脂質(g)	炭水化物(g)	灰分(g)	ナトリウム(mg)	カリウム(mg)	カルシウム(mg)	マグネシウム(mg)
朝食	パン	食パン・市販品	90	0	238	34.2	8.4	4.0	42.0	1.4	450	87	26	18
	バター	有塩バター	5	0	37	0.8	0.0	4.1	0.0	0.1	38	1	1	0
	牛乳	普通牛乳	100	0	67	87.4	3.3	3.8	4.8	0.7	41	150	110	10
	ゆで卵	鶏卵・全卵-生	50	15	76	38.1	6.2	5.2	0.2	0.5	70	65	26	6
		食塩	0.2	0	0	0.0	0.0	0.0	0.0	0.2	78	0	0	0
	野菜サラダ	キャベツ-生	40	15	9	37.1	0.5	0.1	2.1	0.2	2	80	17	6
		きゅうり-生	20	2	3	19.1	0.2	0.0	0.6	0.1	1	40	5	3
		セロリー・葉柄-生	15	35	2	14.2	0.2	0.0	0.5	0.2	4	62	6	1
		ドレッシングタイプ和風調味料	10	0	8	7.2	0.3	0.0	1.6	0.8	290	13	1	3
	朝食計 合計		330.2		440	238.0	19.0	17.1	51.8	4.1	973	498	192	47
昼食	ご飯	めし・精白米（水稲）	150	0	252	90.0	3.8	0.5	55.7	0.2	2	44	5	11
	魚の塩焼き	あじ・まあじ-生	60	55	73	44.6	12.4	2.1	0.1	0.8	72	222	16	20
		食塩	1	0	0	0.0	0.0	0.0	0.0	1.0	390	1	0	0
		大根おろし												
		大根・根, 皮つき-生	30	10	5	28.4	0.2	0.0	1.2	0.2	6	69	7	3
		しょうが-酢漬	10	0	2	8.8	0.2	0.0	0.4	0.7	280	2	7	1
	青菜のお浸し	ほうれん草・葉-生	80	10	16	73.9	1.8	0.3	2.5	1.4	13	552	39	55
		うすくちしょう油	5	0	3	3.5	0.3	0.0	0.4	0.8	315	16	1	3
		かつおだし	7.5	0	0	7.4	0.2	0.0	0.0	0.0	2	2	0	0
		かつお・かつお節	0.5	0	2	0.1	0.4	0.0	0.0	0.0	1	5	0	0
	かぼちゃの煮物	かぼちゃ（西洋）-生	80	10	73	61.0	1.5	0.2	16.5	0.8	1	360	12	20
		かつおだし	100	0	3	99.3	0.5	0.0	0.0	0.1	20	26	2	3
		車糖・上白糖	2.5	0	10	0.0	0.0	0.0	2.5	0.0	0	0	0	0
		みりん・本みりん	6	0	14	2.8	0.0	0.0	2.6	0.0	0	0	0	0
		清酒・上撰	10	0	11	8.2	0.0	0.0	0.5	0.0	0	1	0	0
		こいくちしょう油	6	0	4	4.0	0.5	0.0	0.6	0.9	342	23	2	4
		木の芽	1枚											
	昼食計 合計		548.5		468	432.1	21.3	3.3	82.9	6.9	1442	1323	92	120
間食		りんご-生	80	15	43	67.9	0.2	0.1	11.7	0.2	0	88	2	2
		普通牛乳	100	0	67	87.4	3.3	3.8	4.8	0.7	41	150	110	10
	間食計 合計		180		110	155.3	3.5	3.9	16.5	0.9	41	238	112	12
夕食	ご飯	めし・精白米（水稲）	180	0	302	108.0	4.5	0.5	66.8	0.2	2	52	5	13
	八宝菜	するめいか-生	30	25	26	23.7	5.4	0.4	0.1	0.5	90	81	4	16
		和牛・もも・赤肉-生	30	0	57	20.1	6.2	3.2	0.2	0.3	14	102	1	7
		大豆もやし-生	50	4	19	46.0	1.9	0.8	1.2	0.3	2	80	12	12
		キャベツ-生	40	15	9	37.1	0.5	0.1	2.1	0.2	2	80	17	6
		青ピーマン-生	50	15	11	46.7	0.5	0.1	2.6	0.2	2	95	6	6
		さやえんどう・若ざや-生	10	9	4	8.9	0.3	0.0	0.8	0.1	0	20	4	2
		生しいたけ-生	10	25	2	9.1	0.3	0.0	0.5	0.1	0	28	0	1
		調合油	3	0	28	0.0	0.0	3.0	0.0	0.0	0	0	0	0
		清酒・上撰	10	0	11	8.2	0.0	0.0	0.5	0.0	0	1	0	0
		〈合わせ調味料〉												
		中華だし	50	0	2	49.5	0.4	0.0	0.0	0.1	10	45	2	3
		車糖・上白糖	1	0	4	0.0	0.0	0.0	1.0	0.0	0	0	0	0
		食塩	0.6	0	0	0.0	0.0	0.0	0.0	0.6	234	1	0	0
		こいくちしょう油	3	0	2	2.0	0.2	0.0	0.2	0.5	171	12	1	2
		じゃがいもでん粉	1.5	0	5	0.3	0.0	0.0	1.2	0.0	0	1	0	0
	なます	大根・根, 皮つき-生	60	10	11	56.8	0.3	0.1	2.5	0.4	11	138	14	6
		にんじん・根, 皮つき-生	15	3	6	13.4	0.1	0.0	1.4	0.1	4	42	4	2
		食塩	0.7	0	0	0.0	0.0	0.0	0.0	0.7	273	1	0	0
		〈合わせ酢〉												
		穀物酢	10	0	3	9.3	0.0	0.0	0.2	0.0	1	0	0	0
		車糖・上白糖	3	0	12	0.0	0.0	0.0	3.0	0.0	0	0	0	0
		食塩	1	0	0	0.0	0.0	0.0	0.0	1.0	390	1	0	0
	みそ汁	乾燥わかめ-素干し	1	0	1	0.1	0.1	0.0	0.4	0.3	66	52	8	11
		葉ねぎ・葉-生	10	6	3	9.1	0.2	0.0	0.7	0.1	0	22	5	2
		煮干しだし	200	0	2	199.4	0.2	0.2	0.0	0.2	76	50	6	4
		米みそ・淡色辛みそ	12	0	23	5.4	1.5	0.7	2.6	1.7	588	46	12	9
	夕食計 合計		781.8		541	653.1	22.6	9.1	87.8	7.3	1934	948	102	101
	1日合計 合計		1840.5		1589	1475.0	67.2	36.3	239.1	19.0	4314	3028	495	272

できるだけ多くの食品を取り入れる．エネルギー比率としては炭水化物60%，たんぱく質15%，脂質25%を目安にし，過不足がでないようにする．エネルギーが少なく，ビタミン，ミネラル，食物繊維が多い野菜類，海藻類，きのこ類などは多めに取り入れるとよい．

糖尿病食	リン (mg)	鉄 (mg)	亜鉛 (mg)	銅 (mg)	マンガン (mg)	レチノール (μg)	αカロテン (μg)	βカロテン (μg)	クリプトキサンチン (μg)	βカロテン当量 (μg)	レチノール当量 (μg)	ビタミンD (μg)	αトコフェロール (mg)	βトコフェロール (mg)	γトコフェロール (mg)	δトコフェロール (mg)
朝食	75	0.5	0.7	0.10	0.22	0	0	2	0	2	0	0.0	0.5	0.1	0.6	0.0
	1	0.0	0.0	0.00	0.00	25	0	0	0	7	26	0.0	0.1	0.0	0.0	0.0
	93	0.0	0.4	0.01	0.00	38	0	6	0	6	38	0.3	0.1	0.0	0.0	0.0
	90	0.9	0.7	0.04	0.01	70	0	2	14	9	75	0.9	0.5	0.0	0.3	0.0
	0	0.0	0.0	0.00	0.00	0	0	0	0	0	0	0.0	0.0	0.0	0.0	0.0
	11	0.1	0.1	0.01	0.06	0	0	20	0	20	2	0.0	0.0	0.0	0.0	0.0
	7	0.1	0.0	0.02	0.01	0	0	66	0	66	6	0.0	0.1	0.0	0.0	0.0
	6	0.0	0.0	0.00	0.02	0	0	7	0	7	1	0.0	0.0	0.0	0.0	0.0
	5	0.0	0.0	0.00	0.00	0	0	0	0	0	0	0.0	0.0	0.0	0.0	0.0
	288	1.7	1.9	0.18	0.32	133	0	102	14	116	146	1.2	1.3	0.1	0.9	0.0
昼食	51	0.2	0.9	0.15	0.53	0	0	0	0	0	0	0.0	0.0	0.0	0.0	0.0
	138	0.4	0.4	0.05	0.01	6	0	0	0	0	6	1.2	0.2	0.0	0.0	0.0
	0	0.0	0.0	0.00	0.00	0	0	0	0	0	0	0.0	0.0	0.0	0.0	0.0
	5	0.1	0.1	0.01	0.01	0	0	0	0	0	0	0.0	0.0	0.0	0.0	0.0
	0	0.1	0.0	0.00	0.08	0	0	0	0	0	0	0.0	0.0	0.0	0.0	0.0
	38	1.6	0.6	0.09	0.26	0	0	3360	27	3360	280	0.0	1.7	0.0	0.2	0.0
	7	0.1	0.1	0.02	0.01	0	0	0	0	0	0	0.0	0.0	0.0	0.0	0.0
	1	0.0	0.0	0.00	0.00	0	0	0	0	0	0	0.0	0.0	0.0	0.0	0.0
	4	0.0	0.0	0.00	0.00	0	0	0	0	0	0	0.0	0.0	0.0	0.0	0.0
	34	0.4	0.2	0.06	0.10	0	14	3120	72	3200	264	0.0	3.9	0.1	1.0	0.0
	17	0.0	0.0	0.00	0.00	0	0	0	0	0	0	0.0	0.0	0.0	0.0	0.0
	0	0.0	0.0	0.00	0.00	0	0	0	0	0	0	0.0	0.0	0.0	0.0	0.0
	0	0.0	0.0	0.00	0.00	0	0	0	0	0	0	0.0	0.0	0.0	0.0	0.0
	1	0.0	0.0	0.00	0.02	0	0	0	0	0	0	0.0	0.0	0.0	0.0	0.0
	10	0.1	0.1	0.00	0.00	0	0	0	0	0	0	0.0	0.0	0.0	0.0	0.0
	306	2.9	2.3	0.36	1.00	6	14	6480	99	6560	550	1.2	5.9	0.1	1.2	0.0
間食	8	0.0	0.0	0.03	0.02	0	0	14	6	17	2	0.0	0.2	0.0	0.0	0.0
	93	0.0	0.4	0.01	0.00	38	0	6	0	6	38	0.3	0.1	0.0	0.0	0.0
	101	0.0	0.4	0.04	0.02	38	0	20	6	23	40	0.3	0.3	0.0	0.0	0.0
夕食	61	0.2	1.1	0.18	0.63	0	0	0	0	0	0	0.0	0.0	0.0	0.0	0.0
	75	0.5	0.5	0.10	0.00	4	0	0	0	0	4	0.0	0.6	0.0	0.0	0.0
	54	0.8	1.3	0.02	0.00	0	0	0	0	0	0	0.0	0.1	0.0	0.0	0.0
	26	0.3	0.2	0.06	0.15	0	0	0	0	0	0	0.0	0.3	0.1	0.8	0.4
	11	0.1	0.1	0.01	0.06	0	0	20	0	20	2	0.0	0.0	0.0	0.0	0.0
	11	0.2	0.1	0.03	0.05	0	3	200	2	200	17	0.0	0.4	0.0	0.0	0.0
	6	0.1	0.1	0.01	0.04	0	0	56	0	56	5	0.0	0.1	0.0	0.0	0.0
	7	0.0	0.0	0.01	0.02	0	0	0	0	0	0	0.2	0.0	0.0	0.0	0.0
	0	0.0	0.0	0.00	0.00	0	0	0	0	0	0	0.0	0.4	0.0	1.7	0.3
	1	0.0	0.0	0.00	0.02	0	0	0	0	0	0	0.0	0.0	0.0	0.0	0.0
	20	0.0	0.0	0.00	0.01	0	0	0	0	0	0	0.0	0.0	0.0	0.0	0.0
	0	0.0	0.0	0.00	0.00	0	0	0	0	0	0	0.0	0.0	0.0	0.0	0.0
	0	0.0	0.0	0.00	0.00	0	0	0	0	0	0	0.0	0.0	0.0	0.0	0.0
	5	0.1	0.0	0.00	0.00	0	0	0	0	0	0	0.0	0.0	0.0	0.0	0.0
	1	0.0	0.0	0.00	0.00	0	0	0	0	0	0	0.0	0.0	0.0	0.0	0.0
	11	0.1	0.1	0.01	0.02	0	0	0	0	0	0	0.0	0.0	0.0	0.0	0.0
	4	0.0	0.0	0.01	0.02	0	420	1155	0	1365	114	0.0	0.1	0.0	0.0	0.0
	0	0.0	0.0	0.00	0.00	0	0	0	0	0	0	0.0	0.0	0.0	0.0	0.0
	0	0.0	0.0	0.00	0.00	0	0	0	0	0	0	0.0	0.0	0.0	0.0	0.0
	0	0.0	0.0	0.00	0.00	0	0	0	0	0	0	0.0	0.0	0.0	0.0	0.0
	0	0.0	0.0	0.00	0.00	0	0	0	0	0	0	0.0	0.0	0.0	0.0	0.0
	4	0.0	0.0	0.00	0.00	0	0	77	1	78	7	0.0	0.0	0.0	0.0	0.0
	3	0.1	0.0	0.00	0.02	0	0	190	0	190	15	0.0	0.1	0.0	0.0	0.0
	14	0.0	0.0	0.00	0.00	0	0	0	0	0	0	0.0	0.0	0.0	0.0	0.0
	20	0.5	0.1	0.05	0.00	0	0	0	0	0	0	0.0	0.0	0.0	0.7	0.4
	333	2.5	3.7	0.49	1.04	4	423	1698	3	1909	162	0.2	2.1	0.1	3.2	1.1
	1007	7.9	9.2	1.00	2.38	177	437	8300	122	8608	894	3.0	8.9	0.3	5.4	1.1

15章　生活習慣病予防の献立

糖尿病食	献立名	食品名	トコフェロール当量 (mg)	ビタミンK (μg)	ビタミンB₁ (mg)	ビタミンB₂ (mg)	ナイアシン (mg)	ビタミンB₆ (mg)	ビタミンB₁₂ (μg)	葉酸 (μg)	パントテン酸 (mg)	ビタミンC (mg)	飽和脂肪酸 (g)	一価不飽和脂肪酸 (g)
朝食	パン	食パン・市販品	0.54	0	0.06	0.04	1.1	0.03	0.0	29	0.42	0	1.20	1.35
	バター	有塩バター	0.08	1	0.00	0.00	0.0	0.00	0.0	0	0.00	0	2.52	0.90
	牛乳	普通牛乳	0.1	2	0.04	0.15	0.1	0.03	0.3	5	0.55	1	2.33	0.87
	ゆで卵	鶏卵・全卵-生	0.55	7	0.03	0.22	0.1	0.04	0.5	22	0.73	0	1.42	1.85
		食塩	0	0	0.00	0.00	0.0	0.00	0.0	0	0.00	0	0.00	0.00
	野菜サラダ	キャベツ-生	0.04	31	0.02	0.01	0.1	0.04	0.0	31	0.09	16	0.01	0.00
		きゅうり-生	0.06	7	0.01	0.01	0.0	0.01	0.0	5	0.07	3	0.00	0.00
		セロリー・葉柄-生	0.03	2	0.00	0.00	0.0	0.01	0.0	4	0.04	1	0.00	0.00
		ドレッシングタイプ和風調味料	0	0	0.00	0.00	0.0	0.00	0.0	1	0.00	0	0.01	0.00
	朝食計 合計		1.4	49	0.16	0.43	1.4	0.17	0.8	96	1.91	21	7.48	4.97
昼食	ご飯	めし・精白米（水稲）	0	0	0.03	0.02	0.3	0.03	0.0	5	0.38	0	0.15	0.11
	魚の塩焼き	あじ・まあじ-生	0.24	0	0.06	0.12	3.2	0.24	0.4	7	0.42	0	0.52	0.49
		食塩	0	0	0.00	0.00	0.0	0.00	0.0	0	0.00	0	0.00	0.00
		大根おろし												
		大根・根，皮つき-生	0	0	0.01	0.00	0.1	0.01	0.0	10	0.04	4	0.00	0.00
		しょうが・酢漬	0.01	0	0.00	0.00	0.0	0.00	0.0	0	0.00	0	0.00	0.00
	青菜のお浸し	ほうれん草・葉-生	1.68	216	0.09	0.16	0.5	0.11	0.0	168	0.16	28	0.03	0.02
		うすくちしょう油	0	0	0.00	0.01	0.1	0.01	0.0	2	0.02	0	0.00	0.00
		かつおだし	0	0	0.00	0.00	0.1	0.00	0.0	0	0.00	0	0.00	0.00
		かつお・かつお節	0	0	0.00	0.00	0.2	0.00	0.1	0	0.00	0	0.00	0.00
	かぼちゃの煮物	かぼちゃ（西洋）-生	4.08	20	0.06	0.07	1.2	0.18	0.0	34	0.50	34	0.03	0.05
		かつおだし	0	0	0.01	0.01	1.4	0.02	0.4	0	0.06	0	0.00	0.00
		車糖・上白糖	0	0	0.00	0.00	0.0	0.00	0.0	0	0.00	0	0.00	0.00
		みりん・本みりん	0	0	0.00	0.00	0.0	0.00	0.0	0	0.00	0	0.00	0.00
		清酒・上撰	0	0	0.00	0.00	0.0	0.01	0.0	0	0.00	0	0.00	0.00
		こいくちしょう油	0	0	0.00	0.01	0.1	0.01	0.0	2	0.00	0	0.00	0.00
		木の芽												
	昼食計 合計		6.02	236	0.26	0.40	7.2	0.62	0.9	227	1.60	66	0.74	0.66
間食		りんご-生	0.16	0	0.02	0.01	0.1	0.02	0.0	4	0.07	3	0.01	0.00
		普通牛乳	0.1	2	0.04	0.15	0.1	0.03	0.3	5	0.55	1	2.33	0.87
	間食計 合計		0.26	2	0.06	0.16	0.2	0.05	0.3	9	0.62	4	2.34	0.87
夕食	ご飯	めし・精白米（水稲）	0	0	0.04	0.02	0.4	0.04	0.0	5	0.45	0	0.18	0.13
	八宝菜	するめいか-生	0.63	0	0.02	0.01	1.3	0.06	2.0	2	0.16	0	0.05	0.02
		和牛・もも・赤肉-生	0.06	1	0.03	0.07	1.8	0.11	0.4	3	0.35	0	1.06	1.59
		大豆もやし-生	0.35	29	0.05	0.04	0.2	0.04	0.0	43	0.18	3	0.10	0.10
		キャベツ-生	0.04	31	0.02	0.01	0.1	0.04	0.0	31	0.09	16	0.01	0.00
		青ピーマン-生	0.4	10	0.02	0.02	0.3	0.10	0.0	13	0.15	38	0.01	0.00
		さやえんどう・若ざや-生	0.07	5	0.02	0.01	0.1	0.01	0.0	7	0.06	6	0.01	0.00
		生しいたけ-生	0	0	0.01	0.02	0.4	0.01	0.0	4	0.11	1	0.00	0.00
		調合油	0.57	5	0.00	0.00	0.0	0.00	0.0	0	0.00	0	0.33	1.23
		清酒・上撰	0	0	0.00	0.00	0.0	0.01	0.0	0	0.00	0	0.00	0.00
		〈合わせ調味料〉												
		中華だし	0	0	0.08	0.02	0.7	0.03	0.0	1	0.13	0	0.00	0.00
		車糖・上白糖	0	0	0.00	0.00	0.0	0.00	0.0	0	0.00	0	0.00	0.00
		食塩	0	0	0.00	0.00	0.0	0.00	0.0	0	0.00	0	0.00	0.00
		こいくちしょう油	0	0	0.00	0.01	0.1	0.01	0.0	1	0.01	0	0.00	0.00
		じゃがいもでん粉	0	0	0.00	0.00	0.0	0.00	0.0	0	0.00	0	0.00	0.00
	なます	大根・根，皮つき-生	0	0	0.01	0.01	0.2	0.02	0.0	20	0.07	7	0.01	0.00
		にんじん・根，皮つき-生	0.08	0	0.01	0.01	0.1	0.02	0.0	4	0.06	1	0.00	0.00
		食塩	0	0	0.00	0.00	0.0	0.00	0.0	0	0.00	0	0.00	0.00
		〈合わせ酢〉												
		穀物酢	0	0	0.00	0.00	0.0	0.00	0.0	0	0.00	0	0.00	0.00
		車糖・上白糖	0	0	0.00	0.00	0.0	0.00	0.0	0	0.00	0	0.00	0.00
		食塩	0	0	0.00	0.00	0.0	0.00	0.0	0	0.00	0	0.00	0.00
	みそ汁	乾燥わかめ-素干し	0.01	7	0.00	0.01	0.1	0.00	0.0	4	0.00	0	0.00	0.00
		葉ねぎ・葉-生	0.09	9	0.01	0.01	0.1	0.01	0.0	11	0.02	3	0.00	0.00
		煮干しだし	0	0	0.02	0.00	0.6	0.00	0.4	2	0.00	0	0.00	0.00
		米みそ・淡色辛みそ	0.16	1	0.00	0.01	0.2	0.01	0.0	8	0.00	0	0.12	0.13
	夕食計 合計		2.45	98	0.31	0.25	6.4	0.51	2.8	159	1.85	76	1.86	3.20
	1日合計 合計		9.55	387	0.80	1.29	15.7	1.40	3.2	493	6.16	167	13.43	11.27

糖尿病食	多価不飽和脂肪酸 (g)	コレステロール (mg)	食物繊維水溶性 (g)	食物繊維不溶性 (g)	食物繊維総量 (g)	食塩 (g)
朝食	0.94	0	0.4	1.7	2.1	1.2
	0.11	11	0.0	0.0	0.0	0.1
	0.12	12	0.0	0.0	0.0	0.1
	0.83	210	0.0	0.0	0.0	0.2
	0.00	0	0.0	0.0	0.0	0.2
	0.01	0	0.2	0.6	0.7	0.0
	0.00	0	0.0	0.2	0.2	0.0
	0.00	0	0.0	0.2	0.2	0.0
	0.00	0	0.0	0.0	0.0	0.7
	2.01	233	0.6	2.6	3.3	2.5
昼食	0.15	0	0.0	0.5	0.5	0.0
	0.57	46	0.0	0.0	0.0	0.2
	0.00	0	0.0	0.0	0.0	1.0
	0.01	0	0.2	0.3	0.4	0.0
	0.00	0	0.0	0.2	0.2	0.7
	0.14	0	0.6	1.7	2.2	0.0
	0.00	0	0.0	0.0	0.0	0.8
	0.00	0	0.0	0.0	0.0	0.0
	0.00	1	0.0	0.0	0.0	0.0
	0.05	0	0.7	2.1	2.8	0.0
	0.00	0	0.0	0.0	0.0	0.1
	0.00	0	0.0	0.0	0.0	0.0
	0.00	0	0.0	0.0	0.0	0.0
	0.00	0	0.0	0.0	0.0	0.0
	0.00	0	0.0	0.0	0.0	0.9
	0.91	47	1.5	4.7	6.2	3.7
間食	0.02	0	0.2	1.0	1.2	0.0
	0.12	12	0.0	0.0	0.0	0.1
	0.14	12	0.2	1.0	1.2	0.1
夕食	0.18	0	0.0	0.5	0.5	0.0
	0.09	81	0.0	0.0	0.0	0.2
	0.12	20	0.0	0.0	0.0	0.0
	0.39	0	0.1	1.1	1.2	0.0
	0.01	0	0.2	0.6	0.7	0.0
	0.03	0	0.3	0.9	1.2	0.0
	0.00	0	0.0	0.3	0.3	0.0
	0.01	0	0.1	0.3	0.4	0.0
	1.23	0	0.0	0.0	0.0	0.0
	0.00	0	0.0	0.0	0.0	0.0
	0.00	0	0.0	0.0	0.0	0.1
	0.00	0	0.0	0.0	0.0	0.0
	0.00	0	0.0	0.0	0.0	0.6
	0.00	0	0.0	0.0	0.0	0.4
	0.00	0	0.0	0.0	0.0	0.0
	0.01	0	0.3	0.5	0.8	0.0
	0.00	0	0.1	0.3	0.4	0.0
	0.00	0	0.0	0.0	0.0	0.7
	0.00	0	0.0	0.0	0.0	0.0
	0.00	0	0.0	0.0	0.0	0.0
	0.00	0	0.0	0.0	0.0	1.0
	0.00	0	0.0	0.0	0.3	0.2
	0.01	0	0.0	0.3	0.3	0.0
	0.00	0	0.0	0.0	0.0	0.2
	0.43	0	0.1	0.5	0.6	1.5
	2.51	101	1.2	5.2	6.7	4.9
	5.59	332	3.5	13.5	17.3	11.0

食事摂取基準	糖尿病(1600)	作成献立
エネルギー（kcal）	1600	1589
たんぱく質（g）	60〜80	67
脂質（g）	35〜44	36
炭水化物（g）	200〜240	239
Pエネルギー比率（%）	15〜20	16
Fエネルギー比率（%）	20〜25	20
Cエネルギー比率（%）	50〜60	58
カルシウム（mg）	550	495
鉄（mg）	6	7.9
ビタミンA（μgRE）	600	894
ビタミンB_1（mg）	1	0.8
ビタミンB_2（mg）	1	1.29
ビタミンC（mg）	100	167

食品構成	糖尿病(1600)	作成献立
穀類	450	420
肉類	60	30
魚介類	80	90
卵類	50	50
豆類	100	0
乳類	200	200
いも類	100	1.5
緑黄色野菜	150	245
その他の野菜	200	265
藻類（干）	2	1
きのこ類	10	10
果実類	150	80

3 脂質異常症食の献立

脂質異常症の原因となりやすいコレステロール，炭水化物過多を予防するための献立を考える．五大栄養素をまんべんなく摂取できるように，栄

脂質異常症食	献立名	食品名	重量 (g)	廃棄率 (%)	エネルギー (kcal)	水分 (g)	たんぱく質 (g)	脂質 (g)	炭水化物 (g)	灰分 (g)	ナトリウム (mg)	カリウム (mg)	カルシウム (mg)	マグネシウム (mg)
朝食	ご飯	めし・精白米（水稲）	220	0	370	132.0	5.5	0.7	81.6	0.2	2	64	7	15
	みそ汁	乾燥わかめ-素干し	2	0	2	0.3	0.3	0.0	0.8	0.6	132	104	16	22
		葉ねぎ・葉-生	10	6	3	9.1	0.2	0.0	0.7	0.1	0	22	5	2
		かつおだし	150	0	5	149.0	0.8	0.2	0.0	0.2	30	39	3	5
		米みそ・淡色辛みそ	12	0	23	5.4	1.5	0.7	2.6	1.7	588	46	12	9
	含め煮	焼き豆腐	100	0	88	84.8	7.8	5.7	1.0	0.7	4	90	150	37
		にんじん・根，皮つき-生	10	3	4	9.0	0.1	0.0	0.9	0.1	2	28	3	1
		さやいんげん・若ざや-生	10	3	2	9.2	0.2	0.0	0.5	0.1	0	26	5	2
		車糖・上白糖	5	0	19	0.0	0.0	0.0	5.0	0.0	0	0	0	0
		うすくちしょう油	2	0	1	1.4	0.1	0.0	0.2	0.3	126	6	0	1
		昆布だし	100	0	4	98.5	0.1	0.0	0.9	0.5	61	140	3	4
	かぶ酢漬け	かぶ・根，皮つき-生	50	9	10	47.0	0.4	0.1	2.3	0.3	3	140	12	4
		食塩	0.5	0	0	0.0	0.0	0.0	0.0	0.5	195	1	0	0
		穀物酢	3	0	1	2.8	0.0	0.0	0.1	0.0	0	0	0	0
		車糖・上白糖	3	0	12	0.0	0.0	0.0	3.0	0.0	0	0	0	0
		ゆず・果皮-生	3	0	2	2.5	0.1	0.0	0.4	0.0	0	4	1	0
	朝食計 合計		680.5		545	550.9	16.8	7.4	100.0	5.2	1144	710	217	103
昼食	ご飯	めし・精白米（水稲）	220	0	370	132.0	5.5	0.7	81.6	0.2	2	64	7	15
	白身魚のソテー	ひらめ・養殖-生	100	45	124	73.9	21.2	3.7	0.0	1.2	42	430	23	30
		オリーブ油	5	0	46	0.0	0.0	5.0	0.0	0.0	0	0	0	0
		食塩	0.3	0	0	0.0	0.0	0.0	0.0	0.3	117	0	0	0
		こしょう・黒，粉	0.1	0	0	0.0	0.0	0.0	0.1	0.0	0	1	0	0
		レタス・サニーレタス・葉-生	20	6	3	18.8	0.2	0.0	0.6	0.2	1	82	13	3
		トマト・ミニトマト-生	15	2	4	13.7	0.2	0.0	1.1	0.1	1	44	2	2
		ドレッシングタイプ和風調味料	10	0	8	7.2	0.3	0.0	1.6	0.8	290	13	1	3
	蒸しなすのナムル	なす-生	80	10	18	74.6	0.9	0.1	4.1	0.4	0	176	14	14
		根深ねぎ・葉，軟白-生	5	40	1	4.6	0.1	0.0	0.4	0.0	0	9	2	1
		にんにく・りん茎-生	1	8	1	0.7	0.1	0.0	0.3	0.0	0	5	0	0
		うすくちしょう油	6	0	3	4.2	0.3	0.0	0.5	1.0	378	19	1	3
		車糖・上白糖	0.5	0	2	0.0	0.0	0.0	0.5	0.0	0	0	0	0
		とうがらし・粉	0.1	0	0	0.0	0.0	0.0	0.1	0.0	0	3	0	0
		ごま-乾	2	0	12	0.1	0.4	1.0	0.4	0.1	0	8	24	7
	コンソメスープ	しめじ・はたけしめじ-生	30	15	5	27.1	0.9	0.1	1.7	0.2	2	84	0	3
		パセリ・葉-生	0.1	10	0	0.1	0.0	0.0	0.0	0.0	0	1	0	0
		洋風だし（固形コンソメ，水）	200	0	12	195.6	2.6	0.0	0.6	1.2	360	220	10	12
		食塩	1.5	0	0	0.0	0.0	0.0	0.0	1.5	585	2	0	0
		こしょう・白，粉	少々											
	昼食計 合計		696.6		611	552.4	32.7	10.6	93.4	7.3	1777	1161	99	94
夕食	ご飯	めし・精白米（水稲）	110	0	185	66.0	2.8	0.3	40.8	0.1	1	32	3	8
	ベークドチキン	若鶏・ささ身-生	60	5	63	45.0	13.8	0.5	0.0	0.7	20	252	2	19
		食塩	0.3	0	0	0.0	0.0	0.0	0.0	0.3	117	0	0	0
		なたね油	5	0	46	0.0	0.0	5.0	0.0	0.0	0	0	0	0
		〈付け合せ〉												
		キャベツ-生	15	15	3	13.9	0.2	0.0	0.8	0.1	0	30	6	2
		レッドキャベツ葉-生	15	10	5	13.6	0.3	0.0	1.0	0.1	1	47	6	2
		〈ポン酢〉												
		レモン・全果-生	10	3	5	8.5	0.1	0.1	1.3	0.1	0	13	7	1
		穀物酢	5	0	1	4.7	0.1	0.0	0.1	0.0	0	0	0	0
		昆布だし	2	0	0	2.0	0.0	0.0	0.0	0.0	1	3	0	0
		こいくちしょう油	5	0	4	3.4	0.4	0.0	0.5	0.8	285	20	1	3
	白菜のお浸し	はくさい-生	80	6	11	76.2	0.6	0.1	2.6	0.5	5	176	34	8
		〈かけ汁〉												
		うすくちしょう油	5	0	3	3.5	0.3	0.0	0.4	0.8	315	16	1	3
		かつおだし	7.5	0	0	7.4	0.0	0.0	0.0	0.0	2	2	0	0
		かつお・かつお節	0.5	0	2	0.1	0.4	0.0	0.0	0.0	0	5	0	0
	粉ふきいも	じゃがいも-生	80	10	61	63.8	1.3	0.1	14.1	0.7	1	328	2	16
		食塩	0.6	0	0	0.0	0.0	0.0	0.0	0.6	234	1	0	0
		〈ミックスベジタブル〉												
		にんじん・根，皮つき-生	5	3	2	4.5	0.0	0.0	0.4	0.0	1	14	1	1
		スイートコーン・缶詰ホールカーネルスタイル	5	0	4	3.9	0.1	0.1	0.9	0.1	11	7	0	1
		グリーンピース-冷凍	5	0	4	3.8	0.3	0.0	0.9	0.0	4	11	1	2
	夕食計 合計		415.9		400	320.2	20.6	6.2	63.7	4.9	999	954	67	65
	1日合計 合計		1793		1555	1423.5	70.1	24.2	257.1	17.5	3920	2825	383	261

養バランスのよい献立が基本になる．そのうえで，脂質の「質」を考慮する．脂質は飽和脂肪酸と不飽和脂肪酸に大別される．前者は肉の脂身などに多く含まれ，血中コレステロールを増やす働きがあり，後者はオリーブ油，ごま油などの植物性油脂や魚油に多く含まれ，減らす働きがある．不飽和脂肪酸を含む食品を多めに摂取し，飽和脂肪酸を含む食品を控えめにする．

脂質異常症食	リン (mg)	鉄 (mg)	亜鉛 (mg)	銅 (mg)	マンガン (mg)	レチノール (μg)	αカロテン (μg)	βカロテン (μg)	クリプトキサンチン (μg)	βカロテン当量 (μg)	レチノール当量 (μg)	ビタミンD (μg)	αトコフェロール (mg)	βトコフェロール (mg)	γトコフェロール (mg)	δトコフェロール (mg)
朝食	75	0.2	1.3	0.22	0.77	0	0	0	0	0	0	0.0	0.0	0.0	0.0	0.0
	7	0.1	0.0	0.00	0.01	0	0	154	2	156	13	0.0	0.0	0.0	0.0	0.0
	3	0.1	0.0	0.00	0.02	0	0	190	0	190	15	0.0	0.1	0.0	0.0	0.0
	26	0.0	0.0	0.00	0.00	0	0	0	0	0	0	0.0	0.0	0.0	0.0	0.0
	20	0.5	0.1	0.05	0.00	0	0	0	0	0	0	0.0	0.1	0.0	0.7	0.4
	110	1.6	0.8	0.16	0.60	0	0	0	0	0	0	0.0	0.2	0.1	3.5	1.5
	3	0.0	0.0	0.00	0.01	0	280	770	0	910	76	0.0	0.1	0.0	0.0	0.0
	4	0.1	0.0	0.01	0.03	0	14	52	0	59	5	0.0	0.0	0.0	0.0	0.0
	0	0.0	0.0	0.00	0.00	0	0	0	0	0	0	0.0	0.0	0.0	0.0	0.0
	3	0.0	0.0	0.00	0.00	0	0	0	0	0	0	0.0	0.0	0.0	0.0	0.0
	6	0.0	0.0	0.00	0.01	0	0	0	0	0	0	0.0	0.0	0.0	0.0	0.0
	14	0.2	0.1	0.02	0.03	0	0	0	0	0	0	0.0	0.0	0.0	0.0	0.0
	0	0.0	0.0	0.00	0.00	0	0	0	0	0	0	0.0	0.0	0.0	0.0	0.0
	0	0.0	0.0	0.00	0.00	0	0	0	0	0	0	0.0	0.0	0.0	0.0	0.0
	0	0.0	0.0	0.00	0.00	0	0	0	0	0	0	0.0	0.0	0.0	0.0	0.0
	0	0.0	0.0	0.00	0.00	0	0	1	13	7	1	0.0	0.1	0.0	0.0	0.0
	270	2.7	2.4	0.46	1.48	0	294	1167	15	1322	110	0.0	0.6	0.1	4.2	1.9
昼食	75	0.2	1.3	0.22	0.77	0	0	0	0	0	0	0.0	0.0	0.0	0.0	0.0
	240	0.1	0.5	0.02	0.02	21	0	0	0	0	21	18.0	1.4	0.0	0.0	0.0
	0	0.0	0.0	0.00	0.00	0	0	9	0	9	1	0.0	0.4	0.0	0.1	0.0
	0	0.0	0.0	0.00	0.01	0	0	0	0	0	0	0.0	0.0	0.0	0.0	0.0
	6	0.4	0.1	0.01	0.09	0	0	400	0	400	34	0.0	0.2	0.0	0.2	0.0
	4	0.1	0.0	0.01	0.02	0	1	144	0	144	12	0.0	0.1	0.0	0.1	0.0
	5	0.0	0.0	0.00	0.00	0	0	0	0	0	0	0.0	0.0	0.0	0.0	0.0
	24	0.2	0.2	0.05	0.13	0	0	80	1	80	6	0.0	0.2	0.0	0.0	0.0
	1	0.0	0.0	0.00	0.01	0	0	1	0	1	0	0.0	0.0	0.0	0.0	0.0
	2	0.0	0.0	0.00	0.00	0	0	0	0	0	0	0.0	0.0	0.0	0.0	0.0
	8	0.1	0.0	0.00	0.00	0	0	0	0	0	0	0.0	0.0	0.0	0.0	0.0
	0	0.0	0.0	0.00	0.00	0	0	0	0	0	0	0.0	0.0	0.0	0.0	0.0
	0	0.0	0.0	0.00	0.00	0	0	7	3	9	1	0.0	0.0	0.0	0.0	0.0
	11	0.2	0.1	0.03	0.04	0	0	0	0	0	0	0.0	0.0	0.0	0.4	0.0
	21	0.2	0.1	0.04	0.05	0	0	0	0	0	0	0.0	0.4	0.0	0.0	0.0
	0	0.0	0.0	0.00	0.00	0	0	7	0	7	1	0.0	0.0	0.0	0.0	0.0
	74	0.2	0.2	0.02	0.02	0	0	0	0	0	0	0.0	0.0	0.0	0.0	0.0
	0	0.0	0.0	0.00	0.00	0	0	0	0	0	0	0.0	0.0	0.0	0.0	0.0
	472	1.7	2.6	0.41	1.15	21	1	649	4	651	76	18.4	2.4	0.0	0.7	0.0
夕食	37	0.1	0.7	0.11	0.39	0	0	0	0	0	0	0.0	0.0	0.0	0.0	0.0
	132	0.1	0.4	0.02	0.01	3	0	0	0	0	3	0.0	0.1	0.0	0.1	0.0
	0	0.0	0.0	0.00	0.00	0	0	0	0	0	0	0.0	0.0	0.0	0.0	0.0
	0	0.0	0.0	0.00	0.00	0	0	0	0	0	0	0.0	0.8	0.0	1.6	0.1
	4	0.0	0.0	0.00	0.02	0	0	7	0	8	1	0.0	0.0	0.0	0.0	0.0
	6	0.1	0.0	0.01	0.03	0	0	5	0	5	0	0.0	0.0	0.0	0.0	0.0
	2	0.0	0.0	0.01	0.01	0	0	1	4	3	0	0.0	0.2	0.0	0.0	0.0
	0	0.0	0.0	0.00	0.00	0	0	0	0	0	0	0.0	0.0	0.0	0.0	0.0
	8	0.1	0.0	0.00	0.00	0	0	0	0	0	0	0.0	0.0	0.0	0.0	0.0
	26	0.2	0.2	0.02	0.09	0	0	74	10	79	6	0.0	0.2	0.0	0.0	0.0
	7	0.1	0.0	0.00	0.00	0	0	0	0	0	0	0.0	0.0	0.0	0.0	0.0
	1	0.0	0.0	0.00	0.00	0	0	0	0	0	0	0.0	0.0	0.0	0.0	0.0
	4	0.0	0.0	0.00	0.00	0	0	0	0	0	0	0.0	0.0	0.0	0.0	0.0
	32	0.3	0.2	0.08	0.09	0	0	0	0	0	0	0.0	0.0	0.0	0.0	0.0
	0	0.0	0.0	0.00	0.00	0	0	0	0	0	0	0.0	0.0	0.0	0.0	0.0
	1	0.0	0.0	0.00	0.01	0	140	385	0	455	38	0.0	0.0	0.0	0.0	0.0
	2	0.0	0.0	0.00	0.00	0	1	1	3	3	0	0.0	0.0	0.0	0.0	0.0
	5	0.1	0.1	0.01	0.01	0	1	25	1	26	2	0.0	0.0	0.0	0.1	0.0
	268	1.2	1.6	0.26	0.65	3	142	498	18	579	51	0.0	1.3	0.0	1.8	0.1
	1010	5.6	6.6	1.13	3.28	24	437	2313	36	2552	236	18.4	4.2	0.2	6.7	1.9

15章　生活習慣病予防の献立

脂質異常症食	献立名	食品名	トコフェロール当量 (mg)	ビタミンK (μg)	ビタミンB₁ (mg)	ビタミンB₂ (mg)	ナイアシン (mg)	ビタミンB₆ (mg)	ビタミンB₁₂ (μg)	葉酸 (μg)	パントテン酸 (mg)	ビタミンC (mg)	飽和脂肪酸 (g)	一価不飽和脂肪酸 (g)
朝食	ご飯	めし・精白米（水稲）	0	0	0.04	0.02	0.4	0.04	0.0	7	0.55	0	0.22	0.15
	みそ汁	乾燥わかめ-素干し	0.02	13	0.01	0.02	0.2	0.00	0.0	9	0.01	1	0.00	0.00
		葉ねぎ・葉-生	0.09	9	0.01	0.01	0.1	0.01	0.0	11	0.02	3	0.00	0.00
		かつおだし	0	0	0.02	0.02	2.1	0.03	0.6	0	0.09	0	0.00	0.00
		米みそ・淡色辛みそ	0.16	1	0.00	0.01	0.2	0.01	0.0	8	0.00	0	0.12	0.13
	含め煮	焼き豆腐	0.6	14	0.07	0.03	0.1	0.05	0.0	12	0.06	0	1.00	1.14
		にんじん・根，皮つき-生	0.05	0	0.01	0.01	0.1	0.01	0.0	3	0.04	0	0.00	0.00
		さやいんげん・若ざや-生	0.02	6	0.01	0.01	0.1	0.01	0.0	5	0.02	1	0.00	0.00
		車糖・上白糖	0	0	0.00	0.00	0.0	0.00	0.0	0	0.00	0	0.00	0.00
		うすくちしょう油	0	0	0.00	0.00	0.0	0.00	0.0	1	0.01	0	0.00	0.00
		昆布だし	0	0	0.00	0.00	0.0	0.00	0.0	2	0.00	0	0.00	0.00
	かぶ酢漬け	かぶ・根，皮つき-生	0	0	0.02	0.02	0.3	0.04	0.0	24	0.13	10	0.00	0.00
		食塩	0	0	0.00	0.00	0.0	0.00	0.0	0	0.00	0	0.00	0.00
		穀物酢	0	0	0.00	0.00	0.0	0.00	0.0	0	0.00	0	0.00	0.00
		車糖・上白糖	0	0	0.00	0.00	0.0	0.00	0.0	0	0.00	0	0.00	0.00
		ゆず・果皮-生	0.11	0	0.00	0.00	0.0	0.00	0.0	1	0.03	5	0.00	0.00
	朝食計 合計		1.04	44	0.17	0.14	3.5	0.21	0.6	82	0.95	19	1.34	1.43
昼食	ご飯	めし・精白米（水稲）	0	0	0.04	0.02	0.4	0.04	0.0	7	0.55	0	0.22	0.15
	白身魚のソテー	ひらめ・養殖-生	1.4	0	0.08	0.33	6.0	0.45	1.3	13	0.83	3	0.83	1.00
		オリーブ油	0.38	2	0.00	0.00	0.0	0.00	0.0	0	0.00	0	0.66	3.70
		食塩	0	0	0.00	0.00	0.0	0.00	0.0	0	0.00	0	0.00	0.00
		こしょう・黒，粉	0	0	0.00	0.00	0.0	0.00	0.0	0	0.00	0	0.00	0.00
		レタス・サニーレタス・葉-生	0.26	32	0.02	0.02	0.1	0.02	0.0	24	0.03	3	0.00	0.00
		トマト・ミニトマト-生	0.15	1	0.01	0.01	0.1	0.02	0.0	5	0.03	5	0.00	0.00
		ドレッシングタイプ和風調味料	0	0	0.00	0.00	0.0	0.00	0.0	1	0.01	0	0.00	0.00
	蒸しなすのナムル	なす-生	0.24	8	0.04	0.04	0.4	0.04	0.0	26	0.26	3	0.02	0.00
		根深ねぎ・葉，軟白-生	0.01	0	0.00	0.00	0.0	0.01	0.0	3	0.01	1	0.00	0.00
		にんにく・りん茎-生	0.01	0	0.00	0.00	0.0	0.02	0.0	1	0.01	0	0.00	0.00
		うすくちしょう油	0	0	0.00	0.00	0.1	0.01	0.0	2	0.02	0	0.00	0.00
		車糖・上白糖	0	0	0.00	0.00	0.0	0.00	0.0	0	0.00	0	0.00	0.00
		とうがらし・粉	0	0	0.00	0.00	0.0	0.00	0.0	0	0.00	0	0.00	0.00
		ごま・乾	0.05	0	0.02	0.01	0.1	0.01	0.0	2	0.01	0	0.15	0.38
	コンソメスープ	しめじ・はたけしめじ-生	0	0	0.04	0.15	1.8	0.04	0.0	8	0.74	0	0.00	0.00
		パセリ・葉-生	0	1	0.00	0.00	0.0	0.00	0.0	0	0.00	0	0.00	0.00
		洋風だし（固形コンソメ＋水）	0	0	0.04	0.10	2.2	0.12	0.4	6	0.50	0	0.00	0.00
		食塩	0	0	0.00	0.00	0.0	0.00	0.0	0	0.00	0	0.00	0.00
		こしょう・白，粉												
	昼食計 合計		2.49	45	0.30	0.69	11.3	0.77	1.7	96	3.00	15	1.89	5.24
夕食	ご飯	めし・精白米（水稲）	0	0	0.02	0.01	0.2	0.02	0.0	3	0.28	0	0.11	0.08
	ベークドチキン	若鶏・ささ身-生	0.12	8	0.05	0.07	7.1	0.36	0.1	6	1.85	1	0.10	0.12
		食塩	0	0	0.00	0.00	0.0	0.00	0.0	0	0.00	0	0.00	0.00
		なたね油	0.93	6	0.00	0.00	0.0	0.00	0.0	0	0.00	0	0.35	3.00
		〈付け合せ〉												
		キャベツ-生	0.02	12	0.01	0.00	0.0	0.02	0.0	12	0.03	6	0.00	0.00
		レッドキャベツ葉-生	0.02	4	0.01	0.00	0.0	0.03	0.0	9	0.05	10	0.00	0.00
		〈ポン酢〉												
		レモン・全果-生	0.16	0	0.00	0.01	0.0	0.01	0.0	3	0.04	10	0.01	0.00
		穀物酢	0	0	0.00	0.00	0.0	0.00	0.0	0	0.00	0	0.00	0.00
		昆布だし	0	0	0.00	0.00	0.0	0.00	0.0	0	0.00	0	0.00	0.00
		こいくちしょう油	0	0	0.00	0.01	0.1	0.01	0.0	2	0.02	0	0.00	0.00
	白菜のお浸し	はくさい-生	0.16	47	0.02	0.02	0.5	0.07	0.0	49	0.20	15	0.01	0.00
		〈かけ汁〉												
		うすくちしょう油	0	0	0.00	0.01	0.1	0.01	0.0	2	0.02	0	0.00	0.00
		かつおだし	0	0	0.00	0.00	0.0	0.00	0.0	0	0.00	0	0.00	0.00
		かつお・かつお節	0.01	0	0.00	0.00	0.2	0.00	0.1	0	0.00	0	0.00	0.00
	粉ふきいも	じゃがいも-生	0	0	0.07	0.02	1.0	0.14	0.0	17	0.38	28	0.01	0.00
		食塩	0	0	0.00	0.00	0.0	0.00	0.0	0	0.00	0	0.00	0.00
		〈ミックスベジタブル〉												
		にんじん・根，皮つき-生	0.03	0	0.00	0.00	0.0	0.01	0.0	1	0.02	0	0.00	0.00
		スイートコーン・缶詰ホールカーネルスタイル	0.01	0	0.00	0.00	0.0	0.00	0.0	1	0.01	0	0.00	0.00
		グリーンピース・冷凍	0.01	1	0.02	0.01	0.1	0.00	0.0	5	0.02	1	0.01	0.00
	夕食計 合計		1.44	79	0.23	0.17	9.5	0.68	0.2	109	2.93	72	0.60	3.21
	1日合計 合計		4.97	168	0.70	0.99	24.4	1.66	2.5	287	6.88	106	3.83	9.88

3 脂質異常症食の献立

脂質異常症食	多価不飽和脂肪酸(g)	コレステロール(mg)	食物繊維水溶性(g)	食物繊維不溶性(g)	食物繊維総量(g)	食塩(g)
朝食	0.22	0	0.0	0.7	0.7	0.0
	0.00	0	0.0	0.0	0.7	0.3
	0.01	0	0.0	0.3	0.3	0.0
	0.00	0	0.0	0.0	0.0	0.2
	0.43	0	0.1	0.5	0.6	1.5
	2.86	0	0.1	0.4	0.5	0.0
	0.00	0	0.1	0.2	0.3	0.0
	0.00	0	0.0	0.2	0.2	0.0
	0.00	0	0.0	0.0	0.0	0.0
	0.00	0	0.0	0.0	0.0	0.3
	0.00	0	0.0	0.0	0.0	0.2
	0.00	0	0.2	0.6	0.8	0.0
	0.00	0	0.0	0.0	0.0	0.5
	0.00	0	0.0	0.0	0.0	0.0
	0.00	0	0.0	0.0	0.0	0.0
	0.00	0	0.1	0.1	0.2	0.0
	3.52	**0**	**0.6**	**2.9**	**4.2**	**3.0**
昼食	0.22	0	0.0	0.7	0.7	0.0
	1.01	63	0.0	0.0	0.0	0.1
	0.36	0	0.0	0.0	0.0	0.0
	0.00	0	0.0	0.0	0.0	0.3
	0.00	0	0.0	0.0	0.0	0.0
	0.00	0	0.1	0.3	0.4	0.0
	0.00	0	0.1	0.2	0.2	0.0
	0.00	0	0.0	0.0	0.0	0.7
	0.00	1	0.2	1.5	1.8	0.0
	0.00	0	0.0	0.1	0.1	0.0
	0.00	0	0.0	0.0	0.1	0.0
	0.00	0	0.0	0.0	0.0	1.0
	0.00	0	0.0	0.0	0.0	0.0
	0.00	0	0.0	0.0	0.0	0.0
	0.45	0	0.0	0.2	0.2	0.0
	0.00	0	0.1	1.0	1.1	0.0
	0.00	0	0.0	0.0	0.0	1.0
	0.00	0	0.0	0.0	0.0	1.5
	2.05	**64**	**0.6**	**3.9**	**4.5**	**4.6**
夕食	0.11	0	0.0	0.3	0.3	0.0
	0.08	40	0.0	0.0	0.0	0.1
	0.00	0	0.0	0.0	0.0	0.3
	1.31	0	0.0	0.0	0.0	0.0
	0.00	0	0.1	0.2	0.3	0.0
	0.00	0	0.1	0.3	0.4	0.0
	0.01	0	0.2	0.3	0.5	0.0
	0.00	0	0.0	0.0	0.0	0.0
	0.00	0	0.0	0.0	0.0	0.0
	0.00	0	0.0	0.0	0.0	0.7
	0.02	0	0.2	0.8	1.0	0.0
	0.00	0	0.0	0.0	0.0	0.8
	0.00	0	0.0	0.0	0.0	0.0
	0.00	1	0.0	0.0	0.0	0.0
	0.02	0	0.5	0.6	1.0	0.0
	0.00	0	0.0	0.0	0.0	0.6
	0.00	0	0.0	0.1	0.1	0.0
	0.00	0	0.0	0.1	0.2	0.0
	0.01	0	0.0	0.3	0.3	0.0
	1.57	**41**	**1.2**	**3.0**	**4.2**	**2.5**
	7.14	**105**	**2.3**	**9.9**	**12.8**	**10.1**

食事摂取基準	高脂血症	作成献立
エネルギー (kcal)	1600	1555
たんぱく質 (g)	65～70	70
脂質 (g)	30	24
炭水化物 (g)	250	257
P エネルギー比率 (%)	16	18
F エネルギー比率 (%)	23	13
C エネルギー比率 (%)	61	66
カルシウム (mg)	550	383
鉄 (mg)	6	5.6
ビタミン A (μgRE)	600	236
ビタミン B_1 (mg)	1	0.7
ビタミン B_2 (mg)	1	0.99
ビタミン C (mg)	100	106
コレステロール (mg)	100～150	105

食品構成	高脂血症	作成献立
穀類	480	550
肉類	50	60
魚介類	50	100
卵類	25	0
豆類	100	100
乳類	200	0
いも類	100	60
緑黄色野菜	100	70
その他の野菜	250	255
藻類（干）	2	2
きのこ類	10	30
果実類	150	13

※ 脂質異常症のなかでもコレステロールが高いタイプに適応する献立になります．

4 肥満症食の献立

エネルギー制限を中心に，脂質の量と質のバランスを理解し，エネルギー制限でも継続しやすい食事を考える．消費エネルギーより摂取エネルギーが小さくなるように，エネルギーを設定した献立を作成する．エ

肥満症食	献立名	食品名	重量(g)	廃棄率(%)	エネルギー(kcal)	水分(g)	たんぱく質(g)	脂質(g)	炭水化物(g)	灰分(g)	ナトリウム(mg)	カリウム(mg)	カルシウム(mg)	マグネシウム(mg)
朝食	ご飯	めし・精白米（水稲）	100	0	168	60.0	2.5	0.3	37.1	0.1	1	29	3	7
	卵とじ	鶏卵・全卵-生	50	15	76	38.1	6.2	5.2	0.2	0.5	70	65	26	6
		たまねぎ・りん茎-生	60	6	22	53.8	0.6	0.1	5.3	0.2	1	90	13	5
		にんじん・根，皮つき-生	10	3	4	9.0	0.1	0.0	0.9	0.1	2	28	3	1
		乾ししいたけ-乾	2	20	4	0.2	0.4	0.1	1.3	0.1	0	42	0	2
		かつおだし	15	0	0	14.9	0.1	0.0	0.0	0.0	3	4	0	0
		食塩	0.5	0	0	0.0	0.0	0.0	0.0	0.5	195	1	0	0
	みそ汁	なす-生	30	10	7	28.0	0.3	0.0	1.5	0.2	0	66	5	5
		葉ねぎ・葉-生	3	6	1	2.7	0.0	0.0	0.2	0.0	0	7	2	1
		かつおだし	150	0	5	149.0	0.8	0.2	0.0	0.2	30	39	3	5
		米みそ・淡色辛みそ	12	0	23	5.4	1.5	0.7	2.6	1.7	588	46	12	9
		なし・日本なし-生	80	15	34	70.4	0.2	0.1	9.0	0.2	0	112	2	4
	朝食計 合計		512.5		343	431.4	12.6	6.6	58.1	3.8	891	528	68	45
昼食	ご飯	めし・精白米（水稲）	100	0	168	60.0	2.5	0.3	37.1	0.1	1	29	3	7
	いり煮	和牛・もも・赤肉-生	50	0	96	33.5	10.4	5.4	0.3	0.5	24	170	2	12
		板こんにゃく（生いもこんにゃく）	60	0	4	57.7	0.1	0.1	2.0	0.2	1	26	41	3
		青ピーマン-生	60	15	13	56.0	0.5	0.1	3.1	0.2	1	114	7	7
		にんじん・根，皮つき-生	20	3	7	17.9	0.1	0.0	1.8	0.1	5	56	6	2
		みりん・本みりん	2	0	5	0.9	0.0	0.0	0.9	0.0	0	0	0	0
		こいくちしょう油	10	0	7	6.7	0.8	0.0	1.0	1.5	570	39	3	7
		顆粒風味調味料	0.2	0	0	0.0	0.0	0.0	0.1	0.1	32	0	0	0
	豆腐のすまし汁	木綿豆腐	50	0	36	43.4	3.3	2.1	0.8	0.4	7	70	60	16
		糸みつば・葉-生	5	8	1	4.7	0.0	0.0	0.1	0.1	0	25	2	1
		かつお・昆布だし	150	0	3	148.8	0.5	0.0	0.5	0.3	51	95	5	6
		食塩	1	0	0	0.0	0.0	0.0	0.0	1.0	390	1	0	0
		うすくちしょう油	1.2	0	1	0.8	0.1	0.0	0.1	0.2	76	4	0	0
		ゆず・果皮-生	少々											
	青菜のお浸し	ほうれん草・葉-生	80	10	16	73.9	1.8	0.3	2.5	1.4	13	552	39	55
		うすくちしょう油	5	0	3	3.5	0.3	0.0	0.4	0.8	315	16	1	3
		かつおだし	7.5	0	0	7.4	0.0	0.0	0.0	0.0	2	2	0	0
		かつお・かつお節	0.5	0	2	0.1	0.4	0.0	0.0	0.0	1	5	0	0
	昼食計 合計		602.4		362	515.5	20.7	8.3	50.6	6.9	1486	1204	169	119
夕食	ご飯	めし・精白米（水稲）	100	0	168	60.0	2.5	0.3	37.1	0.1	1	29	3	7
	ホイル蒸し	たい・まだい・養殖-生	70	55	136	46.3	15.2	7.6	0.1	0.9	39	329	8	24
		食塩	1	0	0	0.0	0.0	0.0	0.0	1.0	390	1	0	0
		レモン・全果-生	5	3	3	4.3	0.0	0.0	0.6	0.0	0	7	3	1
	なます	大根・根，皮つき-生	40	10	7	37.8	0.2	0.0	1.6	0.2	8	92	10	4
		にんじん・根，皮つき-生	10	3	4	9.0	0.1	0.0	0.9	0.1	2	28	3	1
		食塩	0.5	0	0	0.0	0.0	0.0	0.0	0.5	195	1	0	0
		〈合わせ酢〉			3	4.2	0.3	0.0	0.5	1.0	378	19	1	3
		穀物酢	5	0	1	4.7	0.0	0.0	0.1	0.0	0	0	0	0
		車糖・上白糖	1	0	4	0.0	0.0	0.0	1.0	0.0	0	0	0	0
	ひじきの納豆あえ	糸引き納豆	40	0	80	23.8	6.6	4.0	4.8	0.8	1	264	36	40
		ひじき・干しひじき	5	0	7	0.7	0.5	0.1	2.8	0.9	70	220	70	31
		こいくちしょう油	5	0	4	3.4	0.4	0.0	0.5	0.8	285	20	1	3
	さやいんげんごまあえ	さやえんどう・若ざや-生	40	9	14	35.4	1.2	0.1	3.0	0.2	0	80	14	10
		こいくちしょう油	4	0	3	2.7	0.3	0.0	0.4	0.6	228	16	1	3
		かつおだし	3	0	0	3.0	0.0	0.0	0.0	0.0	1	1	0	0
		ごま-いり	2	0	12	0.0	0.4	1.1	0.4	0.1	0	8	24	7
	ホットミルク	脱脂粉乳	20	0	72	0.8	6.8	0.2	10.7	1.6	114	360	220	22
		車糖・上白糖	5	0	19	0.0	0.0	0.0	5.0	0.0	0	0	0	0
	果物	オレンジ・ネーブル・砂じょう-生	80	35	37	69.4	0.7	0.1	9.4	0.3	1	144	19	7
	夕食計 合計		436.5		573	305.4	35.3	13.5	78.9	9.1	1713	1618	414	163
	1日合計 合計		1551.4		1278	1252.3	68.7	28.4	187.6	19.8	4090	3349	651	326

ネルギーは制限されるが，たんぱく質，ビタミン，ミネラルの必要量は確保する．主食となるご飯，麺，パンなどはエネルギー補給のために必要であるが，全体エネルギーの60％までに抑える．主菜となる肉，魚，卵，大豆製品は，脂質の少ないものとし，調理に使用する油も控え目にする．副菜となる野菜，きのこ類，海藻類は多めにし，食事の満足感を上げる．

肥満症食	リン (mg)	鉄 (mg)	亜鉛 (mg)	銅 (mg)	マンガン (mg)	レチノール (μg)	αカロテン (μg)	βカロテン (μg)	クリプトキサンチン (μg)	βカロテン当量 (μg)	レチノール当量 (μg)	ビタミンD (μg)	αトコフェロール (mg)	βトコフェロール (mg)	γトコフェロール mg	δトコフェロール mg
朝食	34	0.1	0.6	0.10	0.35	0	0	0	0	0	0	0.0	0.0	0.0	0.0	0.0
	90	0.9	0.7	0.04	0.01	70	0	2	14	9	75	0.9	0.5	0.0	0.3	0.0
	20	0.1	0.1	0.03	0.09	0	0	1	0	1	0	0.0	0.1	0.0	0.0	0.0
	3	0.0	0.0	0.00	0.01	0	280	770	0	910	76	0.0	0.1	0.0	0.0	0.0
	6	0.0	0.0	0.01	0.02	0	0	0	0	0	0	0.3	0.0	0.0	0.0	0.0
	3	0.0	0.0	0.00	0.00	0	0	0	0	0	0	0.0	0.0	0.0	0.0	0.0
	0	0.0	0.0	0.00	0.00	0	0	0	0	0	0	0.0	0.0	0.0	0.0	0.0
	9	0.1	0.1	0.02	0.05	0	0	30	0	30	2	0.0	0.0	0.0	0.0	0.0
	1	0.0	0.0	0.00	0.01	0	0	57	0	57	5	0.0	0.0	0.0	0.0	0.0
	26	0.0	0.0	0.00	0.00	0	0	0	0	0	0	0.0	0.0	0.0	0.0	0.0
	20	0.5	0.1	0.05	0.00	0	0	0	0	0	0	0.0	0.1	0.0	0.7	0.4
	9	0.0	0.1	0.05	0.03	0	0	0	0	0	0	0.0	0.1	0.0	0.0	0.0
	220	1.8	1.7	0.30	0.56	70	280	859	14	1006	158	1.2	0.9	0.0	1.0	0.4
昼食	34	0.1	0.6	0.10	0.35	0	0	0	0	0	0	0.0	0.0	0.0	0.0	0.0
	90	1.4	2.2	0.04	0.01	0	0	0	0	0	0	0.0	0.1	0.0	0.0	0.0
	4	0.4	0.1	0.02	0.03	0	0	0	0	0	0	0.0	0.0	0.0	0.0	0.0
	13	0.2	0.1	0.04	0.06	0	4	240	2	240	20	0.0	0.5	0.0	0.0	0.0
	5	0.0	0.0	0.01	0.02	0	560	1540	0	1820	152	0.1	0.0	0.0	0.0	0.0
	0	0.0	0.0	0.00	0.00	0	0	0	0	0	0	0.0	0.0	0.0	0.0	0.0
	16	0.2	0.1	0.00	0.00	0	0	0	0	0	0	0.0	0.0	0.0	0.0	0.0
	1	0.0	0.0	0.00	0.00	0	0	0	0	0	0	0.0	0.0	0.0	0.0	0.0
	55	0.5	0.3	0.08	0.19	0	0	0	0	0	0	0.0	0.1	0.1	1.6	0.7
	2	0.0	0.0	0.00	0.02	0	2	160	2	160	14	0.0	0.0	0.0	0.0	0.0
	20	0.0	0.0	0.00	0.00	0	0	0	0	0	0	0.0	0.0	0.0	0.0	0.0
	0	0.0	0.0	0.00	0.00	0	0	0	0	0	0	0.0	0.0	0.0	0.0	0.0
	2	0.0	0.0	0.00	0.00	0	0	0	0	0	0	0.0	0.0	0.0	0.0	0.0
	38	1.6	0.6	0.09	0.26	0	0	3360	27	3360	280	0.0	1.7	0.0	0.2	0.0
	7	0.1	0.0	0.00	0.00	0	0	0	0	0	0	0.0	0.0	0.0	0.0	0.0
	1	0.0	0.0	0.00	0.00	0	0	0	0	0	0	0.0	0.0	0.0	0.0	0.0
	4	0.0	0.0	0.00	0.00	0	0	0	0	0	0	0.0	0.0	0.0	0.0	0.0
	291	4.5	4.1	0.38	0.93	0	566	5300	31	5580	465	0.0	2.5	0.1	1.7	0.7
夕食	34	0.1	0.6	0.10	0.35	0	0	0	0	0	0	0.0	0.0	0.0	0.0	0.0
	168	0.1	0.4	0.01	0.01	8	0	0	0	0	8	5.6	1.7	0.0	0.0	0.0
	0	0.0	0.0	0.00	0.00	0	0	0	0	0	0	0.0	0.0	0.0	0.0	0.0
	1	0.0	0.0	0.00	0.00	0	0	0	2	1	0	0.0	0.1	0.0	0.0	0.0
	7	0.1	0.1	0.01	0.02	0	0	0	0	0	0	0.0	0.0	0.0	0.0	0.0
	3	0.0	0.0	0.00	0.01	0	280	770	0	910	76	0.0	0.1	0.0	0.0	0.0
	0	0.0	0.0	0.00	0.00	0	0	0	0	0	0	0.0	0.0	0.0	0.0	0.0
	8	0.1	0.0	0.00	0.00	0	0	0	0	0	0	0.0	0.0	0.0	0.0	0.0
	0	0.0	0.0	0.00	0.00	0	0	0	0	0	0	0.0	0.0	0.0	0.0	0.0
	0	0.0	0.0	0.00	0.00	0	0	0	0	0	0	0.0	0.0	0.0	0.0	0.0
	76	1.3	0.8	0.24	0.00	0	0	0	0	0	0	0.0	0.2	0.1	2.4	1.3
	5	2.8	0.1	0.01	0.09	0	0	165	1	165	14	0.0	0.1	0.0	0.0	0.0
	8	0.1	0.0	0.00	0.00	0	0	0	0	0	0	0.0	0.0	0.0	0.0	0.0
	25	0.4	0.2	0.04	0.16	0	0	224	2	224	19	0.0	0.3	0.0	0.1	0.0
	6	0.1	0.0	0.00	0.00	0	0	0	0	0	0	0.0	0.0	0.0	0.0	0.0
	1	0.0	0.0	0.00	0.00	0	0	0	0	0	0	0.0	0.0	0.0	0.0	0.0
	11	0.2	0.1	0.03	0.05	0	0	0	0	0	0	0.0	0.0	0.0	0.5	0.0
	200	0.1	0.8	0.02	0.00	1	0	0	0	0	1	0.0	0.0	0.0	0.0	0.0
	0	0.0	0.0	0.00	0.00	0	0	0	0	0	0	0.0	0.0	0.0	0.0	0.0
	18	0.2	0.1	0.05	0.05	0	2	18	168	104	9	0.0	0.2	0.0	0.0	0.0
	570	5.5	3.2	0.53	0.73	9	282	1178	172	1405	126	5.6	2.6	0.1	2.9	1.3
	1081	11.7	9.0	1.20	2.23	79	1128	7337	218	7991	749	6.9	6.0	0.2	5.6	2.4

15章 生活習慣病予防の献立

肥満症食	献立名	食品名	トコフェロール当量 (mg)	ビタミンK (μg)	ビタミンB_1 (mg)	ビタミンB_2 (mg)	ナイアシン (mg)	ビタミンB_6 (mg)	ビタミンB_{12} (μg)	葉酸 (μg)	パントテン酸 (mg)	ビタミンC (mg)	飽和脂肪酸 (g)	一価不飽和脂肪酸 (g)
朝食	ご飯	めし・精白米(水稲)	0	0	0.02	0.01	0.2	0.02	0.0	3	0.25	0	0.10	0.07
	卵とじ	鶏卵・全卵-生	0.55	7	0.03	0.22	0.1	0.04	0.5	22	0.73	0	1.42	1.85
		たまねぎ・りん茎-生	0.06	0	0.02	0.01	0.1	0.10	0.0	10	0.11	5	0.01	0.00
		にんじん・根,皮つき-生	0.05	0	0.01	0.00	0.1	0.01	0.0	3	0.04	1	0.00	0.00
		乾しいたけ-乾	0	0	0.01	0.03	0.3	0.01	0.0	5	0.16	0	0.01	0.00
		かつおだし	0	0	0.00	0.00	0.2	0.00	0.1	0	0.01	0	0.00	0.00
		食塩	0	0	0.00	0.00	0.0	0.00	0.0	0	0.00	0	0.00	0.00
	みそ汁	なす-生	0.09	3	0.02	0.02	0.2	0.02	0.0	10	0.10	1	0.01	0.00
		葉ねぎ・葉-生	0.03	3	0.00	0.00	0.0	0.01	0.0	3	0.01	1	0.00	0.00
		かつおだし	0	0	0.02	0.02	2.1	0.03	0.6	0	0.09	0	0.00	0.00
		米みそ・淡色辛みそ	0.16	1	0.00	0.01	0.0	0.00	0.0	8	0.00	0	0.12	0.13
		なし・日本なし-生	0.08	0	0.02	0.00	0.2	0.02	0.0	5	0.11	2	0.00	0.00
	朝食計 合計		1.01	14	0.14	0.31	3.5	0.26	1.1	68	1.60	10	1.66	2.05
昼食	ご飯	めし・精白米(水稲)	0	0	0.02	0.01	0.2	0.02	0.0	3	0.25	0	0.10	0.07
	いり煮	和牛・もも・赤肉-生	0.1	2	0.05	0.11	3.1	0.19	0.7	5	0.58	1	1.76	2.65
		板こんにゃく(生いもこんにゃく)	0	0	0.00	0.00	0.0	0.01	0.0	1	0.00	0	0.00	0.00
		青ピーマン-生	0.48	12	0.02	0.02	0.4	0.11	0.0	16	0.18	46	0.01	0.00
		にんじん・根,皮つき-生	0.1	1	0.01	0.01	0.1	0.02	0.0	6	0.08	1	0.00	0.00
		みりん・本みりん	0	0	0.00	0.00	0.0	0.00	0.0	0	0.00	0	0.00	0.00
		こいくちしょう油	0	0	0.01	0.02	0.1	0.02	0.0	3	0.05	0	0.00	0.00
		顆粒風味調味料	0	0	0.00	0.00	0.0	0.00	0.0	0	0.00	0	0.00	0.00
	豆腐のすまし汁	木綿豆腐	0.3	7	0.04	0.02	0.1	0.03	0.0	6	0.01	0	0.37	0.42
		糸みつば・葉-生	0.05	11	0.00	0.01	0.0	0.01	0.0	3	0.02	1	0.00	0.00
		かつお・昆布だし	0	0	0.02	0.02	1.4	0.02	0.5	2	0.06	0	0.00	0.00
		食塩	0	0	0.00	0.00	0.0	0.00	0.0	0	0.00	0	0.00	0.00
		うすくちしょう油	0	0	0.00	0.00	0.0	0.00	0.0	0	0.00	0	0.00	0.00
		ゆず・果皮-生												
	青菜のお浸し	ほうれん草・葉-生	1.68	216	0.09	0.16	0.5	0.11	0.0	168	0.16	28	0.03	0.02
		うすくちしょう油	0	0	0.00	0.01	0.1	0.01	0.0	2	0.02	0	0.00	0.00
		かつおだし	0	0	0.00	0.00	0.1	0.00	0.0	0	0.00	0	0.00	0.00
		かつお・かつお節	0.01	0	0.00	0.00	0.2	0.00	0.1	0	0.00	0	0.00	0.00
	昼食計 合計		2.71	248	0.24	0.37	6.2	0.54	1.2	214	1.41	76	2.28	3.16
夕食	ご飯	めし・精白米(水稲)	0	0	0.02	0.01	0.2	0.02	0.0	3	0.25	0	0.10	0.07
	ホイル蒸し	たい・まだい・養殖-生	1.68	0	0.24	0.06	3.8	0.26	1.0	3	0.97	1	1.81	2.18
		食塩	0	0	0.00	0.00	0.0	0.00	0.0	0	0.00	0	0.00	0.00
		レモン・全果-生	0.08	0	0.00	0.00	0.0	0.00	0.0	2	0.02	5	0.00	0.00
	なます	大根・根,皮つき-生	0	0	0.01	0.00	0.1	0.02	0.0	14	0.05	5	0.00	0.00
		にんじん・根,皮つき-生	0.05	0	0.01	0.00	0.1	0.01	0.0	3	0.04	0	0.00	0.00
		食塩	0	0	0.00	0.00	0.0	0.00	0.0	0	0.00	0	0.00	0.00
		〈合わせ酢〉	0	0	0.00	0.01	0.1	0.01	0.0	2	0.02	0	0.00	0.00
		穀物酢	0	0	0.00	0.00	0.0	0.00	0.0	0	0.00	0	0.00	0.00
		車糖・上白糖	0	0	0.00	0.00	0.0	0.00	0.0	0	0.00	0	0.00	0.00
	ひじきの納豆あえ	糸引き納豆	0.48	240	0.03	0.22	0.4	0.10	0.0	48	1.44	0	0.59	0.76
		ひじき・干しひじき	0.06	16	0.02	0.06	0.1	0.01	0.0	4	0.05	0	0.01	0.01
		こいくちしょう油	0	0	0.00	0.01	0.1	0.01	0.0	2	0.02	0	0.00	0.00
	さやいんげんごまあえ	さやえんどう・若ざや-生	0.28	19	0.06	0.04	0.3	0.03	0.0	29	0.22	24	0.01	0.00
		こいくちしょう油	0	0	0.00	0.01	0.1	0.01	0.0	1	0.02	0	0.00	0.00
		かつおだし	0	0	0.00	0.00	0.1	0.00	0.0	0	0.00	0	0.00	0.00
		ごま-いり	0.05	0	0.01	0.00	0.1	0.01	0.0	3	0.01	0	0.16	0.40
	ホットミルク	脱脂粉乳	0	0	0.06	0.32	0.2	0.06	0.4	0	0.83	1	0.09	0.04
		車糖・上白糖	0	0	0.00	0.00	0.0	0.00	0.0	0	0.00	0	0.00	0.00
	果物	オレンジ・ネーブル・砂じょう-生	0.24	0	0.06	0.03	0.2	0.05	0.0	27	0.22	48	0.00	0.00
	夕食計 合計		2.92	275	0.51	0.79	5.9	0.58	1.4	140	4.15	85	2.77	3.45
	1日合計 合計		6.64	537	0.89	1.47	15.6	1.37	3.7	422	7.17	170	6.71	8.66

4 肥満症食の献立

肥満症食	多価不飽和脂肪酸 (g)	コレステロール (mg)	食物繊維水溶性 (g)	食物繊維不溶性 (g)	食物繊維総量 (g)	食塩 (g)
朝食	0.10	0	0.0	0.3	0.3	0.0
	0.83	210	0.0	0.0	0.0	0.2
	0.02	1	0.4	0.6	1.0	0.0
	0.00	0	0.1	0.2	0.3	0.0
	0.03	0	0.1	0.8	0.8	0.0
	0.00	0	0.0	0.0	0.0	0.0
	0.00	0	0.0	0.0	0.0	0.5
	0.00	0	0.1	0.6	0.7	0.0
	0.00	0	0.0	0.1	0.1	0.0
	0.00	0	0.0	0.0	0.0	0.2
	0.43	0	0.1	0.5	0.6	1.5
	0.00	0	0.2	0.6	0.7	0.0
	1.41	**211**	**0.8**	**3.6**	**4.4**	**2.4**
昼食	0.10	0	0.0	0.3	0.3	0.0
	0.20	34	0.0	0.0	0.0	0.1
	0.00	0	0.0	1.8	1.8	0.0
	0.03	0	0.4	1.0	1.4	0.0
	0.01	0	0.1	0.4	0.5	0.0
	0.00	0	0.0	0.0	0.0	0.0
	0.00	0	0.0	0.0	0.0	1.5
	0.00	0	0.0	0.0	0.0	0.1
	1.06	0	0.1	0.2	0.2	0.0
	0.00	0	0.0	0.1	0.1	0.0
	0.00	0	0.0	0.0	0.0	0.2
	0.00	0	0.0	0.0	0.0	1.0
	0.00	0	0.0	0.0	0.0	0.2
	0.14	0	0.6	1.7	2.2	0.0
	0.00	0	0.0	0.0	0.0	0.8
	0.00	0	0.0	0.0	0.0	0.0
	0.00	1	0.0	0.0	0.0	0.0
	1.53	**35**	**1.1**	**5.5**	**6.6**	**3.7**
夕食	0.10	0	0.0	0.3	0.3	0.0
	1.96	50	0.0	0.0	0.0	0.1
	0.00	0	0.0	0.0	0.0	1.0
	0.01	0	0.1	0.1	0.2	0.0
	0.01	0	0.2	0.4	0.6	0.0
	0.00	0	0.1	0.2	0.3	0.0
	0.00	0	0.0	0.0	0.0	0.5
	0.00	0	0.0	0.0	0.0	1.0
	0.00	0	0.0	0.0	0.0	0.0
	0.00	0	0.0	0.0	0.0	0.0
	2.16	0	0.9	1.8	2.7	0.0
	0.01	0	0.0	0.0	2.2	0.2
	0.00	0	0.0	0.0	0.0	0.7
	0.00	0	0.1	1.1	1.2	0.0
	0.00	0	0.0	0.0	0.0	0.6
	0.00	0	0.0	0.0	0.0	0.0
	0.47	0	0.1	0.2	0.3	0.0
	0.01	5	0.0	0.0	0.0	0.3
	0.00	0	0.0	0.0	0.0	0.0
	0.00	0	0.3	0.5	0.8	0.0
	4.72	**55**	**1.8**	**4.5**	**8.5**	**4.3**
	7.66	**301**	**3.7**	**13.6**	**19.5**	**10.4**

食事摂取基準	糖尿病(1600)	作成献立
エネルギー (kcal)	1200	1270
たんぱく質 (g)	60〜65	68
脂質 (g)	25〜30	28
炭水化物 (g)	180〜230	187
Pエネルギー比率 (%)	20.4	21
Fエネルギー比率 (%)	16.2	19
Cエネルギー比率 (%)	62	58
カルシウム (mg)	550	651
鉄 (mg)	6	11.7
ビタミンA (μgRE)	600	749
ビタミンB₁ (mg)	1	0.89
ビタミンB₂ (mg)	1	1.47
ビタミンC (mg)	100	170

食品構成	高血圧食	作成献立
穀類	400	300
肉類	50	50
魚介類	70	70
卵類	50	50
豆類	100	90
乳類	20	20
いも類	0	60 (こんにゃく)
緑黄色野菜	100	215
その他の野菜	250	40
藻類 (干)	4	5
きのこ類	10	2
果実類	150	160

復習トレーニング

下記の記述は糖尿病食についての記述である．正しいものには○，誤っているものには×をつけなさい．

❶ 主食であるご飯，パン，麺類などをなるべく多く摂取し，主菜である肉や魚などは控えるようにする．

❷ 糖尿病は砂糖が多く使用されている菓子類や，おかずなどを多量に食べると発症する．

❸ 主食，主菜，副菜がそろう食事とし，副菜である野菜，海藻，きのこ類などのおかずはたっぷり摂取する．

下記の記述は高血圧食についての記述である．正しいものには○，誤っているものには×をつけなさい．

❹ 1日に20 g程度の食塩摂取を目標とし，献立をたてる．

❺ 高血圧食は摂取する塩分量に注意することが大切であるが，調味料の食塩使用量のみを少なくするとよい．

❻ ナトリウムを体外に排出する働きのある，カリウムを多く含む野菜・果物を，積極的に献立に取り入れる．

参考文献・参考情報

1章
關戸啓子,『疾病の成り立ち―臨床栄養学（第2版）』,〈ナーシンググラフィカ 6〉, メディカ出版 (2010).
加藤秀夫, 中坊幸弘, 中村亜紀 編,『スポーツ・栄養運動学（第2版）』,〈栄養科学シリーズ NeXT〉, 講談社サイエンティフィク (2012).
鈴木志保子,『健康づくりと競技力向上のためのスポーツ栄養マネジメント』, 日本医療企画 (2011).
岸田典子, 菅　淑江 編,『ウエルネス栄養教育・栄養指導論（第2版）』, 医歯薬出版 (2003).
臨床スポーツ医学編集委員会 編,『スポーツ栄養・食事ガイド―競技力向上とコンディショニングのためのスポーツ栄養学』,〈臨床スポーツ医学2009年臨時増刊号（26巻）〉, 文光堂 (2009).
樋口　満 編,『コンディショニングとパフォーマンス向上のスポーツ栄養学』,〈体育・スポーツ・健康科学テキストブックシリーズ〉, 市村出版 (2001).
橋爪孝雄 監, 山本みどりほか,『臨床栄養ディクショナリー（改訂4版―日本人の食事摂取基準（2010年版）対応』, メディカ出版 (2009).
D.L. Costill, et al., "Effect of repeated days of intensified training on muscle glycogen and swimming performance," *Med. Sci. Sports Exerc.*, **20**, 249 (1988).
『スポーツマンの食事の取り方ガイドブック』, 日本体育協会 (1980).

2章
全国栄養士養成施設協会 監, 鈴木和春ほか 編著,『基礎栄養学』,〈サクセス管理栄養士講座〉, 第一出版 (2012).
新食品成分表編集委員会 編,『新食品成分表 (2012)』, 東京法令出版 (2011).
日本栄養食糧学会 編,『栄養・食糧学データハンドブック』, 同文書院 (2006).

3章
朝山正己, 彼末一之, 三木健寿,『イラスト運動生理学』東京教学社 (2011).
關戸啓子 編, 佐々木公子ほか,『臨床栄養学（第3版）』,〈ナーシング・グラフィカ疾病の成り立ち④〉, メディカ出版 (2013).
「日本人の食事摂取基準（2010年版）」, 厚生労働省「日本人の食事摂取基準」策定検討会報告書, 第一出版 (2009).
五明紀春, 渡辺早苗, 山田哲雄 編,『基礎栄養学』,〈スタンダード人間栄養学〉, 朝倉出版 (2012).
貴邑冨久子, 根来英雄,『シンプル生理学（改訂第6版）』, 南江堂 (2008).

4章
全国栄養士養成施設協会 監, 鈴木和春ほか 編著,『基礎栄養学』,〈サクセス管理栄養士講座〉, 第一出版 (2012).
新食品成分表編集委員会 編,『新食品成分表』, 東京法令出版 (2012).

5章
日本体育協会スポーツ医・科学専門委員会 監, 小林修平ほか 編著,『アスリートのための栄養・食事ガイド（第2版）』, 第一出版 (2006).
樋口　満ほか 編著,『アスレティックトレーナー専門科目テキスト⑨　スポーツと栄養』, 日本体育協会 (2009).
第一出版編集部 編纂,『日本人の食事摂取基準（2010年版）：厚生労働省「日本人の食事摂取基準」

策定検討会報告書』, 第一出版 (2009).

6章

日本体育協会スポーツ医・科学専門委員会　監, 小林修平ほか　編著,『アスリートのための栄養・食事ガイド（第2版）』, 第一出版 (2006).

樋口　満ほか　編著,『アスレティックトレーナー専門科目テキスト⑨　スポーツと栄養』, 日本体育協会 (2009).

7章

竹中　優　編,『応用栄養学　栄養マネジメント演習・実習』, 医歯薬出版 (2009).

臨床スポーツ医学編集委員会　編,『スポーツ栄養・食事ガイド』,〈臨床スポーツ医学2009年臨時増刊号 (26巻)〉, 文光堂 (2009).

8章

樋口　満ほか　編著,『アスレティックトレーナー専門科目テキスト⑨　スポーツと栄養』, 日本体育協会 (2009).

日本体育協会スポーツ医・科学専門委員会　監, 小林修平ほか　編著,『アスリートのための栄養・食事ガイド（第2版）』, 第一出版 (2006).

9章

竹中　優　編,『応用栄養学　栄養マネジメント演習・実習』, 医歯薬出版 (2009).

臨床スポーツ医学編集委員会　編,『スポーツ栄養・食事ガイド』,〈臨床スポーツ医学2009年臨時増刊号 (26巻)〉, 文光堂 (2009).

宮崎　保, 運動と貧血—発育期における運動と貧血とくに鉄欠乏性貧血を中心にして, 体力科学, **46**, 529 (1997).

10章

中井誠一, 熱中症死亡数と気象条件—日本における21年間の観察, 日本生気象学会雑誌, **30**, 169 (1993).

中井誠一, 新里寛英, 森本武利, 熱中症発生に関する疫学的検討—1990年〜1994年の新聞記事にもとづく検討, 日生気誌, **33**, 71, (1996).

環境保健マニュアル, 環境省, http://www.env.go.jp/chemi/heat_stroke/manual.html

「スポーツ活動中の熱中症予防ガイドブック」, 日本体育協会, http://www.japan-sports.or.jp/medicine/tabid/523/Default.aspx

熱中症を予防しよう, 日本スポーツ振興センター, 学校安全Web, https://naash.go.jp/anzen/anzen_school/anzenjouhou/taisaku/nettyuusyo/tabid/114/Default.aspx

11章

有賀誠司,『基礎から学ぶ 筋力トレーニング』, ベースボールマガジン社 (2009).

池上晴夫,『運動処方の実際』, 大修館書店 (1999).

American College of Sports Medicine 編, 日本体力医学会体力科学編集委員会 監訳,『運動処方の指針』, 南江堂 (2011).

B.E. Ainsworth, W.L. Haskell, M.C. Whitt, *et al.*, "Compendium of Physical Activities : An update of activity codes and MET intensities," *Med. Sci. Sports Exerc.*, **32** (suppl), S498 (2000).

『標準的な健診・保健指導プログラム』, 厚生労働省.

12章

堀　美智子，益崎裕章，西崎　昭 編，『メタボリックシンドローム生活習慣病の予防と対策』，新日本法規出版（2009）．

13章

日本サプリメントアドバイザー認定機構　編，『サプリメントアドバイザー必携（第3版）』，薬事日報社（2010）．

臨床スポーツ医学編集委員会　編，『スポーツ栄養・食事ガイド』，〈臨床スポーツ医学 2009 年臨時増刊号（26 巻）〉，文光堂（2009）．

日本体育協会スポーツ医・科学専門委員会　監，小林修平ほか　編著，『アスリートのための栄養・食事ガイド（第2版）』，第一出版（2006）．

15章

川端理香 監，『スポーツ選手の完全食事メニュー――プロも実践 400 レシピ』，西東社（2007）．

推薦図書

1章

増田敦子 監,『人体の仕組みを全体的につかんで解剖生理を理解しよう』,〈NC ブックス〉, 医学芸術社 (2005).

福本健一, 礒 繁雄,『早稲田大学競走部のおいしい寮めし くじけない心と体を作る』, 主婦の友社 (2011).

日本栄養士会 監, 武見ゆかり, 吉池信男 編,『「食事バランスガイド」を活用した栄養教育・食育実践マニュアル』, 第一出版 (2006).

中村美知子, 長谷川恭子 編著,『わかりやすい栄養学―臨床・地域で役立つ食生活指導の実際』, 廣川書店 (2003).

2章, 4章

全国栄養士養成施設協会 監, 鈴木和春ほか,『基礎栄養学』,〈サクセス管理栄養士講座6〉, 第一出版 (2010).

新食品成分表編集委員会 編,『新食品成分表 (2012)』, 東京法令出版 (2011).

3章

穂苅 茂, 小山岩雄, 長谷川正博,『超入門 生化学・栄養学』,〈看護学生超入門シリーズ〉, 照林社 (2006).

Gサプリ編集委員会, 橋口雅美 編,『イメージできる臨床生化学 (改訂2版)』,〈図表読解・調べ学習〉, メディカ出版 (2008).

前場良太,『まんがイラストでマスター 生化学 不思議の世界の物語』, 医歯薬出版 (2004).

北川 薫,『運動とスポーツの生理学』,〈体育・スポーツ・健康科学テキストブックシリーズ7〉, 市村出版 (2001).

佐藤昭夫, 佐伯由香, 原田玲子 編,『人体の構造と機能 (第3版)』, 医歯薬出版 (2011).

ネスレ栄養科学会議 監, 森谷敏夫, 伏木 享, 樋口満ほか,『栄養と運動医科学』, 建帛社 (2010).

5章

日本体育協会スポーツ医・科学専門委員会 監, 小林修平ほか 編著,『アスリートのための栄養・食事ガイド (第2版)』, 第一出版 (2012).

樋口 満ほか 編著,『公認アスレティックトレーナー専門科目テキスト⑨ スポーツと栄養』, 日本体育協会 (2009).

6章

竹中 優ほか 編著,『応用栄養学 栄養マネジメント演習・実習 (第2版)』, 医歯薬出版 (2011).

日本体育協会スポーツ医・科学専門委員会 監, 小林修平ほか 編著,『アスリートのための栄養・食事ガイド (第2版)』, 第一出版 (2012).

7章

竹中 優ほか 編著,『応用栄養学 栄養マネジメント演習・実習 (第2版)』, 医歯薬出版 (2011).

小林寛道 編著,『公認スポーツ指導者養成テキスト 共通科目Ⅰ』, 日本体育協会.

8章

樋口 満ほか 編著,『公認アスレティックトレーナー専門科目テキスト⑨ スポーツと栄養』, 日本体育協会 (2009).

日本体育協会スポーツ医・科学専門委員会 監, 小林修平他 編著,『アスリートのための栄養・食

事ガイド（第2版）』，第一出版（2012）．

9章

竹中　優ほか 編著，『応用栄養学　栄養マネジメント演習・実習（第2版）』，医歯薬出版（2011）．

臨床スポーツ医学編集委員会 編，『スポーツ栄養・食事ガイド―競技力向上とコンディショニングのためのスポーツ栄養学』，〈臨床スポーツ医学 2009 年臨時増刊号（26 巻）〉，文光堂（2009）．

10章

入來正躬，『体温生理学テキスト―わかりやすい体温のおはなし』，文光堂（2003）．

井上芳光，近藤徳彦 編，『体温 2 体温調節システムとその適応』，ナップ（2010）．

11章

出村慎一 監，『健康・スポーツ科学講義（第2版）』，杏林書院（2011）．

有賀誠司，『基礎から学ぶ 筋力トレーニング』，ベースボールマガジン社（2009）．

American College of Sports Medicine 編，日本体力医学会体力科学編集委員会 監訳，『運動処方の指針』，南江堂（2011）．

『厚生労働省・農林水産省決定食事バランスガイド―フードガイド検討会報告書』，第一出版（2005）．

沼田　勇，『日本人の正しい食事―現代に生きる石塚左玄の食養・食育論』，〈健康双書〉，農山漁村文化協会（2005）．

12章

細谷憲政，『人間栄養学―健康増進・生活習慣病予防の保健栄養の基礎知識（3訂）』，調理栄養教育公社（2000）．

細谷憲政，『人間栄養とレギュラトリーサイエンス―食物栄養学から人間栄養学への転換を求めて』，第一出版（2010）．

13章

日本サプリメントアドバイザー認定機構 編，『サプリメントアドバイザー必携（第3版）』，薬事日報社（2010）．

臨床スポーツ医学編集委員会 編，『スポーツ栄養・食事ガイド―競技力向上とコンディショニングのためのスポーツ栄養学』，〈臨床スポーツ医学 2009 年臨時増刊号（26 巻）〉，文光堂（2009）．

15章

中野区フリー活動栄養士会 編，『いきいきライフ献立集―生活習慣病にならないための食事』，文園社（1998）．

貴堂明世，『内蔵脂肪を減らすおいしいレシピ』，主婦の友社（2008）．

巻末資料

1 性・年齢階層別基礎代謝基準値と基礎代謝量

性　別	男　性			女　性		
年齢（歳）	基礎代謝基準値 （kcal/kg 体重/日）	参照体重 （kg）	基礎代謝量 （kcal/日）	基礎代謝基準値 （kcal/kg 体重/日）	参照体重 （kg）	基礎代謝量 （kcal/日）
1～2	61.0	11.5	700	59.7	11.0	660
3～5	54.8	16.5	900	52.2	16.1	840
6～7	44.3	22.2	980	41.9	21.9	920
8～9	40.8	28.0	1,140	38.3	27.4	1,050
10～11	37.4	35.6	1,330	34.8	36.3	1,260
12～14	31.0	49.0	1,520	29.6	47.5	1,410
15～17	27.0	59.7	1,610	25.3	51.9	1,310
18～29	23.7	63.0	1,490	22.1	51.0	1,130
30～49	22.5	70.0	1,570	21.9	53.3	1,170
50～64	21.8	69.1	1,510	20.7	54.0	1,120
65～74	21.6	64.4	1,390	20.7	52.6	1,090
75以上	21.5	61.0	1,310	20.7	49.3	1,020

「日本人の食事摂取基準（2025年版）」,「日本人の食事摂取基準（2025年版）」策定検討会報告書,令和6年10月,厚生労働省.

2 身体活動レベル

身体活動レベル[1]	低い	ふつう	高い
	1.50（1.40～1.60）	1.75（1.60～1.90）	2.00（1.90～2.20）
日常生活の内容[2]	生活の大部分が座位で，静的な活動が中心の場合	座位中心の仕事だが，職場内での移動や立位での作業・接客等，通勤・買い物での歩行，家事，軽いスポーツのいずれかを含む場合	移動や立位の多い仕事への従事者，あるいは，スポーツ等余暇における活発な運動習慣を持っている場合
中程度の強度（3.0～5.9メッツ）の身体活動の1日当たりの合計時間（時間/日）	1.65	2.06	2.53
仕事での1日当たりの合計歩行時間（時間/日）	0.25	0.54	1.00

1　代表値．（　）内はおよその範囲．
2　身体活動レベルに及ぼす仕事時間中の労作の影響が大きいことを考慮して作成．
「日本人の食事摂取基準（2025年版）」,「日本人の食事摂取基準（2025年版）」策定検討会報告書,令和6年10月,厚生労働省.

3 推定エネルギー必要量（kcal/日）

性別	男性			女性		
身体活動レベル[1]	低い	ふつう	高い	低い	ふつう	高い
0～5（月）	—	550	—	—	500	—
6～8（月）	—	650	—	—	600	—
9～11（月）	—	700	—	—	650	—
1～2（歳）	—	950	—	—	900	—
3～5（歳）	—	1,300	—	—	1,250	—
6～7（歳）	1,350	1,550	1,750	1,250	1,450	1,650
8～9（歳）	1,600	1,850	2,100	1,500	1,700	1,900
10～11（歳）	1,950	2,250	2,500	1,850	2,100	2,350
12～14（歳）	2,300	2,600	2,900	2,150	2,400	2,700
15～17（歳）	2,500	2,850	3,150	2,050	2,300	2,550
18～29（歳）	2,250	2,600	3,000	1,700	1,950	2,250
30～49（歳）	2,350	2,750	3,150	1,750	2,050	2,350
50～64（歳）	2,250	2,650	3,000	1,700	1,950	2,250
65～74（歳）	2,100	2,350	2,650	1,650	1,850	2,050
75以上（歳）[2]	1,850	2,250	—	1,450	1,750	—
妊婦（付加量）[3] 初期					+50	
中期					+250	
後期					+450	
授乳婦（付加量）					+350	

1 身体活動レベルは、「低い」、「ふつう」、「高い」の3つのカテゴリーとした．
2 「ふつう」は自立している者，「低い」は自宅にいてほとんど外出しない者に相当する．「低い」は高齢者施設で自立に近い状態で過ごしている者にも適用できる値である．
3 妊婦個々の体格や妊娠中の体重増加量及び胎児の発育状況の評価を行うことが必要である．
注1：活用に当たっては，食事評価，体重及びBMIの把握を行い，エネルギーの過不足は体重の変化又はBMIを用いて評価すること．
注2：身体活動レベルが「低い」に該当する場合，少ないエネルギー消費量に見合った少ないエネルギー摂取量を維持することになるため，健康の保持・増進の観点からは，身体活動量を増加させる必要がある．

4　生活活動・運動のメッツ表一覧

● 生活活動のメッツ表

メッツ	3メッツ以上の生活活動の例
3.0	普通歩行（平地，67 m／分，犬を連れて），電動アシスト付き自転車に乗る，家財道具の片付け，台所の手伝い，梱包，ギター演奏（立位）
3.3	カーペット掃き，フロア掃き，掃除機，身体の動きを伴うスポーツ観戦
3.5	歩行（平地，75～85 m／分，ほどほどの速さ，散歩など），楽に自転車に乗る（8.9 km／時），階段を下りる，軽い荷物運び，車の荷物の積み下ろし，荷づくり，モップがけ，床磨き，風呂掃除，庭の草むしり，車椅子を押す，スクーター（原付）・オートバイの運転
4.0	自転車に乗る（≒16 km／時未満，通勤），階段を上る（ゆっくり），動物と遊ぶ（歩く／走る，中強度），高齢者や障害者の介護（身支度，風呂，ベッドの乗り降り），屋根の雪下ろし
4.3	やや速歩（平地，やや速めに＝93 m／分），苗木の植栽，農作業（家畜に餌を与える）
4.5	耕作，家の修繕
5.0	かなり速歩（平地，速く＝107 m／分）），動物と遊ぶ（歩く／走る，活発に）
5.5	シャベルで土や泥をすくう
5.8	こどもと遊ぶ（歩く／走る，活発に），家具・家財道具の移動・運搬
6.0	スコップで雪かきをする
7.8	農作業（干し草をまとめる，納屋の掃除）
8.0	運搬（重い荷物）
8.3	荷物を上の階へ運ぶ
8.8	階段を上る（速く）

メッツ	3メッツ未満の生活活動の例
1.8	立位（会話，電話，読書），皿洗い
2.0	ゆっくりした歩行（平地，非常に遅い＝53 m／分未満，散歩または家の中），料理や食材の準備（立位，座位），洗濯，こどもを抱えながら立つ，洗車・ワックスがけ
2.2	こどもと遊ぶ（座位，軽度）
2.3	ガーデニング（コンテナを使用する），動物の世話，ピアノの演奏
2.5	植物への水やり，こどもの世話，仕立て作業
2.8	ゆっくりした歩行（平地，遅い＝53 m／分），こども・動物と遊ぶ（立位，軽度）

【出典】国立健康・栄養研究所改訂版「身体活動のメッツ（METs）表」より改変
　　　https://www.nibiohn.go.jp/eiken/programs/2011mets.pdf

● 運動のメッツ表

メッツ	3メッツ以上の運動の例
3.0	ボウリング,バレーボール,社交ダンス(ワルツ,サンバ,タンゴ),ピラティス,太極拳
3.5	自転車エルゴメーター(30〜50ワット),体操(家で,軽・中等度),ゴルフ(手引きカートを使って)
3.8	ほどほどの強度で行う筋トレ(腕立て伏せ・腹筋運動)
4.0	卓球,パワーヨガ,ラジオ体操第1
4.3	やや速歩(平地,やや速めに=93 m/分),ゴルフ(クラブを担いで運ぶ)
4.5	テニス(ダブルス),水中歩行(中等度),ラジオ体操第2
4.8	水泳(ゆっくりとした背泳)
5.0	かなり速歩(平地,速く=107 m/分),野球,ソフトボール,サーフィン,バレエ(モダン,ジャズ),筋トレ(スクワット)
5.3	水泳(ゆっくりとした平泳ぎ),スキー,アクアビクス
5.5	バドミントン
6.0	ゆっくりとしたジョギング,ウエイトトレーニング(高強度,パワーリフティング,ボディビル),バスケットボール,水泳(のんびり泳ぐ)
6.5	山を登る(0〜4.1 kgの荷物を持って)
6.8	自転車エルゴメーター(90〜100ワット)
7.0	ジョギング,サッカー,スキー,スケート,ハンドボール
7.3	エアロビクス,テニス(シングルス),山を登る(約4.5〜9.0 kgの荷物を持って)
8.0	サイクリング(約20 km/時),激しい強度で行う筋トレ(腕立て伏せ・腹筋運動)
8.3	ランニング(134 m/分),水泳(クロール,ふつうの速さ,46 m/分未満),ラグビー
9.0	ランニング(139 m/分)
9.8	ランニング(161 m/分)
10.0	水泳(クロール,速い,69 m/分)
10.3	武道・武術(柔道,柔術,空手,キックボクシング,テコンドー)
11.0	ランニング(188 m/分),自転車エルゴメーター(161〜200ワット)

メッツ	3メッツ未満の運動の例
2.3	ストレッチング
2.5	ヨガ,ビリヤード
2.8	座って行うラジオ体操,楽な強度で行う筋トレ(腹筋運動)

【出典】国立健康・栄養研究所改訂版「身体活動のメッツ(METs)表」より改変
https://www.nibiohn.go.jp/eiken/programs/2011mets.pdf

用語解説

カッコ内に関連するページを示す．

生活習慣病（p.3）
日常的な栄養過剰や不足，運動不足，睡眠不足，喫煙，多量飲酒，過労，ストレス過剰など，よくない生活習慣の積み重ねがおもな原因となって生じる疾患の総称．中高年になって発症することが多いので，かつては成人病とよばれたが，子供でも発症する．脳血管疾患，脂質異常症，糖尿病，動脈硬化，高血圧，肥満，骨粗鬆症などがある．自分の食生活，運動習慣，休養などの生活習慣を改めることで発症や悪化を防ぐことが可能な疾患である．

$\dot{V}O_2max$（ブイドットオーツーマックス：最大酸素摂取量）（p.5）
最大限に摂取できる酸素の量のことで，全身持久力の最もよい指標となる．徐々に負荷をあげ各自の限界まで運動負荷をかける最大運動負荷テストを実施して，その際の酸素摂取量や二酸化炭素排せつ量などを測定する呼気分析から，最後の1分間に摂取した酸素量を測定することで値が得られる．この値が大きいほど全身持久力（有酸素能力）が高いということになる．その評価において体重当たり，1分当たりの値（mL/kg/min）で比較することが多い．また，相対的な運動強度(最大強度の何%に相当する強度かということ）を示すのに最も信頼できる表現として運動処方時などにも利用される．たとえば，50% $\dot{V}O_2max$ 強度とは最大強度の50％に相当する強度ということ．

筋バイオプシー（筋生検）（p.12）
バイオプシーとは特殊な針や内視鏡を用いて生体から組織など，材料をとって調べる検査のことで病気の原因を調べるときに行う．運動生理学分野で行われる筋バイオプシーは穿刺針によって筋組織をとるニードルバイオプシーで，筋肉組織を採取して顕微鏡で筋組成など，筋組織の様子を調べるために実施された．現在は倫理的な問題から実験目的の筋生検は実施しない国が多い．この方法が開発されるまでは，実験動物の筋を用いた研究結果からヒトでも生じるであろうことを推測していたが，筋バイオプシーによって運動時や運動を継続することにより直接ヒトの筋内で生じていることを確認することができるようになり，運動生理学分野の研究が進んだ．

炭水化物（p.17）
ヒトの基本的なエネルギー源．おもに血液中のグルコース（血糖）や肝臓や筋肉に蓄えられたグリコーゲンが利用される．ヒトの消化酵素で分解されない食物繊維は，エネルギーとして利用されないがさまざまな作用をもつ．

脂質（p.21）
おもに脂肪細胞に蓄えられたトリアシルグリセロールが分解され，脂肪酸とグリセロールとなってエネルギー源として利用される．リノール酸とα-リノレン酸は，食事で必ず摂取しなければならない必須脂肪酸である．

たんぱく質（p.22）
体成分や酵素・抗体・ホルモンなどの成分として体調を整えるほかに，エネルギーとしても利用される．食事から必ず摂取しなければならない必須アミノ酸は9種類ある．

ビタミン（p.23）
水に溶けやすい水溶性ビタミンと油脂に溶けやすい脂溶性ビタミンとに分けられる．水溶性ビタミンはおもに補酵素として，脂溶性のビタミンはホルモン様の働きをもつ．

ミネラル（無機質）（p.26）
生体にとって必要な元素のうち，炭素・水素・窒素・酸素を除く元素をいう．骨や歯，血液などの体成分になる，電解質として生体機能を調節する，酵素の活性化などの働きをもつ．

能動輸送（p.31）
細胞膜を隔てて物質が移動する方法のうち，ATPを必要とするもの．能動輸送の代表的な例として細胞内にカリウムを入れ，ナトリウムを外に出すカリウム-ナトリウムポンプがある．能動輸送に対し，受動輸送とはATPを必要とせず，物質の濃度勾配や電位差に従って物質が移動する方法のことで，浸透や拡散などがある．

黄体ホルモン（プロゲステロン）（p.39）
卵巣で，排卵後に形成される黄体から分泌される．子宮内膜を分泌期にして受精卵が着床しやすい状態にする．妊娠中は子宮筋の緊張を押さえ妊娠継続に働く．体温上昇作用があるので排卵後の基礎体温を上昇させる．プロ

用語解説

ゲステロンの作用はエストロゲンがあらかじめ作用している状態で発揮されるものが多い．

クレチン病（p.39）
胎児期〜幼児期に甲状腺機能が低下した新生児甲状腺機能低下症のこと．身長の伸びが悪く低身長症となる．知能の発育も悪く精神遅滞となる点が下垂体性低身長症とは異なる．出生後二か月以内に甲状腺ホルモンを補えば先天性の甲状腺機能低下であっても低身長症を防ぐことができるので，新生児に対してスクリーニング検査の一つとして甲状腺ホルモンの血中濃度の測定が行われている．

卵胞ホルモン（エストロゲン）（p.40）
卵胞から分泌される．エストラジオール，エストロン，エストリオールの3種類がある．エストラジオールが最も活性が高い．卵胞期の子宮内膜を増殖させ卵胞の成長を促進．乳腺の成長を促したり，皮下脂肪の蓄積，生殖器の発育など一次性徴と二次性徴を促して女性らしい体つきにする．骨端の閉鎖により思春期以後の身長の伸びを抑制する．

三大栄養素（p.16, 46〜48）
糖質，脂質，たんぱく質はエネルギーとなり，熱量素ともよばれる．糖質，たんぱく質は1g当たり4kcal，脂質は1g当たり9kcalのエネルギーとなる．

ビタミン，ミネラルの欠乏症（p.49, 54）
ビタミン，ミネラルは過剰にとると過剰症が起こり，欠乏すると欠乏症が起こる．このように，ビタミン，ミネラルは適正に摂取することで，病気を予防し健康を増進する機能をもつ．

瞬発系種目（p.60）
おもに筋肉中のATP（アデノシン三リン酸）とCP（クレアチンリン酸）をエネルギー源として行う種目．100m走，砲丸投げ，ウエイトリフティングなどがあげられる．

筋持久系種目（p.60）
ATPとCPに加え，筋肉中のグリコーゲンや血液中のグルコースがエネルギー源として利用される種目．200m・400m走，競泳などやボクシング，レスリングなどがあげられる．

持久系種目（p.61）
おもに筋肉中のグリコーゲンと，脂質がエネルギー源として利用される種目．グリコーゲンの貯蔵量が競技能力に大きな影響を与える．マラソンやトライアスロン，1500m競泳などがあげられる．

試合期の食事（p.74）
試合期とは試合当日までの準備期間を含めての期間をいう．種目によって1年のほとんどが試合期である場合や，1週間を細かく分けて，週末を試合期とする場合もある．試合のために必要なエネルギー源の補給とコンディショニングのためのビタミン・ミネラルの摂取が重要となる．

休養期の食事（p.79）
休養期とは試合で疲労した心身の回復とリフレッシュの期間．トレーニング量が減るため，除脂肪体重は減らさないようにたんぱく質・ビタミン・ミネラルは不足しないように摂取し，脂肪量の増加のないように脂肪の摂取を控える．

体づくり期の食事（p.80）
スポーツ種目に適した体をつくるために必要な栄養素を不足することなくとる．体の材料になるたんぱく質と同時に，トレーニングに必要なエネルギー源となる糖質を不足することなくとる．貧血防止のための鉄や骨の材料となるミネラルを不足することなく積極的に摂取する．

学童期の食事（p.86）
学童期とは小学生に相当する時期で，身長の発育が発育スパートに向けて急激となる．骨格筋量も増加し活動が活発になり，さまざまな体力要素が養われて運動機能が発達する．脳・神経系や免疫機能のリンパ系組織の発育も著しく，この時期の運動と栄養は非常に重要となる．

思春期の食事（p.90）
思春期とは学童期から成人期への移行期で，身体・精神の発達が大きい．第二次性徴の開始と性の成熟が起こる．無理なダイエットや，スポーツ選手の厳しい減量などによる栄養不足から，鉄欠乏性貧血や摂食障害などの障害に陥りやすく，精神発達に応じた適切な栄養ケアと同時に心理的なケアが重要となる．

成人期の食事（p.92）
成人期とは思春期の終わる18歳ころから，高齢期の始まる64歳くらいまでをいうことが多い．仕事や家庭内でのストレスや運動不足から，食事を含めた生活習慣上の問題が多くなる．成人期後半からは，運動量の低下とともに筋肉や内臓諸器官の老化が始まり，体力の低下と各種生活習慣病の対策が必要となる．

エネルギー比率（p.96）
エネルギー源になる三大栄養素であるたんぱく質（P），脂質（F），炭水化物（C）のエネルギー量の比率．それぞれの頭文字をとってPFC比率ともいう．理想的な比率はP：F：C＝15：25：60で，スポーツ選手に限らず，健康を維持するための理想的な比率も同じ．

超回復（p.97）
ヒトがより厳しい環境で生きていくために備えている機能．筋力トレーニング後1〜2日の休息をとり，体内に蓄えられているアミノ酸を利用することで筋肉量が増えることを筋肉の超回復という．

用語解説

ウエイトコントロール（p.101）
スポーツ選手のウエイトコントロールには増量と減量があり、どちらも骨格筋や骨、血液などの除脂肪体重の減少は競技能力の低下につながるので、除脂肪体重の増加や維持を基本とする。除脂肪体重の維持のためのたんぱく質、ビタミン、ミネラルは不足することなくとることが重要となる。

鉄欠乏性貧血（p.106）
スポーツ選手は、スポーツ活動によって赤血球が破壊されたり、出欠や発汗やスポーツにおける鉄の消費量の増大、食事からの摂取不足などによって鉄が欠乏しやすく、鉄欠乏性貧血に陥りやすい。日頃から十分な量の鉄とたんぱく質、その他赤血球生成のための栄養素を摂取することが必要となる。

炎症（p.108）
生体が何らかの有害な刺激を受けたときに起こる防御反応で、活性酸素の発生量が生体の防御能力を上回ると起こる。炎症が起こったときには、その対応が必要となるが、炎症を可能な限り低度に抑えるためにも、抗酸化作用のあるビタミンやフィトケミカル、SODの材料となるミネラルを不足することなく摂取することが必要となる。

摂食障害（p.112）
ストレスを適切に処理する能力が未熟な場合に起こる心身症の1つ。早期発見、早期治療が必要で、普段から食事内容や食事の仕方、体重や精神的な変化などを監督、トレーナー、家族などが注意深く観察することが大切。無理な減量や、身体的・心理的に過剰なストレスがかかるトレーニングは行わないようにする。

体温（p.120）
体温は環境温度の影響を受けやすい体表面温（皮膚温）と、影響を受けにくい深部体温とがある。皮膚温は体の表層の温度であり、環境温度による影響を大きく受け、表層に近いほど環境温度に近くなる。皮膚温はサーモグラフィーなどで測定される。一方、深部体温とは頭腔や胸腹腔など身体内部の温度で、体温調節能により一定（37℃程度）に保たれている。深部体温としては、腋下温、口腔温、鼓膜温、直腸温などが測定される。

ベッドレストスタディー（p.130）
寝たきりによる安静が身体に及ぼす影響を探るため、健康な被験者に対し、ベッドで一定期間の臥床生活を送らせて、その前後でのさまざまな生理機能の変化を比較する方法。実験期間は数日から1年に及ぶものまで、さまざまである。

METs（メッツ）（p.135）
metabolic equivalents の略。身体活動の強さを、安静時の何倍に相当するかを表す単位。座って安静にしている状態が1MET（メット）、普通歩行は3METsに相当する。METs × 1.05 × 時間（時）× 体重（kg）で消費カロリーが計算できる。

RPE（p.135）
自覚的運動強度（rate of perceived exertion の略）のことで、非常に軽いから非常にきついまで、主観的な感覚をスケール化したもの。そのときの運動が主観的にどの程度の強度であったかを確認する方法。一般的には6から20までのBorg（ボルグ）のスケールが用いられている。

主食（p.139, 172）
食事の中心として主要なエネルギー供給源になる食物のこと（ご飯・パン、麺など）。

主菜（p.140, 172）
主食以外の食事の中心となる料理（肉、魚、卵、大豆など）。

副菜（p.140, 172）
主菜に添えてだすもので、ビタミン、ミネラル、食物繊維の供給源（野菜、きのこ、海藻など）。

BMI（p.148）
ボディ・マス・インデックス（body mass index）の略で、体格指数を表し、国際的にも認められている肥満、やせの基準である。

内臓脂肪（p.150）
体脂肪は皮下脂肪と内臓脂肪に分けられる。皮下脂肪は皮膚の下にある脂肪細胞で、内臓脂肪は腹筋の内側の壁の腹腔内についている脂肪のこと。

食品と医薬品（p.160）
効果、効能が表示できるのは医薬品だけであり、サプリメントは食品に分類され、本来効果、効能を表示すると薬事法違反になる。食品のなかでも、保健機能食品はより医薬品に近い機能をもつ食品として法的に規定されている。

保健機能食品（p.161）
国内で法的に規定されているサプリメントとして規格基準型の栄養機能食品と個別評価型の特定保健用食品がある。栄養機能食品は、5種類のミネラル、12種類のビタミンについて、定められた量が含まれていると表示できる。特定保健用食品は、基本的には消費者庁が審査し認可されれば、保健の用途が表示できる。

ドーピング（p.162）
競技能力を高めるために使用を禁止されている薬物などを使用することで、禁止薬物はさまざまなものがある。ドーピングの検査については、世界アンチドーピング機

用語解説

構(WADA)のホームページで詳細が掲載されているが,日本アンチドーピング機構(JADA)のホームページでもわかりやすく紹介されている.

食品構成 (p.172, 193)
栄養素を所要量摂取するために,どのような食品群から,どれだけの量を摂取すればよいかを示したもの.

食事摂取基準 (p.172, 193)
国民の健康・維持・増進などを目的として,1日当たりのエネルギーと各栄養素の摂取量の目安を示したもの.

索　引

アルファベット	
ADP	60
Af	36
ATP	30, 60
BCAA	23
BMI	89, 148
BMR	62
CP	60
DHA	167
DIT	42, 62
DNA	17
EBN	10
EER	36
FAT	116
FFM	63, 91
FSH	40
GABA	22
GI	103
GLUT-4	80
HDL	22, 148
IOC	2
LBM	63, 91
LDL	22, 148
LH	40
METs	40, 135
PAL	36, 63, 91
PFC比率	64, 74, 96
RNA	17
RPE	135
SOD	109
SV	138
——数	141
TCA回路	34
VLDL	22
WBGT	122

あ	
アイシング	110
悪性貧血	52
アクティブ80ヘルスプラン	9
アシドーシス	34
アスタキサンチン	167
アデノシン三リン酸	30
アミノ酸	22
——プール	98
アルコール	145
アレルゲン	88
安静時代謝量	40, 62
異化	30
1型糖尿病	147
イチョウ葉	167
一価不飽和脂肪酸	21
遺伝	146
医薬品	160
医薬部外品	160
飲酒	145
インスリン	46, 146
ウエスト周囲長	151
ウェルニッケ脳症	51
ウォーキング	158
うつ熱	123
運動	3
——強度	157
——処方	131
——不足	145
——療法	131
エイコサノイド	21
栄養	16
——アセスメント	67
——エルゴジェニック	162
——価	17
——機能食品	161
——機能表示	161
——教育	68, 78
——ケア・マネジメント	65
——指導	7
——成分	17
——素	16
——評価	67
エキナセア	168
エクササイズ	40
——ガイド2006	11
エストロゲン	40, 110
エネルギー供給機構	31
エネルギー産生	4
エネルギー摂取量	97
エネルギー代謝	30
エネルギー比率	64
炎症	108
——の四徴候	109
遠征先の食事	100
塩分	154
黄体ホルモン	39
オーバーユースシンドローム	131
オリゴ糖	18
オリザニン	5

か	
解糖系	33, 61
外力による骨折	111
拡張期血圧	149
学童期	86
カシン・ベック病	57
脚気	5, 51
活性酸素	108
カフェイン	76
ガラクトース	17
体づくり期の献立	173, 175
体の老化	145
カリウム	154
カルニチン	164
カルボーネン法	133
γ（ガンマ）アミノ酪酸	22
気温	39
規格基準型	161
希釈性貧血	106

索　引

基礎代謝基準値	38, 63
基礎代謝量	38, 62
喫煙	145
機能性表示食品	161
休養期	79
巨赤芽球性貧血	52
筋持久系種目	60
筋組織	30
筋肉の増強	80
くも膜下出血	150
グリコーゲン	19
──ローディング	11, 65, 74, 173, 178
グリセミック・インデックス	46, 77, 103
グルコース	17, 46
くる病	50
クレアチン	97
──リン酸	60
クレチン病	39, 57
克山病	57
血圧	149
結核	5
月経周期	39
月経障害	115
血栓	148
血糖	17, 146
ケルセチン	167
健康寿命	94
健康づくりのための運動基準2006	3, 40
健康づくりのための運動指針	9
──2006	11, 135
健康づくりのための休養指針	9
健康づくりのための食生活指針（対象特性別）	9
健康づくりのための身体活動基準2013	10
健康日本21	10
減量時の献立	174, 184
減量と障害予防	103
高カルシウム血症	50
交感神経	75
高血圧	149, 154
──食の献立	190
──予防の食事	154
甲状腺機能亢進症	39
香辛料	100
行動の変容	68
コエンザイムQ10	167
国際オリンピック委員会	2
個食	86
孤食	86
個人指導	68
五大栄養素	2, 16, 139, 152
骨格筋	31
骨折	110
骨粗鬆症	50
骨軟化症	50
個別評価型	161
コレステロール	148, 153

さ

最高血圧	149
最高心拍数	133
最大酸素摂取量	133
最低血圧	149
サービング	138
サプリメント	87, 91, 103, 111, 160
三大栄養素	16, 30, 152
産熱	120
試合期の献立	173, 178
自覚的運動強度	135
持久系種目	61
脂質	47
脂質異常症	147, 152
──の献立	198
──予防の食事	152
思春期	90
──後期	90
──前期	90
──中期	90
湿球黒球温度	122
実年期	92, 93
疾病リスク低減表示	166
シトクロム	82
自発脱水	126
収縮期血圧	149
集団指導	68
重量級の献立	173, 181
主菜	172
主食	172
瞬発系種目	60
脂溶性ビタミン	49
少糖類	18
除去食療法	88
食育	138
──基本法	138
──推進基本計画	138
食塩含量	155
食事摂取基準	172
食事調査	67
食事バランスガイド	137, 139
食事誘発性熱産生	42, 62
食生活指針	137
食生活の欧米化	145
褥瘡	167
食品群別加重平均値	65
食品構成	70, 172
食物アレルギー	88
食物繊維	20, 153
女子選手の3主徴	116
除脂肪体重	38
除脂肪量	96
──の維持	79
ショ糖	18
神経管閉鎖障害	52, 53
神経性過食症	112
神経性食欲不振症	112
身体活動レベル	36, 63
身体組成	38
身長別標準体重	89
深部体温	120
心理的ケア	91
推定エネルギー必要量	36, 63
水分補給	76
睡眠時代謝量	41
水溶性食物繊維	20
水溶性ビタミン	49
スクロース	18
鈴木梅太郎	5
スポーツ栄養学	2
生活習慣病	144
──の予防	155
──予防食品	147
──予防の献立	189
成人期	92
成人病	144
成長ホルモン	98
青年期	92
性別	39
摂食障害	112
セルロース	19

セロトニン	168
潜在性鉄欠乏状態	107
善玉菌	19
セントジョーンズワート	168
壮年期	92, 93
増量	96

た

第一次国民健康づくり運動	7
体温調節	120
体格	38
体質	146
代謝	16, 30
——に影響するホルモンの分泌	39
体重の減量	101
態度の変容	68
体内での利用効率	17
第二次性徴	90
体力	3
高木兼寛	5
多価不飽和脂肪酸	21
脱水	137
多発性神経炎	51
食べ合わせ	169
短鎖脂肪酸	21
炭水化物	16
たんぱく質	48
知識の変容	68
中鎖脂肪酸	48
中性脂肪	21, 148
中年期	92, 93
超回復	97
腸性肢端皮膚炎	56
腸内細菌叢	49
腸内フローラ	49
デオキシリボース	17
鉄欠乏性貧血	82, 106
天然色素	109
でんぷん	19
糖アルコール	18
同化	30
糖質	46
糖尿病	146
——の献立	194
——予防の食事	151
動脈硬化	148
特定保健用食品	161

ドコサヘキサエン酸	167
ドーピング	162
——禁止薬物	103
トリアシルグリセロール	21
トリグリセリド	21
トレーニングの原則	131
トレーニングメニュー	100

な

内臓脂肪型肥満	150
2型糖尿病	147
虹色分類	172
日本型食生活のすすめ	7
乳酸	33, 47
乳児の皮膚硬化症	50
乳児の溶血性貧血	50
乳糖	17, 18
熱けいれん	121
熱失神	121
熱中症	121, 137
——予防のための運動指針	122
——予防8か条	124
熱疲労	121
熱量素	16
年齢	39
脳梗塞	150
脳出血	150
脳卒中	150
飲み合わせ	169
ノンレム睡眠	99

は

麦芽糖	18
発育スパート	86
バランスサプリメント	166
ビタミン	23, 49
—— A	49
—— C	75
—— B₁	5
必須アミノ酸	23
必須脂肪酸	21
非ヘム鉄	55
肥満	93, 148
——症の献立	202
——度	89
標準体重	152

病的骨折	111
疲労骨折	110, 112
貧血	106
フィトケミカル	109
不規則な食生活	144
副交感神経	75
副菜	172
副腎皮質ホルモン	111
物質代謝	30
不溶性食物繊維	20
フルクトース	17, 46
プレバイオティクス	75
プロゲステロン	39
プロバイオティクス	75
分岐鎖アミノ酸	23
β-カロテン	49
ベッドレストスタディー	130
ヘテロ多糖類	20
ペプチド	22
——ホルモン	22
ヘム鉄	55
放熱	120
保健機能食品	160
保健の用途表示	161
ホスファジルセリン	167
骨の増強	81
骨のリモデリング	81
骨密度	81
——の低下	81
ホモシステイン	52
ホモ多糖類	20

ま

マジンドール	168
マルトース	18
味覚障害	56
水中毒	126
ミネラル	26, 53
無機質	26
無酸素性運動	34, 132, 156
無酸素性のエネルギー供給機構	31
メタボリックシンドローム	93, 130, 150
メッツ	40, 135
——・時	64
目標心拍数	133
モニタリング	67

や

有酸素性運動	34, 82, 132, 156
有酸素性のエネルギー供給機構	31
溶血性貧血	106
予測最高心拍数	133
予備心拍数	133
予防医学	156

ら

ラクトース	18
卵胞ホルモン	40
リスクリダクションサプリメント	166
リバウンド	39
リボース	17
リンの過剰摂取	99
レジスタンス運動	80
レジスタンストレーニング	132
ローレル指数	88

執筆者略歴

赤田　みゆき（あかだ　みゆき）
聖母女学院短期大学食物栄養科卒業
現在　びわこ学院大学　非常勤講師
専門　病態栄養学
管理栄養士

賀屋　光晴（かや　みつはる）
兵庫医科大学大学院医学研究科単位取得退学
現在　兵庫医療大学共通教育センター　講師
専門　健康スポーツ科学，運動生理・生化学
博士（医学）

坂元　美子（さかもと　よしこ）
人間総合科学大学大学院心身健康科学専攻修了
現在　神戸女子大学健康福祉学部健康スポーツ栄養学科　准教授
専門　スポーツ栄養学
心身健康科学修士・管理栄養士

武田　ひとみ（たけだ　ひとみ）
大阪市立大学大学院生活科学研究科後期博士課程，兵庫医科大学大学院医学研究科単位取得退学
現在　大阪電気通信大学医療福祉工学部教授
専門　健康心理学，生理学，運動生理学
博士（学術），博士（医学）

（五十音順）

はじめて学ぶ　健康・スポーツ科学シリーズ 6　スポーツ・健康栄養学

第1版　第1刷　2013年4月25日
　　　　第10刷　2025年2月10日

検印廃止

JCOPY〈出版者著作権管理機構委託出版物〉
本書の無断複写は著作権法上での例外を除き禁じられています．複写される場合は，そのつど事前に，出版者著作権管理機構（電話 03-5244-5088, FAX 03-5244-5089, e-mail: info@jcopy.or.jp）の許諾を得てください．

本書のコピー，スキャン，デジタル化などの無断複製は著作権法上での例外を除き禁じられています．本書を代行業者などの第三者に依頼してスキャンやデジタル化することは，たとえ個人や家庭内の利用でも著作権法違反です．

編　者　坂元　美子
発行者　曽根　良介
発行所　㈱化学同人

〒600-8074　京都市下京区仏光寺通柳馬場西入ル
編集部　TEL 075-352-3711　FAX 075-352-0371
企画販売部　TEL 075-352-3373　FAX 075-351-8301
振替　01010-7-5702
e-mail　webmaster@kagakudojin.co.jp
URL　https://www.kagakudojin.co.jp
印刷・製本　西濃印刷株式会社

Printed in Japan　©Y. Sakamoto et al.　2013　無断転載・複製を禁ず　　ISBN978-4-7598-1709-6
乱丁・落丁本は送料小社負担にてお取りかえいたします．